Nyozegamon

如是我聞 2

私が言い続けてきたこと

Reiko Okutani
奥谷禮子

亜紀書房

如是我聞 2

私が言い続けてきたこと

まえがき　この20年のこと

『ザ・アール・マンスリー』の第1号を出したのが1992年の5月、それから23年も経ったことになる。10年の節目で『如是我聞』（亜紀書房）として単行本にまとめている。それからでも13年経ったのだから、感慨なしとはしない。

これは社内報ではなくフリーペーパーとして外部向けに出してきたものである。私の時評エッセイ（「如是我聞」）のようなものが1面、対談が2、3面、そして4面が会社情報などで、そこが社内報的な匂いがある。

前回も、エッセイには細かい注を付けたが、今回もそれを踏襲した。書いている当時は勢いのようなものを大事にしているので、細部を落として書いていることが多い。時間が経ってみると、文脈が分からないところも出てくるので、資料的な意味も含めて注を巻末に載せた。

毎号の「如是我聞」に見出しが2つあるのは、最初からである。アイキャッチに変化を求めたらこうなった——という記憶である。

読み返してみると、エッセイ部分は相変わらずポンポンと世相を斬っているが、10年目以降はひとつずつの行数が短くなっている。こちらの体力の問題もあるが、忙しい読者の便を考えてそうしてきたつもりである。

フリーペーパーは悲しい存在で、地下鉄の通路に設置された棚のなかで、くたびれた野菜みたいに頭を垂れているのを見るたびに、この冊子は結構、幸せものだったのではないか、と思ったりする（直接、マスコミや会社関係者などにお送りしてきた）。

というのは、意外と毎回、反応が多かったのである。購読者から励ましの言葉をいただくばかりか、対談でお会いした方から何度か、本にしなさいよ、と促されたことがあった。身に余る光栄である。

長年続けられたのは、こういう反響の声が嬉しかったからである。そうでなければ、とっくの昔にジ・エンドにしていただろう。もちろん反対意見なども寄せられたが、それも読者がいる証拠なので、私はその都度、ご返事を差し上げてきた。

前の単行本でも書いたが、対談は毎回、緊張の連続である。顔ぶれが幅広い分野にわたるので、その人選と事前の勉強に思いのほか時間が取られる。しかし、お会いして、お話を聞いたあとは、少し自分が頭が良くなった気がしたものである。

そもそもアウトプットばかりでインプットの機会が少ないことに危機感を持って始めた冊子だから、毎回の対談こそは私の滋養となり、知らず知らず我が心の姿勢をも鍛えてくれたのではないかと思っている。

例によって、巻末にすべての対談者のお名前とその対談テーマを掲げている。ざっと眺めてくださるだけでも、相当な幅の人選であることはお分かりになるのではないかと思う。

それと、その中から11名の方との対談もチョイスして掲載してある。どういう調子で対話が進んでいたか、多少は様子が分かっていただけるのではないかと思う。

私はザ・アール社長を退いて会長という立場になった。相変わらず忙しいのだが、一方で別の人生へのステップも踏み出しはじめている。

その節目にこうやって単行本にまとめることができて、いい後押しになってくれた、という気がする。

またお読みになって、感想などいただけたら、望外の喜びである。

奥谷　禮子

如是我聞2 目次

第2部

会いたかった人、話したかったこと

［対論］2003.1～2015.7

第1部

自己責任、それを言い続けてきた

如是我聞 2003.1〜2015.7

如是我聞（２００３・１）

３悪人

高齢者は我がまま

◉内部に改革者がいない

道路関係４公団[1]の民営化推進委員会の論議を見ていて思ったのは、公団内部に変革者がいないことの不幸である。国鉄の場合、３悪人と呼ばれる強者《つわもの》がいて、やっと改革が成し遂げられた。

道路公団の場合、当事者がいないかたちで論議が進んでしまっている。そのことに誰も異を唱えないことが不思議である。道路公団というのは、そういう意志のない存在として扱っても構わないということなのか。しかし、組織である以上、誰かが意志を注入しているはずだ。それは、一体誰なのか。いるなら、その人間が表に出て来るべきである。

◉国民が先へ

よく不良債権処理では韓国のドラスティックなやり方が例に挙げられ、日本もそれに倣うべきだという論がある。

私も基本的に賛成だが、韓国と日本では事情が違うという。アメリカがＩＴバブル[2]に差し掛かり、韓国はその恩恵を受けることができたというのである。それにインフレだったことも企業部門に痛手が少なかった、という。

米でも英でも、経済復興には20年、30年かかるのが普通で、10年ぐらいの足踏みで何を騒ぐという意見もある。まして、日本の不況はどこの国も経験したことのないもので、世界がその処理法に注目している難しいものだと言う人もある。

専門家で百家争鳴しているのだから、我々に正解が分かるわけがない。ただ、国民は潔い。自分の銀行がだめになった時はどうしよう、会社がだめになったらどうしようと、ガラガラポンを織り込んで生き始めている。これが草の根の強さというものではないだろうか。

◉我がままな社会

高齢者を従順で大人しい存在と思うと大間違いで、たいていは我がままである。経済的に余裕のある人は、余計に我がままである。男は会社でも家でも勝手に生きてきたぶん、さらに我がままである。

高齢化社会では、この高齢者の専横に耐えられず、いろいろなフリクションが起きそうである。たとえば世代間の所得移転など許さない、という下の世代の感情論が噴き出してくる。

◉花火論

テレビで上海サミット[3]のフィナーレを飾った花火ショーを演出した芸術家の話をやっていた。

中国の花火は賑やかさが売り物だそうだ。さすが爆竹の国である。アメリカの花火はリズミカルな仕掛けだとか、スケールの大きさが特徴らしい。日本は〝間〟だそうだ。ぽーんと光って、次は闇である。その間がないと落ち着かないらしい。

同じくプロ野球も相撲も、私にはまだるっこ過ぎる。〝間〟の長さが耐えられないのだ。

構造改革を含めて日本全体にスピード感のないのも、まさに風土ということか。

◉いまだに謎

ある人がいい仕事をしたいと言うので、それなら下品な人と付き合わないことねとアドバイスした。私も先輩から言われたことなので、他意はなかった。しかし、相手は突然、激昂し始めた。私にすれば⁉である。

下品という意味をその人はどうとったのだろうか。いまだに謎である。

◉旗幟鮮明

英のブレア首相はセーフティネットとはスタートラインに立つことだと言う。若者に仕事をさせながら失業手当を与えるなどの積極策をとり、それでぐんと失業率が下がったという。同じことを50歳以上にも応用した。

それに比べて、日本は明確なビジョンが上から聞こえてこない。国民はそのことに苛立ちを覚え始めている。旗幟鮮明であることはお互いにとっていい。右へ行くか左へ行くか、論議ができるからである。

如是我聞（２００３・３）

戦争の理由

一流？　違う！

◉京都で

これが一流？　と思うことがある。ある有名旅館は新聞やビールを頼むと、注文も聞かないで1種類のものしか持って来なかった。それでウン万円はひどい。

京都のあるホテルで、美術館で何か面白い催しをやっていますかと聞いたところ、分かりませんの返事。怒るより先にへなへなと気力が萎えてしまった。これが一流？　とんでもない！

◉まじめ派

会社の業績が悪くて社会保険の企業負担分を払えないような時に、社会保険事務所では「本人負担にしてはどうですか」と持ちかけてくるという話を聞いた。

新聞の記事で、やはり成績の振るわない会社が本人に黙って給料を減額して保険事務所に届けていた。これだと、会社負担分が減る。しかし、本人が将来当てにしていた額が入ってこないことになる。こういう違法を保険事務所は見て見ない振りをしているらしい。払わないより少しでも払ってもらった方がいい、という判断のようだ。

一方で、我々のように厳しく捕捉される業界もある。

もしそういう不作為の故意を見つけたら、その社会保険事務所を即刻取りつぶすなどの厳しい措置が必要ではないか。

◉ジレンマ

このペーパーが読者の目に触れる頃には、イラク侵攻の結論が出ているはずである。

日本国民の80％が戦争反対である。私も同じだが、かなりニュアンスが違うような気がする。

今度の戦争には〝大義〟がない。イラクがテロ支援国家だという証拠は上がっていない。ほかに、大量破壊兵器保持説、イラクが石油価格を安めに誘導するのがけしからん説、パイプラインを地中海側に引きたいからだ説、イスラエル非難の矛先を変えるための陽動作戦説、父親の仇討ち説、新保守主義者の理念先行説……これだけ開戦理由が云々される戦争も珍しい。

アメリカにノーと言う以上は、北朝鮮問題で支援を仰ぐのは難しい。軍事的脅威にも、自分で対処するしかない。その覚悟を持って、アメリカにノーと言うのだということである。

それとこれとは別だと言っても、アメリカはきっと承知しないはずだ。先の世論は、それでもアメリカは守ってくれると暢気に考えているのだろうか。それは虫がよすぎるとしか思えない。

◉ハローワーク民営化

私はハローワーク民営化論者である。紹介する仕事の2割しかマッチングできない機関など、そもそも存続の必要があるのだろうか。しかも、それが国営であらねばならない理由も分からない。民営化が時期尚早と言うのであれば、地方自治体に任せてはどうか。県民や市民が再就職できるかどうかは、地域振興の問題である。

ハローワークは失業手当の給付もやっているが、これも銀行振込にしてはどうか。わざわざ出向く時間がもったいない。

まずハローワークがリストラしてこそ、人のお世話に身が入るというものではないか。それが行政改革の本質である。

◉商店街再興

最近、幹線道路沿いの石油スタンドがぱたぱたとセルフスタンドに切り替わっている。おしゃれな喫茶店とセットになっている所が多く、一度変化が起きると速いなあというのが実感である。

ああいうロードサイドは放っておいても自己変革を遂げるが、町の商店街などは、外部から刺激を与えないと再生は難しい。

ある商店街ではラーメンを作る講習会を開き、そこを巣立った人たちが商店街の虫食いになったところに店を開く予定だという。

歴史という遺産があるところは有利である。周辺に個性的なインフラがあればさらにいい。市町村合併で行政的なムダを省くとともに、地域振興の仕組みも議論したいものである。

如是我聞（２００３・５）

経営の授業？

人生いろいろ

◉世界周遊

ある方が65歳でリタイア。これから2年かけて夫婦二人で世界中を回り、そのなかで気に入ったところに落ち着くつもりだというので、フェアウェルパーティーを開いた。意中の都市はシドニーだが、今まで仕事にかまけてどこにも出かけたことがなかったので、せっかくだから世界遊覧を時間をかけてするそうだ。満面の笑みに、我ら送る側一同羨望のまなざしだった。

退職してまた働くのも人生、こうして余生を十分愉しむのも人生、昔流行った歌ではないがまさに〝人生いろいろ〟である。

◉ファンドマネージャー評価表

金利ゼロでも株に個人投資家が戻ってこない。税制をいじくって誘うが効果がない。それはなぜなのか。かつて飛ばしや損失補填で機関投資家を守り、個人投資家を袖にしたことが尾を引いているのは、明らかである。そのあと、信頼回復のために何か一つでもしただろうか。

投資信託は1千万預けて５００万にされてしまう。どこも運用者のランク付けを発表しないし、リスク度を公表しない。株は長期で持てばそれほど損はしないそうだ。それで、魅力的な企業を育てられるなら、箪笥預金[6]より夢があっていい。まず個人投資家が胸をわくわくするような企画が必要である。

◉学校運営の難しさ

銀行の副支店長から小学校長に起用されたものの、学校運営に疲れて自殺した一件があった。[7] 頼りにしていた教頭が病気で倒れたため、誰にもすがることができず自死したらしい。

公立学校という組織には、独特のものがある。日教組、ＰＴＡ、教育委員会、そして生徒、さらにコミュニティと関係者が複雑で、民間の経営とは様相が違う。

学校のガバナンスには当初から複数で当たるなどの戦略が要るように思う。

◉経営を教える？

以前、某テレビ局から自分の卒業した小学校で授業をやってみないかというお誘いがあった。

子どもにおもねって授業をする気がしないし、子どもが私に調子を合わせるのも嫌なので、私は即座にお断りをした。いちばんいいのは会社に来て実際を見てもらうことだが、ソフトビジネスの場合、どこをどうやって理解してもらうのか。

それにしても、経営って教えられるものなのだろうか。

◉アカデミー賞

『戦場のピアニスト』が監督賞と主演男優賞、脚色賞を受賞した。ただ逃げてるだけの受け身の主人公なのに、絶賛の嵐である。ハリウッドがホロコースト[8]をテーマにしたものに弱いのは分かるが、日本人まで同調するのはなぜなのか。

ホロコーストを扱ったものなら、98年の『ライフ・イズ・ビューティフル』の方が数段に面白いし、よくできている。〝奇跡〟が全編を流れるテーマである。強制収容所のなかでさえ奇跡があることを子に示そうと明るく振る舞う父親。この設定がぴか一である。

ぜひ見比べて感想をお寄せいただきたいものである。

◉10年が1冊に

今この『如是我聞』を1冊の本にまとめている。対談も14本転載するご許可をいただいている。93年の3月が第1回の書き出しなので10年を超したことになる。

その時々の事件に触発されて書いたものが結構あって、今読むと何の事件だったか思い出すのが難しいものもあるので、細かい注釈を入れている。

それにしてもよく続いたものである。ひとえに熱い読者がいたからだと感謝している。対談者には実にいろいろなことを教わった。それも感謝である。

最近、主張が丸くなったと言われる。ちょうどエンジンをまき直すのにいい機会かもしれない。

如是我聞（２００３・７）

「パリのめぐり逢い」議事録からの削除

◉愛国心

今高校生に聞くと日本がある程度、軍備を進めることに違和感がないようである（さすがに核武装までは考えていない）。私たちの学生時代と隔世の感がある。

中教審[9]は教育基本法改正で「愛国心」発揚を唱えている。よほど国民が信じられないと見える。高校生でさえ軍備増強を言うのに。

◉オーガニック農業

米カリフォルニア州オレンジカウンティで3代にわたって有機栽培農法を開発している会社を見てきた。70年前に創業者が中国で牛が元気なのを見て、なぜかと考えた。どうも田圃の雑草に秘密があるらしいと気づいて有機栽培の研究を始めたという。

彼らはアルファルファという植物を育てている。それが土壌改良の材料になるという。

アメリカには方や資本主義の権化のウォール街があり、方や対極のような手間暇かける農業がある。その落差にくらくらとめまいがした視察だった。

◉もの忘れ

最近、もの忘れが激しい。以前はこんなことはなかったのにと思う。気に入っていたイヤリングを続けて2つ無くしたのには、特に気落ちがした。最初は、ティッシュに包んであったものを、何の魔がさしたのか捨ててしまった。悔しいので同じのを作ってもらったところ、今度はゴルフ場で無くしてしまった。加齢と記憶力減退は争えない。

◉政治家の質

私は厚労省の中央労働審議会[10]と、総合規制改革会議[11]にも属している。法律を作るところと、政策を作るところの両方にいる。ある民主党の議員が国会の委員会で、それはおかしい、自分の会社の利益誘導をするために委員になっているのではないか、と言い出した。これは根拠のない言いがかりである。なぜなら私が希望して委員になったわけではない。政府が決めたことである。

直接、議員に会って抗議したところ、誠に申し訳ないと、自ら調査不足を認めた格好になった。

私は政府委員の仕事は究極のボランティアだと思っている。当然、私利私欲は捨てている。それを実に卑劣な理由で曲解されたのが堪らない。その議員には議事録からの削除あるいは訂正を求めて帰ってきた。ほんの思いつきのような理由で人を貶める。それも国会議員がやるのである。これは許しがたいことである。いまだに腹の虫がおさまらない。それと、今頃どうしてこんな質問をしたのか分からない。もう2年以上も委員をやっているというのに。

◉パリジャンと

カンヌ映画祭に行ってきた。町全体が華やかさで沸き立っているが、テイストはあくまで大人の世界である。映画関係者のパーティを始め、雰囲気抜群の山上のレストラン、石畳の道、夢のような3日間だった。

映画祭で話題の『スイミングプール』を撮った若き監督と食事をしたが、彼は年増好みで、前作『8人の女』はカトリーヌ・ドヌーブなど熟女だらけだった。

ふとしたことで23歳のパリジャンと知り合った。その後、『パリのめぐり逢い』のようなイメージを抱いて、パリで再会した。

昼食のあと私の希望でエッフェル塔に昇った。20回近くもパリに来ているのにまだ未経験だったからだ。眼下にパリを見て、美しさに息を飲んだ。

それにしても、若いパリジャンのエスコートぶりがいかにもあか抜けていた。

◉またか!?

麻生太郎氏の発言は皆さんもご存じのことと思う。「創氏改名[12]は朝鮮人が望んだこと」「ハングルは日本が教えた」――またですか。ソウル大の学生から討論会の誘いがあったというが、「後世史家の判断に待ちたい」などと気取っていないで、ぜひ向こうで丁々発止やってほしいものである。

如是我聞（2003・9）

パリで買ったドレス
「終わりなき日常」

◉出版パーティ

7月14日に『如是我聞』出版記念パーティを開いた。5時半時間厳守で、超多忙な方々が多数、お祝いにいらしてくださった。

当日のドレスはパリで買ってきたちょっと大胆なもので、日頃から身体を鍛えておいてよかったと思った。これも私にとってひとつのチャレンジである。

手探りで「如是我聞」を続けてきて、それがもう10年以上である。自己満足と言われようと、ひとつのことを続けた意義があると思っている。

ある人は「伝説のコラムはないだろ」とオビの言葉に注文をつけた。あれは出版社の煽り文句なので、私は関知していない。ある人には「エッセイでもない、ビジネス書でもない、評論集でもない。いわば新ジャンルで出版界に一石を投じた」と言われた。「書店ではどう扱っていいか分からないと思う」とのおまけも付けて。

いろいろなお言葉をいただいたが、本の話よりドレスのことばかりで、著者としては痛し痒しである。それでも、再出発である。どこまで続くのか、自分でも楽しみである。

◉調査中

先の号で、麻生太郎氏の〝妄言〟[13]について書いた。すると、麻生氏の発言は妥当なものだというお手紙をいただいた。

私も知人の一人に尋ねたところ、日本軍のなかに朝鮮名の将校がいた、ハングル文字は日本が復活させた、との意見だった。自分でも調べてみるつもりである。

ただ、麻生氏はやはり、確信があるなら韓国へ行って堂々と意見を言うべきである。その方が筋が通っている。

◉ア・マチュアな世界

渋谷の町に行けば、小学生だってお金を稼げる、というのは呆れた話だが、ありえる話である。タイへ月に一度は少女買春に行く熱心な中高年もいると聞く。それが渋谷で間に合うなら、と考えても不思議ではない。少女は少女で自分の価値に気づいている。

それにしても、全体にマチュアな方向に行かない社会である。親だ教育だというより、何かもっと深い理由がありそうな気がする。

◉政治問題

自殺者が相変わらず多い。先日も朝、新宿で足止めを食った。

自殺は手段なのか、目的なのか、と精神科医の春日武彦氏が書いている。保険金をあてにしたり、誰かに当てつけで死ぬ人は、前者であろう。あの世とか天国などを本気で信じて死ぬのが、後者だと言う。富士山の麓の樹海で死ぬ人は、たいてい道路っ端の木で死ぬそうである。すぐに見つけてほしいらしい。車両飛び込みも迷惑な話だが、人前でやることに意義があるのかもしれない。それにしても昔は自殺の名所は決まっていた。

1961年から74年までの13年間で、ベトナムにおけるアメリカ兵の戦死者が5万6555人、日本の自殺者の2年分に満たない。これはすでに社会問題というより政治問題である。

◉戦場の方が楽

全国の保健所、精神保健福祉センターに昨年1年間で1万4069件のひきこもり相談があったという。ひきこもりの平均年齢は26・7歳、30歳以上が3割を超えたという。性別は男性が76・4%と圧倒的である。小・中学校での不登校経験者は33・5%。ひきこもりの総数は100万人を超えるという説もある。

香川大学教育学部教授小柳晴生氏は、まだ社会が「欠乏を生きる知恵」から「豊かさを生きる知恵」に転換していないことが問題だと指摘している(『ひきこもる小さな哲学者たちへ』)。

自分の老年まではっきり見通せるような豊かな社会に生きて、若者たちは息が詰まりそうだ。

ある深夜のテレビ番組にアフガンなどへ傭兵として渡った日本人男性が登場し、「若者よ、自分らしく生きてください」とメッセージを送っていたが、若者にとって戦場に出るより、この「終わりなき日常」を生きる方が、辛いかもしれないと思ったものである。

楽観的なことは言えないなあ
難しい実力高齢者の処遇

如是我聞（２００３・11）

◉実力高齢所の処遇

自民党では比例区単独候補の定年を73歳と定めていることから、今回の選挙で宮沢喜一氏と中曽根康弘氏を公認しないことに決め、二人も前後して出馬を断念した。

大勲位中曽根氏は最後まで未練たっぷりで、高齢実力者の処遇は悩ましいことである。

宮沢氏は首相の勧めに素直に従い、中曽根氏は不満たらたらであった。これは一国の首相をどう見るかという違いでもあり、少なくとも中曽根氏は自らのポジショニングを間違ったとしか思えない。

これだけの実力者になれば議席があろうがなかろうが関係ないはずで、あえて固執するところに老害の臭いがする。

せっかくなんだから定年を切りよく70歳まで引き下げてはどうなのか。そうなれば若いうちから立候補して実力を磨く人間が増えるのではないだろうか。

◉辞めない理由

日本道路公団の藤井総裁が土壇場で反旗を翻している。[14] この人はあの悪名高いアクアラインを作った人で、私などそれだけで辞職理由に十分な気がするが、本人は「何も悪いことをしていない」と辞めない理由を弁明している。

子どもじゃあるまいし、「悪さ」をしていなければ「いい子」とは言えないはずである。「よきに計らえ」が命令になることだってある地位の人だ。

それにしても、時の大臣が軽く扱われたものである。官僚の力が強いのか大臣の地位が軽くなったのか、私には分からないが。

◉活況を呈するNY

ニューヨークへ3泊5日の仕事で行ってきた。グランドゼロは観光客でいっぱいで、ホテルはどこも満杯で、夜のレストランも同様である。

高級デパートのサックスやバーノルド・グッドマンなども人でごった返していた。実際に買い物袋を下げた人が多く、日本のように人は集まってもみんな手ぶらというのとは大違いである。

サックスがやっている買い物システムが心憎い。たとえば300ドルの買い物をすると75ドルのバックがある。1000ドルだと175ドルのバックである。つい次の商品に手が出て、買い物袋が増えることになる。

私は朝早く起きて、ホテルのコーヒーラウンジでぼーっとしているのが好きである。ニューヨークの景気の良さを肌で感じながら、至福のひとときを過ごしてきた。

◉危機管理、甘し

人身事故で電車が止まるのにはある意味で慣れっこになってきたが、リスク対策がどうなっているのかと思うことが多い。

人は事故や事件が起きた最初に的確な情報を欲しがるものである。その第1次情報だけで30分はもつはずである。ところが、待てど暮らせど初期情報が聞こえてこない。人身事故からの復旧にどれくらいかかるのか、まずそれを知らせるべきである。

30分ほど経って人心が再び動揺し始めたときに、さらに的確な第2次情報を流す。その場合に、復旧には思いがけず時間がかかりそうなので、ほかの路線に切り替えたほうがいい、などの具体的な情報がないと、人心は荒れるばかりである。

ある知り合いは大雨で通常30分で着くところを5時間以上かかったことがあったが、その間、まともな情報は一切放送されなかったと言う。

ひところ企業の危機管理の悪さが盛んに言われたが、それは日本全般にはびこっている病癖みたいなものである。

◉日本のアキレス腱

ちょっと前に、日本の貯蓄率[15]がアメリカのそれに近づきつつある、という衝撃的な記事を読んだ（01年が6・9%で、米は5%）。収入の少ない高齢者が増えて、可処分所得に占める貯蓄率が下がっているらしい。

日本の景気が上向いているという観測がしきりで、そういう趣旨のシンポジウムも最近出席したが、アキレス腱に爆弾を抱えていながら、楽観的な予測は成り立たないなあという思いである。

学生も大学も夢を失っている

如是我聞（2004・1）

信義の問題

◉語る力がない

大学の先生と話していて、今の学生に語る力がない、という話になった。それはそうかもしれないが、入試問題の作成を大手受験塾に頼むくらいだから、大学自体にも語る力がない。

語るは「騙る」だと言う人がいる。確かに、「語り」に幾分かは人をたぶらかす夢が混じっていないと、人を引きつけない。「語れない」ということは、学生も大学も夢を失っている、ということではないか。

◉明快な人

景気が上向きそうだという観測がしきりである。電子家電が牽引役だそうだ。

キヤノンの御手洗富士夫社長の話を聞く機会があった。勝ち組の筆頭と言われる会社である。アメリカに23年いた人だが、日米のいいとこ取りをして、経営をしていると公言している。キヤノンには2万3千人の社員がいて、役員は約20人。千倍の競争に打ち勝たねばならない。企業も個人も横並び意識が停滞の大本だが、こういう競争が社内にあってこそ活気が違ってくる。

結局、日本経済を明るくしたのはこういう人なのだ、と実感した。

◉虐待

母が子を虐待する事件が相次いでいる。母親には母性本能があって子を守るのが常識などというのは、通じない話になった。

人間は学習しないと子育てができないし、感情さえ学習なのだという。

小さい頃から虐待を受け、部屋に監禁されていた子は、親から顔の表情を学べなかったので、感情を表すことができない。

しかし、と思う。虐待する母親は、子をお腹の中に入れていた十月十日の間に愛情を育むということはなかったのだろうか。それさえも学習なのだろうか。

◉イラクへ

イラクへの自衛隊派遣の是非については、専門家の間でも意見が分かれる。確かにイラク全土が戦闘地域[16]と言っていい状況で、自衛隊を出すことで余計に混乱の種を増やすだけだとの意見がある。国連主導に戻してからやるべきだとの意見もある。アメリカに追随するだけで、独自の外交がない、という批判もある。しかし、おおむね抽象論ではなく、現実的な選択肢をめぐって議論をしているように見える。

私は小泉首相がブッシュ大統領に派遣を明言した以上、約束を実行するのが同盟国のやることだと考える（最初から批判的なら別だが）。自衛隊もふだんから訓練を重ねて来ているはずで、危険地域であっても対応はできると考えていいのではないか。

イラクの人たちが本当に望んでいるのは雇用だという。企業誘致の可能性も探り、復興の実を上げれば、日本の存在価値も上がるだろう。

◉必死の対策

社会保障論議がかまびすしく、負担を上げる方向ばかり論議されているが、国民負担率を下げて、消費活動に回した方が、税収が増えて結果いい、という意見もある。

よく負担世代の減少が言われるが、高齢者を働かせたり、移民を入れる話が出てこない。あるいは、人口が7千万、6千万になった時も相変わらず高齢者の比率は高いのか。何か画期的な健老薬が発明され、下手をすると若者より元気な老人が多数を占める時代が来ないとも限らない。

みんなが高齢化を恐れている。なら、その対策を必死に考え出すべきではないだろうか。

◉転職?

久しぶりに年末に日本にいて、何人かと年越しパーティーをやりながら、ボブ・サップ対曙[17]の試合を見た。私はある人と賭をした。第1ラウンドで元横綱は倒される、と。ものの見事に的中したわけだが、同じ闘い系のスポーツだから転身と考えた曙の甘さが痛かった。

まるで子どものメール

最後の牛丼

如是我聞（2004・3）

◉高く売れる

先日、家電量販店に電子レンジを買いに行った。白色のありきたりのものばかりで、まったく購買欲がそそられなかった。

あとはイタリア物などの専門店に行くしかないわけだが、さて、と思う。若者の間にはデザインにうるさい層が確実に育っている。なのにいつまでも大量販売型のデザインしかないというのは寂しすぎる。

かつて多品種少量生産が言われたが、今こそデザインの必要性が大きくなってきたのではないか、と思う。消費者が成熟してきているからである。

〝最後の牛丼〟と銘打ったレトルトにネットで８００円の値がついたそうだ。安くて量があって、若者が食べるもの、という印象だったが、希少価値がつけばある程度のお金は出す、ということである。

ユニクロではカシミアのセーターが売れて、持ち直しているという。正価販売のコンビニが圧倒的な販売力を誇っている。

確かに安くしないと売れない物があるが、高くても売れる物もある。この10年はそのことがはっきり認識されてきた10年でもあるのではないだろうか。

◉情報アンテナ

忙しい人ほど情報アンテナが高い、というのは真理である。暇な人は取り扱う情報量が少なくてすむが、忙しい人はそういうわけにはいかない。ゆえに情報アンテナは高く掲げておく必要がある。

たとえば、どこそこで円山応挙[18]の展覧会があると頭に入れておく。たまたま仕事の関係でそばに行くと決まったら、ちょっとした隙に寄ってこようと考える。情報アンテナが低いと、こうはいかない。

その前に、美術雑誌で雪舟の特集をしていたことが頭にあれば、何か日本画の新しい見直しが始まっているのかもしれないという見当がつく（はずれているかもしれないが、見当はつける）。専門家に会う機会があれば、それを聞いてみる。すると、また知識が増える。

話題の『ラスト・サムライ』[19]を見て、確かに面白かったが、これはイラク復興の日米友好をサポートする映画だなと思う。アカデミー賞外国映画部門ノミネート『たそがれ清兵衛』[20]もその伝かもしれないと勘ぐる。

それをまた誰かに話すと、違う話題が広がっていく。忙しい人が忙しい人に会うと、余計に情報アンテナが高くなる。

◉ヨコ文字に弱い

学歴詐称をする人は、自分の本当の学歴が恥ずかしいということなのだろうと思う。それに周りの人も、いい学歴に弱い、ということなのであろう。

しかし、古賀議員の詐称した学歴[21]は、それほど威力のあるものなのだろうか。ハーバード、オックスフォードというのなら分かる。横文字の大学であればどこでも国際派でやり手ということなのだろうか。だとすれば、有権者の意識の低さが学歴詐称を誘っている、と言えなくもない。「そこで何を学んだのか」と聞くぐらいの良識があっても良さそうなものだが。

◉プリミティブ派？

スタバ（スターバックス）の容器の蓋には穴が空いている。ストローでも刺すのかしら、と思っていたら、そこから飲むのが常識らしい。社員に教えられた。

歳をとると肌がとても乾燥する。オフィスの自分の部屋では、時間があるときはウェットティシュを顔に貼り付けるのを忘れない。できれば外出時には霧吹きを持って歩きたいのだが、そういうわけにもいかない。

地下鉄の自動改札でじっと待っていても切符が出てこない。新幹線と勘違いしていた。

やっと携帯でメールを打てるようになったが、変換が分からない。届いた友達が「ひらがなばかりで、子どものメールかと思った」

私は見た目はハイテク派と言われる。実はアナログ派だと言ったら、ある人が「それ以前の問題だ。プリミティブ派」との断言。そりゃそうかと納得した次第。

如是我聞（2004・5）

Ignorance and Arrogance
無知と傲慢

◉親の責任は？

六本木ヒルズの森ビルで回転ドア[22]に挟まって子どもが死んだ。運営側と設置業者側で食い違いがあって、責任の所在がはっきりしない。

お葬式に弔問に訪れた森ビルの人を邪険に扱うシーンも放送された。遺族の気持ちは分からないでもないが、さて親の責任は皆無なのか。

子どもが大事なら、まず自分の不注意を悔やむのが普通ではないか。小さい子にすれば町にあるものはどれも凶器で、回転ドアも例に漏れない。

こんなことを書くと不謹慎と指弾されかねないが、昔なら「何、ボヤボヤしてたんだ」と親の方が叱られたのではないだろうか。それが小さい子をもつ親の責任というものであった。

◉イラクの人質

大騒ぎの末、イラクの邦人人質3名[23]は解放されたが、先の回転ドア問題と同じ臭いを嗅いだ。

親や親族が、不注意な息子や娘のことを申し訳ないと謝るなら話は分かるが、あろうことか「自衛隊を引き揚げよ」と涙ながらに政府に訴えるというのは解せない。

もちろん政府には民間人を救助する義務があるし、民間人が頼れるのは政府しかない。しかし、そこには自ずと矩《のり》を超えずということがあるはずである。自衛隊派遣が政策的な間違いであったような発言は論外である。

輪をかけて悪いのはマスコミで、どこも親や親族の尻馬に乗るだけで、彼らの軽はずみを批判することがない。情けないとしか言いようがない。

◉懐かしドラマのリメイク

テレビは「白い巨塔[24]」に「砂の器[25]」とレトロなドラマの焼き直しが人気を博した。「白い巨塔」は田宮二郎の印象が強烈で、彼の場合、自殺して複雑な感情をもった人だと分かり、振り返るかたちで演技に感心したことがあった。

医療事故が多発する現状を見れば「白い巨塔」のリメイクは分からないでもないが、もう一方の「砂の器」はなぜ今なのか。無理に言えば、勝ち組と見えても、その内情は一筋縄ではない、ということか。敗者が溜飲を下げるネタ提供というわけである。

さて、次のリメイクは何か。「奥様は魔女[26]」はコケた。いっそのこと「怪傑ハリマオ[27]」ぐらい景気のいい話にしてはどうか。

◉言論の自由とプライバシー

週刊文春の出版差し止め[28]は驚いた。地裁のなかに雑誌嫌いがあるらしく、かねてからの狙いだったとも言う。高裁がまともな判断を出して救われた思いである。

マスコミがプライバシー絡みの記事を取り上げるには、慎重な態度が必要だというのはよく分かる。私もかつて廃刊になった「朝日ジャーナル」(当時、下村満子編集長)にあらぬことを書かれたり、今後〝休刊〟になる「噂の真相」[29]にも根拠のないことを書かれたことがある。前者は法的な手段をとったが、弁護士はマスコミ相手では埒が明かないと、かなり弱腰になっていた。悔しい思いは今でも残っている。

それでもやはり言論の自由というのは守られるべきだと私は思う。ただでさえ大政翼賛会的な、ほかが書くからうちも書く式の報道の多い国で、規制がかかると一気に意気阻喪してしまう危険性がある。

書く自由を持ちながら、あえて書かない倫理観とせめぎ合いながら、雑誌は作られていく。書かれる私人はたまらないが、そこは裁判で問いつめていくしかないのではないか。プライバシー権がある程度、認められ、マスコミと個人の緊張関係ができてきたことは多としなくてはいけない。

◉棚ボタ規制改革の限界

先日、タクシーに乗ったら、よもやま話になり、その流れでリストラのことになった。競争が厳しく、給料は抑えられ、人員削減も行われた、という。おかげでせっかく下げた初乗り料金が元に戻ったという。

上からの規制改革にはやはり限界がある。誰かがリスクを覚悟で成功すれば、ごそっと追従者が出る国である。つまりビジネスモデルが圧倒的に足りないのである。

如是我聞(2004・7)

ニコール・キッドマンの時代

いつまでも若いつもり

◉同窓会で自分の歳を確認する

司馬遼太郎さんが70歳を前に台湾に行って老人扱いされたのが心外だと書いているそうだが(関川夏央

『司馬遼太郎という「かたち」』）、何歳になっても本人にはまだ若いという気持ちがあるようである。

同窓会に出ると、私は自分の実年齢を教えられたようなショックを受ける。自分では若い気でいるから、友の老け具合に我が身を見て愕然とする。

先日、知り合いが初めての同窓会に出て、意外な話を聞き込んできた。同じクラスの女性が、「男性は誰も在学時より素敵に見える」と宣ったそうである。私が「よほどふだん見ている旦那が貧相なんじゃないの」と答えると、大笑いをしていた。

アメリカでは同窓会が恋の芽生えに効く、と人気だそうである（アントラム栢木『住んでみてわかるアメリカ常識集』）。そう知らない仲ではないから、恋のスタートがスムーズということがあるのかもしれない。

先の朝日新聞調査で、定年後、夫は妻との旅行を考えているが、妻は友達との気のおけない旅行を考えていることが分かった。夫婦って何なのか、老いの期間が長くなるほどに、その問いが鋭さを増している。

◉ゆったりした美術館を

一年ぶりにパリに行った。昨年はカンヌ映画祭の帰りに寄ったが、今年は仕事絡みである。

シーズンオフということもあって、オルセー美術館はいつもより静かで、ゆったり絵を見ることができた。

それに比べて、日本の美術館の混み具合のひどさよ！　人気の企画ものになると、人の頭と背中だけを見るような騒ぎになる。これを解消する手だてはあるのだろうか。

一つの方法は、美術館をリフォームして、企画物の部屋のスペースを常設などよりゆったり取ることである。

六本木に新国立美術館[30]の話があるが、展示室のスペース拡充はもちろんレストラン、カフェなどお洒落な空間も必要である。お役所感覚に引きずられないことを求む。

◉祖母の教訓

知り合いの話だが、やんちゃな暴れん坊の息子がニューヨークに住んで、月に1500ドルを稼ぐようになったので、部屋代に600ドルを使っても暮らしていけるから、もう送金しなくていい、と言ってきたと笑顔で話してくれた。

彼はおばあちゃんから何度も「ただほど高いものはない」と教えられてきた。それが役に立ったのが、マフィアのスカウトに危なく引っかかりそうになった時だという。彼らは奢り放題で若者を集め、そこで喧嘩をさせて強い者をスカウトするのだという。彼は勝ち残った一人で、意気揚々とした時におばあちゃんの声が聞こえたそうである。

これは高尚な話ではない。しかし真実の話である。

◉白いカラス

映画を立て続けに見ている。コールド・マウンテン、白いカラス、死に花、ロスト・イン・トランスレーション、シルミド、この間に海老蔵のお披露目の興行[31]にも出かけている。

映画はどれも印象深いものばかりで、中であえてひとつを挙げれば「白いカラス」である。大学教授役のアンソニー・ホプキンスが40歳離れた大学の掃除婦ニコール・キッドマンと恋に落ちる話で、内面と外面を違えて生きざるをえなかった人間（これは普遍性のあるテーマだ）の最後の魂の燃焼を描いている。

CG全盛の時代に、こういう写実だけの映像は気持ちが落ち着く。

今年はニコール・キッドマンの年である。話題作「ドッグヴィル」は見逃したが、「コールド・マウンテン」ではお嬢様から大地を踏みしめて生きる女への変身を見事に演じた。メグ・ライアン「イン・ザ・カット」ではプロデュースに回っていた。

妙にひょろっとした知的な女優で、冷たい雰囲気もあって、このタイプははたしてアメリカ人の好みだったろうか。ほかにちょっと思いつかないのだが。

如是我聞（2004・8）

甘い汁が吸えればいいじゃないですか

積極的平和づくり

◉ジェンキンス問題

曽我ひとみさんの夫ジェンキンスさん[32]と子ども二人を日本に連れてくるのに、飛行機のチャーターから含めて、「やりすぎだ」の声があった。ちょうど参院選の最中だったこともあって、政治的に仕組んだものと言われたが、裏目に出たのは確かである。

外務省がパフォーマンスを考えたとしたら、相当一般大衆からズレた感覚と言わざるをえない。派手な花火は瞬間人の視界を占めるが、あとは跡形もなく消え失せる。じわっと心に残る仕事をしてほしいものである。

◉仁義なき戦い＝シルミド

『キル・ビル』のタランティーノ監督が深作欣二の大ファンだったことは、つとに有名である。その深作の出世作が『仁義なき戦い』[33]で、広島ヤクザの抗争を扱ったものだが、ビデオで再見した。

深作監督は〝群衆劇〟を撮りたかったらしく、出演陣には常に顔を前に出せと演出したそうである。部屋一杯に人が集まるシーンでは、みんなが俺が俺がと前に出ようとする。新人は余計にそうしようとする——その熱気があの映画を異常に熱くした。

先日、触れた韓国映画『シルミド』は男たちの様子が際だって良かったが、『仁義なき戦い』にも同じ思いを持った。エネルギッシュで無鉄砲で、それでいて愛らしい。馬鹿な男ばかりだけど、それもいい。

おそらく時代がまだ元気だったのだろうと思う（73年1月封切り、その後、立て続けに続編を撮っている）。そして、日本映画もまだそのときは元気だった。

◉憲法改正

多国籍軍参加表明、核保持や武器輸出三原則撤廃を言い出す政治家もいて、小泉政権は戦後でも特記すべき政権ということになる。

私は平和は口を開けて待つものではなく、軍を派遣しても貢献すべき、という考えに組みする者である。国連合意のうえ、自らの判断で南米やアフリカに出ていく了見があっていいのではないか。

軍を治安維持で使う、それが国民の合意できる点ではないか。もちろん治安が不安定化すれば、戦闘もありえるが、それは平和を獲得する過程で必要なものと、考える。

もう世界から経済的なうまみだけを頂戴する姿勢だけではやっていけない。平和は積極的に作り出すものだ、との認識が必要なのではないか。ＮＧＯとの連携も真剣に考えるべき時なのではないかと思われる。

◉他人の金

毎日新聞の記事検索でNHKと入れると、この2カ月で300本以上がヒットしたが、なかに職員が不正を働いたというのが結構、目に付く。

チーフプロデューサーが外注先から制作費の一部をキックバックさせ4840万円、ソウル支局でも元支店長が4年の間、月に60~210万円をキックバック、岡山では元放送部長が飲食経費を約90万円着服し、当時の放送局長らが本人に弁償させ、それで同額の備前焼の壺を買い、「不祥事は局員の士気に影響する」から隠したとは驚きである。

この会社のタガのゆるみ方は尋常ではない。きっとトップが顧客のことを考えていないのだろう。「皆様のNHK」は口だけで、一般大衆は税金のような受信料を払わなくなるだろう。この体質は社会保険庁も似ている。

要するに、他人の金で組織の運営をすると、腐りやすくなる。人も卑しくなる。内部に組織を鍛え直そうという人がいない。甘い汁が吸えればいいじゃないですか、という程度なのである。

◉またしても休日について

かなりバラバラに休日をとるようになってきたとはいえ、正月の連休、そしてこのお盆休みは国民がこぞって休みをとる。ただでさえ国民の休日の多い国である(議員の地元参りを増やすためというのは本当か)。

前にもこの問題については書いたが、お盆を前に社員の何人かが嘆いたのである。「お盆休みなんてない方がいい。仕事が片づけられない」

なんと仕事熱心な社員かと思う方もおられるかもしれないが、やはり休みは個人個人でとりましょう、それもまとめて、と私は言いたい。ついでながら恒例の渋滞放送も止めたらどうか。

如是我聞（２００４・11）

参入障壁を低くせよ

まるで吉本興業

◉フセインってどこの人？

私の知人で、ビジネスでものすごいやり手がいる。しかし、そのほかのこととなるとトンチンカンのことが多く、時に爆笑させられる。

ソウルに行った時のこと。「ヨン様って日本語がうまいなあ」と言うのである。ドラマが吹き替えだということを知らないらしい。さらに「板門店[34]はどこや？　焼き肉屋か？」その場にいた一同、氷りついてしまった。

金正日の話からフセインになったとき、「フセインってイラン、イラクのどっちや」と来た。我々はお互いの顔を見つめ合った。まるで吉本興業のノリである。しみじみとビジネスの才と常識人の在り方とは、ずいぶん懸隔があるものだと思ったものである。

◉日本風能力主義

今能力主義、評価主義導入の弊害が言われている。内部告発の本もベストセラー[35]になっている。結局、個々人の能力をはかることはそう容易なことではなく、数字による目標管理に成り変わってしまったということらしい。

アメリカでは上司の評価に部下が合意しない場合、上司の評価そのものに問題ありということになるので、一方的な評価に終わることはないという。

日本にはチーム全体で目標を達成する風土が根付いている。個人の業績だけをピックアップするやり方には、やはり限界を感じないわけにいかない。

しかし、常に外から新しい風を受けて、それで旧弊に変化を加えるのも日本の風土である。能力主義、評価主義の日本的な適応のスタイルも、いずれ見出されるのではないかと思う。

●仕事から学ばない人たち

ＮＨＫがプロジェクトＸ展を開催し、そこで扱った企業から広告宣伝費をもらっていたという一件があった。プロジェクトＸというのは、ご存じのように成功か失敗かぎりぎりのところをくぐり抜けて、画期的な事業を成し遂げた企業の経緯を扱うもので、中高年ビジネスマンの圧倒的な支持を得た。

それが、企画展となると、なんとみみっちいことになってしまうのか。一般の入場者から観覧料を取るのなら分かる。褒め称えた企業から協賛金をもらう神経が分からない。

人は仕事を通して人生に必要なもろもろのことを学ぶ。しかし、プロジェクトＸからＮＨＫの人間は何も学んでいなかったようだ。

●プロ野球の将来

私は野球は門外漢だが、楽天[36]のボードメンバーというのになっている。経営面からサジェスションできるものがあればいいということなので、名を連ねている。

今回の一連の騒動を見ていて思うのは、古株の企業から見たらＩＴ関連企業というのはエイリアンという感じではないかということである。基板はしっかりしているのか、胡散臭いことはしていないか、など危惧の念ばかり先に立つらしい。

あまり参入障壁を高くすれば、プロ野球の新陳代謝を促すことは難しい。どこで線引きするかで、日本プロ野球組織の見識も問われる。

いっそのこと楽天、ライブドア、既存球団の買収に手を挙げているソフトバンク、有線ブロードバンド、それにもう2、3加えてネットリーグを作ってはどうか。

◉資本主義社会?

西武鉄道の筆頭株主のコクドは、約100社ある「西武グループ」の〝司令塔〟だそうだ。それだけの会社を束ねる存在なのに、非上場で、経営実態は外部に不明とのこと。

コクドは西武鉄道の株を1100人の個人名義を使って保有していたという。有価証券報告書に西武鉄道の持ち株比率を過小記載し、その公表2カ月前に大量の株売却を進めていたことも明らかになっている。やりもやったりである。資本主義社会とも思えない。証券取引所は何をしていたのか、引受証券会社の責任はないのか、公認会計士は何をしていたのか、など疑問、憤懣は広がるばかり。

猪瀬直樹氏によると、創業者堤康次郎氏がそもそも今のコクドのような企業支配を是としていた人らしい。最近、辻井喬氏が大部の『父の肖像』を上梓した。それを読んで、この事件の背景に思いを馳せてみようと思う。

如是我聞（２００５・１）

一体改革

とほほ……である

◉本社移転

去年の私的トップニュースは、もちろん本社移転である。海外へよく行ったのが2位、オスロ、パリ、ロサンゼルス、ハワイ、杭州と楽しんだが、ハワイは仕事が終わって1日オフになって、朝から晩まで爆睡。疲れているなあと実感した。3位は市川新之助の11代目海老蔵襲名公演。そこで急性の病いで倒れた団十郎の代役でひと月弁慶をやった三津五郎が、目が覚めるほどの出来だった。4位は？　5位は？　またも足早に駆けた1年だったので、4位以下が思い出せない。とほほ……である。

◉参院選とイラク

去年を私流で言い表せば、リーズナブル＆グローバルである。参議院選挙のテーマが年金問題だったというのが、ある種の驚きで、これだけ生活に密着したテーマが選挙の争点になったことなどあったろうか。確かにサラリーマン新党が税金問題などを取り上げたことがあるが、ブームに終わってしまった。今回のことは一過性のものではないだろう。払ったお金はどうなるの、ということで、これがリーズナブル。

もうひとつはイラクで、どこが治安が悪いとか、長老がどうしたとか、民兵がどうとか、一年中他国の動勢を思いながら暮らしたなどということが、戦後、果たしてあっただろうか。朝鮮動乱、ベトナム戦争も、これだけ国民の広範な関心を呼ばなかっただろう。そういう意味でグローバル。

今年もこのトレンドは続きそう。

◉サブカル交流

ある経済会合に中国人を呼んで、経済展望のような話をしてもらったことがあった。終わって質疑になり、私は中国の反日教育は徹底しているが、かたや日本では歴史を知らない若者だらけで、いずれそのギャップは大問題を引き起こすのではないかと尋ねた。ちょうどテレビで、中国では柳条湖事件[37]を毎年記念日（9月18日）として思い返す教育をしていると報じたのを見た後だった。

要人は「難しい問題だ」と答えた。

何で読んだのか、中国の若者のあいだでは日本名を付けるのが流行っているという。あるいは、日本のロック（ポップだったたか?）を流すラジオ番組が無くなったが、有志が集まって復活させた、という記事も読んだことがある。そういう動きがあることを知れば、一概に中国が反日に流れるとは思いにくいのも確かである。

今韓国は日本のサブカルを受け入れ、日本は韓流ブームである。昨年の韓国映画は実力のほどを存分に見せつけた。ヨン様のような憧れの対象まで現れた。我々の韓国を見る目が確実に変わってきている。

我々が中国のサブカルを尊敬と憧れを持って迎える時、本当の和解が始まっていると考えていいのではないだろうか。

◉安い旨い

今の食の流行りは和食ダイニングにエスニックのモンスーンカフェ、モダンチャイニーズというところか?

でも、もう曲がり角じゃないのかと思う。店の雰囲気が安手だし、第一、ものがおいしくない。それにどこに行ってもモダンジャズを流しているのはなぜなのか？　ところで、回転寿司が流行っているというので下北沢のお店に行ったところ、長蛇の列で入るのを諦めた。安かろう旨かろうでないとやっていけない時代なのである。店内でどんな曲が流れていたかは分からずじまい。

◉一体改革？

今地方分権の一環として三位一体の言葉が新聞紙面を飾ることが多い。交付税や補助金を減らし、地方に税源を譲る、それを三位一体と称している。素人考えで言えば、極力税源を地方に譲ればすむ話なので、一体改革だけの方がふさわしい気がする。

そう言わないのは、一部しか譲る気がないからで、もともと中央と地方でお互いの取り分をどう決めるかということなのである。

その額が当初の10兆円から3兆円になったというのだから、お話にならない。

県知事の半数は霞ヶ関出身ということである。これからも官僚出身者が増え続けるなら、政治家に歯向かうことは難しかろう。

如是我聞（2005・3）

女帝論議

結婚はいつだってできる

◉皇室典範改正

女帝論議[38]がかまびすしい。皇室典範の改正が言われているが、いったいそれだけですむのかと思う。雅子妃の内情は知らないが、週刊誌あたりの記事では子作りの制限で外遊もままならずストレスが昂じたという。皇室外交を担うつもりが、後継づくりにしか利用されていないと気づくのは辛いことである。皇室典範では、女帝規程はもちろん、21世紀の皇室のミッションを明確化すべきだと思う。そうすれば、皇太子一家の悩みも少しは緩和されるかもしれない。

◉ズレた感覚

ＮＨＫの海老沢会長など3名の幹部が辞めて、すぐに顧問に就いたことが知られて大騒ぎになり、結局、顧問就任の話は無くなった。当然過ぎる話である。

受信料不払いに抗議電話と、視聴者の対応は素早かった。ＮＨＫは、テレビを買ったら自動的に受信料を払うことになっています、と勧誘員に説明させてきたが、そんな決まりなどどこにもない。

考えてみれば、受信料というのは民放以上に視聴者参加型の運営方法で、官僚体質の組織がそんな危いものによく載っかってきたものである。ＮＨＫもそう勝手なことができない時代になってきたということである。

ある週刊誌では、系列会社がイベントの仕事を取るために、放送と絡めていると書いていた。私も似たような情報を掴んだことがあり、ＮＨＫに問いただしたことがあった。３人の社員が我が社に現れ、厳正な調査をする、しかし濡れ衣に違いない、と主張するばかり。しまいに「ＮＨＫを定年で辞めた人間の充てを作らないといけない。だから系列会社が必要だ」と言い出したのには、開いた口がふさがらなかった。

官僚の天下り批判など、まるで眼中にないみたい。この世間ずれのした感覚って、顧問就任の経緯とよく似ていないだろうか。このズレがＮＨＫ幹部の体質なのである。

◉家計補助が奴隷？

作家の桐野夏生さんが新聞（朝日新聞、２００５年1月4日朝刊）で書いていたことで、ちょっと気になることがある。

彼女の小説「ＯＵＴ」が欧米で翻訳され、その読者から「日本ではなぜ、夫がホワイトカラーなのに妻はブルーカラー労働をしているのか」という質問が寄せられたという。「ＯＵＴ」の主人公は弁当工場で働くパートの主婦たち。桐野氏が取材したところ、パート女性の多くは40代後半から50代、深夜０時から朝5時半までベルトコンベヤーの前で立ちっぱなし。休憩時間がなく、トイレも許可制、更衣室は男女兼用。「奴隷工場ではないか、と私は思いました」と桐野氏は書いている。その奴隷は、「家計補助や小遣い稼ぎのために働いて」いると桐野氏は書くが、さて、それって奴隷だろうか？　普通に考えてみれば分かるとおり、否である。

どういうわけかマスコミ作家はものごとが分かっていると思って、こういう意見を載せているようだが、その思い込み自体がアウトである。

◉再婚トトカルチョ

実は再婚することになった。一部マスコミで記事が出たので、もうご存じの方もいるかもしれない。何で今さらという反応がいちばん多い。あるいは、「また別れるかどうか、トトカルチョを組もう」などと言う不埒な輩もいる。

友達のあいだで長く学級委員長のようなことをやってきた。人を集め、場所を選び、会費を徴収し……その任務もそろそろ交替の時期ではないかと考えた。

もうひとつは、これから人生の晩年を迎えるにあたり、心から話の合う人と一緒になるのは、それは意義のあることだと思ったからである。

これで代理母で体外受精を選択すれば、子どもをもうけることもできる。また卵子を冷凍保存し、いつでも受精できる（私にはまったくその気はないが）。結婚適齢期など有名無実になるだろう。一番の障害である子作りの部分がクリアされるのだから。男女とも格段に生きやすくなる。

新婚旅行は月並みなハワイである。半ば仕事になりそうな予感だけど。

如是我聞（２００５・５）

まま母になりぬ

放送とインタラクティブ

◉憲法改正

いつも「普通の国」って何かと思う。世界には独裁から破綻まで、実に多様な国がある、宗教も違う。核や軍隊を持てば「普通」だというのは、余りにも発想が貧困ではないか。

実は論理が逆で、いかに「独特」な国になるかで世界はしのぎを削っている。少なくとも企業はそうだ。「普通」であろうとする企業など語義矛盾みたいなものである。

衆参両院の憲法調査会から最終報告書が出され、結局、現行憲法の長所を再確認する内容になったという。

私は自衛隊合憲、海外派遣の目的の明確化など実態に合わせる必要があるとは感じている。それは別に「普通」になろうということではない。大事なことなんだからごまかしなしで行こう、ということである。

ついでに国民主権である以上、1条には主権在民が来るべきであろう。「普通」に考えればそうなる。

◉どんな番組？

ホリエモンは放送産業にかかわる理由として、ITによるインタラクティブ性（長いのでインタラと略す）を挙げていた。インタラで具体的にどんな番組ができ上がるのか説明がなかったので説得力が弱かったが、私なりに解釈すると次のようになる。

車のメーカーのある車種について、視聴者から「ここがいい」「あそこが悪い」という意見が寄せられる。もちろんメーカーにも、反論のチャンスが与えられる。これがいわゆるインタラである。

双方向性を言う場合、どこから飛んでくるか分からない批判をも取り込む姿勢がなければ、その良さを発揮できない。しかし、そんな危ない番組に誰がスポンサーになるだろう。

私の出た生番組で、観客席に座った女性が突然、「ほかの人と出演料が差別されてる」と番組の主旨とは別のことを言い出した。インタラとはこういう雑音をも取り込んでいく、ということである。

結局、インタラはすべてに合う魔法の薬ではなく、特定のものにしか効かない限定薬ということである。だから、それにうすうす気づいてホリエモンの主張に眉に唾した人が多かったのではないだろうか。

◉とうとう領土問題

戦後も60年経って、日本にまだ3つも領土問題があるというのが不思議である。日本が島国であるがゆえに後回しですんできた、ということがあるのかもしれない。これが地続きだと、国境を確定しておかないと不安である。

とうとう国境問題を論じられるまでに日韓、日中は成熟してきたのだという意見もある。これが10年前だったらどうか。もっと激しく反日の嵐が吹き荒れたのではないだろうか。言ってみれば、もう両国と微妙な問題は領土問題しか残っていないということである。

竹島を共同管理にというのが、ほかの2つの問題の処理を視野においたとき、賢明な方法ではないかという気がする。そういう大人の解決法がとられるべき時期でもあるのではないだろうか。

◉再審即無罪

1961年に起きた「名張毒ぶどう酒事件」[39]で名古屋高裁が再審を認めた。検察が異議を申し立てると、最高裁までもつれ込む可能性があるが、奥西勝死刑囚は79歳。獄中で死ね、ということである。

人の命を奪うことのできる制度だから、自らの判断に絶対の自信を持ち、厳密に運用しようというのは分かる。だが、どこかで線引きが必要ではないだろうか。たとえば高裁で再審決定がなされた時点で無罪とか。

これで死刑事件で再審が開始されたのは5件目とのこと。少しずつハードルが低くなっていると新聞などでは書いている。その方向でいいのではないか、と私などは思う。

◉会社モードが抜けない

夫婦とは、こんなにゴミが出るということか。それに結構、疲れる。ずっと独り身だったから人の気配に疲れるのかも。

家に帰っても会社モードが抜けなくて、夫に「君、あれやっといた?」と言ってしまう。

ある人から「まま母になるのよね」と言われて、なんだか珍しい言葉を耳にした感じ。昔のドラマのように、まま子いじめがしてみたい。

如是我聞（2005・7）

自立した国
ついお縄についた悪人を

◉観光ブーム

こないだフィレンツェにあるメディチ家の美術館に行ったら長蛇の列で、8時間待ちだという。以前ならすいすい入れたところである。知る人ぞ知るポルトフィーノ[40]という小さな港町にも、観光客があふれていて、もう穴場とは呼べなくなった。夏のニューヨーク便も満杯で取るのが難しい。

考えるに、今、もしかしたら、世界中が観光ブームなのではないだろうか。中国が景気がいいのは分かるが、はてあとは？　インド？　ブラジル？　韓国？

今中国から日本への旅行者に制限が多いことが問題になっている。日中に政治的なわだかまりがあることを考えれば、民間レベルの交流をどんどん進めて、日本人および日本の生の様子を知ってもらうことが大事である。

ビジットジャパンというキャンペーンを張るなら、韓流ブームならぬ中流ブームを起こすべきである。

◉オーソリティの問題

中国共産党の正統性は、日本軍を打ち負かしたことである。韓国も同じである。政権というのは、オーソリティに基盤を置くもので、普通は選挙の結果がそれを保証するわけだが、小渕首相が急死して森氏が後を継いだとき、有力者が密室で決めたというので、正統性が疑われたことがあった。

あるいは、ブッシュとゴアが戦った米大統領選挙で、フロリダで不正が行われたというので、ブッシュ政権の正統性が疑われたことがあった。

中国共産党や韓国政権が教科書などで抗日、反日を言い続けるのは、極めて当然のことに思う。自分たちの正統性を言う以上、避けて通れないからである。

もうひとつ、なぜいつまでも反日を言い続けるのか、という意見があるが、日本国内だっていまだに萩と会津[41]は仲が悪い。幕末の頃の遺恨が続いているからだという。欧州あたりでも、はるか昔に他国と戦ったことを、まるで昨日のように話す人々がいるという。

中国も韓国も、日本に侵略されたのは、つい最近のことである。あと100年は語り継ぐだろうと予想がつく。

相手にも事情があって、事が起きている。そういう考え方をしないと争いごとは大きくなるばかりである。

◉3人の来客

都議選でもまた公明党の強さが証明された。[42]さらにジリ貧の自民党が同党への依存度を強めていくことであろう。

私のところにも神戸から3人の公明党関係者がやってきた。その熱心さには驚き入った。

島田裕巳著『不安を生きる』を読むと、創価学会にはかつて世界青年文化祭というのがあって、若者のエネルギーのはけ口になっていたが、自然消滅し、今は大イベントと言えば選挙しかなくなった、という。

この祭りのノリに対抗できるものって何か？　難題である。

◉やれるものならやってみな

85歳森光子がまた3年後に「放浪記」[43]を演じ続けると宣言。「菊田一夫と作ってはきたが、細かいところは全部、自分が作ってきた。だから、誰でもやれるものならやってみなさい」と言った。

この妄執とも言うべきものは、いったいどこから来ているのか。かつて杉村春子も人気作品を独占していたので、文学座からほかの女優が大成しなかったという。

また「夕鶴」の山本安英もそうだった。

恐ろしいものだと思うし、そういうものだとも思う。

役者がこの種のこだわりを無くすと、逆にだめになるのではないか、という気がする。彼らが演技のエネルギーを汲み上げているのは、そういうどろどろした場所であって、決して取り済ましたような場所ではない。

◉クールビス

衆院予算委員会でクールビズ姿の政治家さんを見ていると、つい収賄などでお縄についた悪い人を思い出してしまうのはなぜか。

省エネにもいい、冷え性の女性にも優しいということだが、そんなの政府主導でやることかと思う。何でもお上頼りは、もう止めにしようと思う。

クールビズもいいが、ＴＰＯを弁えないと、とんでもないことになることを承知しておくべきである。

如是我聞（2005・8）

ジェラシー解散

とびきりの美人に会った

◉男にしたくない

参議院で思いがけず大差で郵政法案が否決された。僅差で通ると思っていたので、びっくりした。「自爆解散」とか様々ネーミングされているが、私は「ジェラシー解散」でどうかと思う。

小泉さんのようなある種、独断専行型の人間でないかぎり、既得権益の網の目を断ち切るのは難しい。既存の枠組に縛られた人々には、その力への嫉妬があるのではないか。ここで小泉を男にするわけにいかない、と思ったのではないか。

かつて小泉さんは古い自民党をぶっ潰すと言ったが、今度の解散でその言葉がまざまざと蘇った。

◉レトロ万博

名古屋万博[44]へ行ってきた。評判に違わず人、人、人。しかし、今までの万博が未来讃歌で彩られていたとすれば、どこかレトロの感じがする。

長久手の日本館では、昭和の家電製品の歴史を追って展示していた。技術の進歩ってすごいと思うと同時に、そう大したものでもないなという妙な醒めた思いを持った。

きっと上海の万博は希望の未来をうたうことだろう。国の勢いとか成熟の度合いが、万博の性格を決めるような気がする。

◉日本へのテロ

ロンドンの自爆テロ[45]を見て、やがて日本にもと思った人が多いのではないだろうか。

アラブ人が来れば目立つから大丈夫だろうと言ったマスコミ人がいたとかいないとか。同調した日本人がやるとは、どうして思わないのだろう。

では、ターゲットは何か。昔なら東京タワーか。今なら、それこそ満員の山手線か。あるいは、新幹線でも衝撃度が大きい。まさか原発はないだろうと、周りの何人かに聞いても、「ないだろう」との返事。余りにも被害が大きいからだと言うが、さて……?

戦後60年、まさかこんな心配をする時代がやってこようとは思わなかった。

◉人命第一

六本木をクルマで通っている時に、おじいさんが道の真ん中に自転車ともども倒れているのが見えた。交通は流れているので、クルマを止めるわけにもいかない。

急いで携帯で警察を呼び出したが、「そのおじいさんの姓名、住所を聞いてください」

と言ってきかない。

「助けられるものなら助けます」

とねじ込んで、やっと近くの交番から人を出してもらうことができた。

携帯でイタズラ電話が来ることが多いので、どうしても対応が慎重になるらしい。事情を話したうえで、電話の主の務め先などを聞き出し、後で確認するなどしたらどうだろう。それでもイタズラなら諦めるしかないが。

人命救助第一と考えたらどうだろう。

◉自分の軸

先日、「外交機密文書漏洩事件」の西山太一氏がテレビに出ていた。沖縄返還にあたって、本来アメリカが払うべきお金を日本が立て替えるという密約があると報じた記者である。30年以上も前の事件である。取材源の女性（外務省の秘書）と男女関係になって情報を得たのがけしからん、ということで西山氏も女性も有罪になった。

同じ番組で元検事の佐藤道夫参議院議員が、当時の内幕を話していた。検事総長が起訴状にあった「情を通じる」という言葉に喜び、調子に乗っているマスコミを懲らしめるのにいい、と判断したと述べていた。

問題は密約だったのに、不義密通が悪いと巧妙に論点がすり替えられた事件だった。西山氏はそれを悔しがっていた。

しかし、せっかくのスクープも脇が甘いと、相手を追い詰めることができない。

ニュースの受け手である我々も、よほど冷静な姿勢でいないと、問題の核心を逃してしまう。

分かるのは、世の中が熱くなったときは、逆にしんと鎮まり返ること。なかなか難しいことだが、そう思う。

◉中国美人

中国へビジネスに行き、とびきりの美人に会った。北京吉利大学副学長の刘艳（Liuyan）さん。見とれて、しばらくビジネスを忘れた。

朝まだきの理不尽

如是我聞（２００５・11）

親の責任

◉それでもお目付け役？

ＮＨＫが受信料の督促を法的手段に訴えても遂行するという。一連の不祥事で不払いが起きている（７月末で１１７万件）ことが理由らしいが、この理屈って考えてみれば変だ。自分の不正を棚上げにして人を脅そうとしているからである。

そもそも一度受信料を払えば契約が成立する、というのは許される考え方なのか。テレビ受像機を買えば、その時点でＮＨＫに加入したことになる、というのも変な理屈である。いまだにこの国は社会主義かと言いたくなる。

それにしてもＮＨＫのお目付け役である経営委員会は、何をしているのだろう。委員は総理大臣の任命で外部の12人が事にあたることになっている。なかに子息がＮＨＫに勤めている委員もいる。それでは目付けにも何もならないだろう。

まずその第三者機関の刷新で出直しの意気込みを見せるべきではないか、と思う。人の財布に手を入れるなら、自分の身を正してからである。

◉金バッジが泣いている

先の選挙結果[46]には唖然とした。自民党が歴史的大勝をしたことももちろんだが、党の看板がないと金バッジの先生も張り子の虎に過ぎないと分かったからである。

落下傘で地元と縁がないから落選だという理屈は旧のものになった。何期国会に通おうと、党の公認が受けられない先生は、ただの人なのである。

莫大な費用をかけなければそれが分からなかったというのは、返すがえすも残念である。ところで、どさくさにまぎれて最高裁判官の国民審査が行われたが、あれは選挙と切り離し、政教分離は賛成か否かなど5つぐらい質問に答えさせ、それを基に審査したらどうだろう。

選挙のサシミのツマでいいわけがない。

◉ひどい!

夫が杉並区のコミュニティスクールのアドバイザーを仰せつかった。区内の父兄を対象に教育がらみの話をする機会があるらしいのだが、後で質問時間になり、その内容に唖然とするというのである。自分の話したこととほとんど関連がないらしい。

たとえば、国語や英語の辞書の引き方を子どもにどう教えたらいいのかとか、じっと机に座らせておくにはどうしたらいいか、といったレベルの質問が出るというのである。それにしてもなぜ親の責任で教えないのか。

ひところよくテレビでおバカな女子大生に〝常識問題〟を聞いて、その答えに爆笑するという番組があったが、もう笑ってすませる段階ではないらしい。ある私大ではフランス革命を知らない学生が大半だったとか、「ぞんざい」とか「引く手あまた」「足元を見られる」などの言葉はもう通じないとか(小谷野敦著『中庸、ときどきラディカル』)、恐ろしい話がいっぱいである。

何がどうなってこうなってしまったのか、本当に国民的な課題として論議してはどうか。そして、どん

埒があかないだろう。

な教育が今必要なのか、徹底的に論じてはどうか。少なくとも腰つきふらふらの文科省に任せていては、

◉住宅街の騒音規制

朝の8時頃から静かな住宅街に新築工事の騒がしい音が響き渡る。あろうことか、それがうちのすぐ隣なのである。

あまりのことに施主の名を確かめに行ったが、どこにも表示がない（これは法的には問題ないことなのか）。工事の責任者に聞いても、教えてくれない。「個人情報に関することなので」の一点張り。工期が遅れるのは困る、と自分の都合しか言わない。

こういった場合、いったいどうしたらいいのか。建築会社に電話するのか、区の担当者を捜し出すのか。このまま理不尽を通すわけにいかない。

そもそも住宅街に工事開始時間の規制がないものなのか、そこから調べないといけない。難儀なことである。

◉METの底力

メトロポリタンミュージアムに何度も行っているが、先日も行ってまた感心して帰ってきた。

美術関連のショップが併設されているのだが、その品揃えがすごい。なかでも美術書の類がごまんとある。あれもこれもと、つい買ってしまう。それに引き比べて、日本の美術館のショップの貧寒さよ。彼我の違いに愕然とする。

数学と実生活

まともな議論を起こす人間はいないか

如是我聞（2006・1）

◉サヤ抜きが慣例

数年前、違法建築の横行が盛んにテレビで放映された。床が傾きリンゴがころころ転がる、壁がカビで急速に黒ずむ、化学資材で喘息を引き起こす――ほとんどが費用を浮かせてサヤを抜くためになされたものだった。

ひと騒ぎが終わると、その種の報道が火が消えたようになくなった。ところが、今回の耐震データ偽造問題[47]である。やはり体質は変わらないなあ、というのが第一印象だった。

民間の審査機関が機能していなかったことが問題視されているが、審査機関をさらに審査する体制をとらないかぎり、この種の問題は常に発生する。人の安全にかかわる部分は性悪説をとるのがいい。だからといって、対象分譲マンションの建て替え費用まで公的に支援するのは、理屈に合わない。冷たい言い方になるが、住人は選んでそこに住んだのだから、一端も二端も責任がある。ハズレくじを引いたら不運と諦めるのが人生というものではないか。日本ではそのへんがいつも曖昧になる。

ただ、第3次被害の問題が気になる。

◉短期移民賛成

ある工場の話を聞いた。中国人だけのセクションを作ると、そこだけ生産性が高いのだという。実にまめに働き、放っておくといつまでも残業をやって帰らないという。短期間、一生懸命働いて、故郷に錦を飾るのが夢だという。彼らは本国に仕送りを欠かさない。

外国人労働者問題と治安を絡めてうんぬんされることが多いが、彼らの働きぶりを見ていると、私は短期移民受け入れに傾いてしまう。送り出す現地で情実が発生する可能性を考えれば、日本に受け入れを審査する仕組みを作ればいいのではないかと思う。あの勤勉さには学ぶことが多い。

◉団塊世代の今後

団塊の世代がリタイアした社会がどうなるか、今のところ誰も予想がつかない。会社という枠組みがなくなるわけだから、今までのように一様というわけにはいかないだろうというのは、誰しも分かることであるが、ではどうなるかが分からない。

ひとつ参考になると思ったのは、彼ら向けのツアーを組む場合、お仕着せは受けないそうで、初期の段階から一員となって作り上げていく方が、成績がいいらしい。これは彼らの個人志向の表れだろう。ピアノやギターなどの楽器が売れているともいう。これは仲間とアンサンブルを組む楽しみもあるかもしれないが、長く会社や家族を背負って脇に置いていたものを回復したいということだろうと思う。映画に芝居に旅行に絵画、つまり趣味の復権である。

かつて第二の人生を謳歌する先輩がいみじくも言ったことがある。「シニアのパイオニアになりたい」私が団塊の世代に期待するのも、そのことである。

◉宗教団体優遇の怪

宗教ブームだそうである。特に仏教だとか。本も新刊がいろいろ出て賑やかだそうである。

よく日本を無宗教と言うが、新々仏教を含めて教団はたくさんある。宗教加盟者を足すと人口を超えているはずである。正月、お盆と宗教行事に事欠かない。

一神教が格上などというのは、迷信に過ぎない。それぞれの国にそれぞれの宗教があるだけである。ところで、問題はそこではない。なぜ、宗教法人に課税されないのか。巨大な伽藍を建てる財力があるのに、お目こぼしをする理由は何なのか。

教団が貧しくて、それに帰依する信者も貧しいというなら、まだ分かる。あるいは巨大になっても、社会貢献に余念がないというのなら、分かる。

その教団の恩恵がその教団の信者にしか回らないというのであれば、やはり税金をいただくのが筋である。

どういうわけかこの種のことがタブーになっている感さえある。誰かまともな論議を起こす人間はいないものか。

◉数学者と計算

うちの夫は数学者で、その道では名が知れているらしい。かの岩波書店でも本があるのが、その証拠だそうだ。

その彼より私は計算が速い。パッパッである。もたもたしている彼を見ると、学問と生活の違いを実感する。

怖い錬金術

誰でもこういうもの？

如是我聞（２００６・３）

●数字だけの世界

ライブドアの一件で思うのは、数字を動かすだけで利益が出せる世界は怖いな、ということである。一度手を染めたら、そこから抜け出すのは難しい。結局は、実態がないから、次から次へと粉飾を重ねることになる。

それにしても、テレビで嬉しそうに騒いでいたホリエモン、内心、冷や冷やで夜も眠れないということはなかったのだろうか。私にはそういう心中が分からない。もし平気だったとすれば、何かが麻痺していたとしか言いようがない。

●論議を広く、深く

女系天皇とは何かが世間にも知られるようになって、ここは慎重にやった方がいい、という意見が多くなってきた気配である。

確かに過去女性天皇は８人いたが、あくまでピンチヒッターで、次は男系の天皇を立てているらしい。継体天皇[48]のように宮家でもないところから探し出して、男系を守ろうとしてきた経緯があって、それをないがしろにできない、という意見はある意味、正当である。

しかし、この平成の御代に、天皇制を続ける論議しかない、というのもいかがなものか。

哲学者の関曠野氏は、首相の諮問機関が皇室典範改正を論議するなら、「天皇制と共和制を比較検討し、そのメリットやリスクを論じるという手順がとられていないのはおかしい」と述べている。せっかくの機会である。様々な角度から深い論議をし、その結果を国民は重く受け止める、というのもひとつの考え方かもしれない。

◉やはり教育を

国会で格差社会をめぐって議論がなされたが、そう活発な様子ではなかった。格差が目立つのは高齢化社会に入ったからだとする意見が正統的だが、いくつかの指標が別の意味で日本が格差社会に入ったのではないかとの危惧を抱かせる。

つまりOECD[49]によると、その国の平均的な世帯所得の半分以下しかない世帯の人口比率は日本15・3%で、OECD諸国平均10・2%を大きく上回り、加盟国で日本より比率が高い国はメキシコ、トルコ、アイルランド、そして米国しかない。10年ほど前と比較すると2倍前後も増えているらしい。

あるいは、5世帯に1世帯が貯蓄50万円未満で、「無貯蓄」に近い状態だという。

京大教授橘木俊詔氏は、その原因として①不況、②非正規社員の増加、③高齢者間の貧富の拡大、④母子家庭の増加、を挙げている。

格差社会があるのは当然である。総中流などと言っていたのがおかしいのである。問題は、格差が固定化する社会である。階層間の流動性をどう担保するか。

かつては教育の機会均等がそれを保障したわけで、これからもそれが最終回答のような気がする。

◉関西和事にひと言

中村雁治郎が大名跡「坂田籐十郎[50]」を襲名し、「伽羅先代萩」を演じて、好評を博した。おおむね新聞評も良く、めでたしめでたしだが、私はどうも関西の和事のテンポがまだるっこしくて、付いていけなかった。離れた座席から大いびきが聞こえてきたのには、驚いた。伝統を蘇らせることの難しさを思ったものである。

雁治郎、かつての扇雀はお初のような女郎をやらせたら絶品の人で、武家ものの政岡を演じたところにも無理があったかもしれない。

名前が大きいと何かと気苦労なことだが、時間をかけてその名を高めていくしか手はない。

◉冷蔵庫恐怖症

先号で夫の仕事を数学者と書いたが、本人から「違う」とクレームが来た。コンピュータ・サイエンスが専門だそうだ。

よく夫の仕事の中身も知らないで結婚したものだ、と言うので「じゃあなたは私のしていることが分かっているの？」と反論したところ、押し黙ってしまった。

彼は実に健啖家で、私は今冷蔵庫恐怖症にかかっている。というのは、常に食料の補給をしておかないと、またたくまに底をつくのである。

コンピュータ・サイエンストというのは、誰でもこういうものなのだろうか。

如是我聞（2006・4）

品格の条件
下らない国会質問

◉WBC決勝戦

野球にまったく関心のないこの私が今度のWBC[51]には熱を入れた。特に審判のミスジャッジがあってから、ヒートアップ。決勝戦であわや追いつかれそうになった時は、天を仰ぐ気持ちだった。

意外にも個人主義のイチローがチームを引っ張ったとか、ナショナリストに変貌したとか評判である。そろそろ日本に帰る用意だと皮肉いっぱいの人もいる。

韓国チームに対する挑発的な発言に眉をひそめる人もいる。私は野球も戦いのゲーム、格闘技なんだから、きれいごとを言っているだけでは勝てない、まして短期決戦、集中力の高い方が勝つ、と思う。イチローはみずから発奮材料を提供したわけで、闘士、いや日本の古武士の面構えにさえ見えた。

◉霞ヶ関ホームレス

都内にある公務員宿舎を問題視する政治家がいる。しかし、そこに住む官僚からすれば、何を寝ぼけたことを、ということになる。

彼らからすれば、政治家の下らない国会質問のために夜ごと、準備に追われているわけで、終電も終わり、もしタクシーで遠隔地まで帰っていたら、それこそ国民に指弾されることになる。

数年前、朝早くにある省庁に出かけたところ、洋服で床で寝ている人を見かけた。まさか霞ヶ関にホームレスがと思ったら、若い官僚が徹夜になり泊まったのだという。

政治家には政策秘書がいるのだから、それを有効利用すべきで、官僚には自前の家を持たせるべきである。

◉ギャルの行為

先日、テレビで「品格とは何ぞや」という討論をやっていた。藤原正彦著『国家の品格』[52]が売れていることに便乗した企画である。

なかで茶髪の弁護士がこんなことを言っていた。電車で床に座り込んでいるギャルが、ほかの苛められている女の子を助けたのは、品格ある行為である、と。

品格はその人の全体を言う言葉で、たとえ善行を行っても、電車の床に座っているかぎり、品格があるとは言えない。しかも、常に首尾一貫してモラルが高くないと、品格は備わってこない。付け焼き刃でどうにかなるようなら、それは品格ではない。

藤原氏が著書に挙げる品格ある日本の例は、ことごとく昔のものばかり。それを取り戻すには、正しい日本語が必要だ、というのが氏の主張である。

少なくとも、損な役回りの人が正当に評価されない社会に、品格があるとは言えないだろう。

◉過去にもいたタイプ

前項と絡むが、明らかにホリエモン[53]には品格がなかった。事業欲はあったのだろうが、新しい経営者という雰囲気は微塵も感じなかった。

彼が閉塞の時代に風穴を開けた式の言い方をする人がいるが、バカも休み休み言うべきである。「金で買えないものはない」式の目立ち発言でパフォーマンスする人間に、時代を変えるパワーがあったとは思えない。

小泉内閣の規制緩和政策の申し子だという意見もあるが、広く深く行き渡っていた〝結果不平等〟に、誰しも異論、違和感があったはず。それが規制緩和のそもそもの出発点だったことをみんなが忘れている。

金がすべてだという経営者は過去に何人もいたし、これからもまた出てくるだろう。ホリエモンもその一人に過ぎなかったのである。

◉**驚きのリサイクルショップ**

環境問題でリサイクルビジネスが盛んだが、驚いたのはリサイクルショップの充実度である。全自動洗濯機と上下に冷凍庫付きの冷蔵庫の２つで３万円で買える。タオルは１グラムいくら、という値付けである。家庭用品なら何でも手に入る。

買って要らなくなったら、また半値でも買い取ってもらえばいいわけで、実に便利なものである。品物も新品で、倒産品とかが売られている。若い人や単身赴任者にはとても便利だろう。

◉**突然の花見**

ある日、桜の花がはらはらと舞ってくるので、ああお隣の桜ね、と思って下を見ると、うちの庭に満開の桜が咲いていた。その枝ぶりのいいこと。

去年はどうだったのか。その前は？　突然の贈り物に呆然としながら、ただ見とれるばかり。

如是我聞（２００６・６）

２つの戦争
いいとこ突いた

◉**２つの戦争があった**

今年の大宅賞を取った『散るぞ悲しき』という作品を読んだ（梯久美子著）。２万人余の兵隊が犬死にさせられた硫黄島[54]の指揮官栗林忠道を扱っている。読み進めながら、涙を禁じえなかった。死ぬために任地に向かった兵隊たち、それをいとも簡単に見捨てた大本営。同じ戦争といっても、実は２つの戦争が並行してあったとしか思えない。

アメリカ軍に多大な損害を与えたことで、栗林の名は日本よりもアメリカで高い。硫黄島の捕虜は、畏敬の念をもって遇せられたという。

栗林は家族宛に手紙をまめに送っている。些細な家事について触れることが多く、きっと生き地獄にいる彼にすれば、それこそが唯一の救いだったのではないかと思われる。

本書の反響は大きいと聞く。硫黄島で亡くなった方々は、果たしてA級戦犯と一緒に祀られることに同意をするだろうか。

◉グッド・チョイス

にせ画家問題[55]が世情を騒がしている。絵を見ると、明らかにコピーである。つい似てしまったというレベルではない。

それにしても何十年も発覚しなかったことが不思議である。あれがピカソならすぐにバレたろうか、こっちも平山郁夫なら露見が早かったろうか、と不謹慎なことを考えた。

ある意味、和田某はいいところを突いたということになろうか。パクっても日本で評価されるような絵でなければ意味がない。すぐにネタ元が分かっても良くない。絶妙なチョイスだったと言えるかもしれない。

だから文化庁は「いいとこ突いたで賞」あたりを献呈すればよかったのに。

◉海外でナショナリスト

愛国心を教育基本法にうたう改正案[56]が国会に提出されたが、愛国心を持ったら、何がどう変わるというのか。国のやることなすことを褒めるのが愛国心か。国のだめなところを指摘すると、非愛国心ということになるのか。

通信簿で愛国心評価を行っている小学校が微増。評価の仕様がないから止める予定、というところもあって、教育現場は困っている様子だ。

よく海外へ行くと、日本の良さに気づくという。愛国心を強制するより、子どもたちに海外旅行や留学をさせた方が早いのではないか。バリバリのナショナリストができ上がるかも。

◉ジェネリック問題

知り合いが病院に定期検査に行き、担当医から「前回、ジェネリック使用可に印を付けておきましたが、どうなさいました?」と聞かれたという。

「いえ、出ませんでした」と答え、薬局でそのことを言うと、自己申告がないと出さない、との返事。ジェネリックとは特許の切れた薬のことで、開発費用がかからないので、値段が安くなる。昔はゾロ新(ぞろぞろ出てくる新薬)と言われていたものである。

おかしな話である。同じ効きめで、割安のものを選択しない人がいるのだろうか。医者がOKと書いたら即出すのが筋というものであろう。

「もうあそこの薬局には行かない」

知人の弁に頷いた私である。

◉真逆の報告書

何がどうなっているのか、NHK受信料義務化なる案が、自民党の通信・放送産業高度化小委員会というところの報告書に盛られたという記事が新聞に載っていた。そんなバカな、である。

ＮＨＫの堕落は、人のお金を税金のように使っているからで、有料化して、民営並みに頑張るか、要らない番組を大幅にカットして、国営の名にふさわしいものにチェンジするか、選択肢は２つしかないと思っていたのに、あろうことか義務化だと。

この間の不払いにも罰則を設けて、徴収するつもりではないか。ＮＨＫに心があるなら、そんなバカげた案はご遠慮します、と言ってみてはどうか。少しは評価が上がるだろう。

◉本能サピエンス

うちの夫はパソコンに向かって仕事をしている以外は、食べるか寝るかである。

あとでお腹が空くのか、チョコレートやクッキー、おまんじゅうなどを欠かさない。

まるで何か大きな動物を飼っているようなもので、いわば私は食料補給係。ふだん頭を使っているので、あとは本能で行こうと思っているのか。ゆえに本能サピエンスとも命名している。

如是我聞（２００６・８）

兄ちゃんのマネ

長居は無用

◉アンフェアな審判

亀田興毅のＷＢＡライトフライ級王座戦を見た。誰もが亀田の負けを確信した。ところが、彼が勝ってしまった。試合前から雑誌でも亀田は実力不足という記事がいくつも出ていた。

あまりのブーイングに王座を返上する話もあるが、父親は「こういう（上げたり下げたりの）風潮が子どもを悪くする」と反論。いつから普通の親になったのか。さんざんヒールのイメージを売ってきて、今さら〝良い子〟ぶるのはおかしい。

残る二人の弟が兄ちゃんのマネをしなければいいのだが。

◉「もったいない」の先を

嘉田由紀子滋賀県知事が誕生し、新幹線駅や6つのダムなどの計画を、公約通り凍結することを表明した。

駅はまだほとんどが手つかずだが、工事中止の場合の損害賠償や、取得した土地の再活用など、いくつもの問題があるという。

かつて東京都市博中止[57]では、着工分の350億円を都が企業に支払ったという。

確かに今さら新幹線の駅が必要だとも思えない。しかし、事業ストップに代わる産業政策は新知事にあるのだろうか。

コストカットはその気になれば、易しい。難しいのは稼ぎ口を見つけることだ。新知事の行政手腕をぜひ見せてほしいものである。

田中康夫長野県知事の3選はならなかったが、これを見ても〝ノン〟を言うだけの政治はもう通じないことが分かる。

◉空自はいつ?

自衛隊のサマワ撤退が思いもかけず早期に実現し、それもあれよと言う間に片づいて、拍子抜けがしたほどだ。

陸自は守りの英豪軍がいなくては丸腰と同じなので、即撤退となったわけだが、アメリカからの反発もなく、静かなものである。

まだ空自[58]が残っていて、これがバグダッドはじめ危険地域での活動をするらしく。「イラク復興支援」という当初の目的に沿ったものなのか、疑問を呈する向きもある。米軍との一体化がさらに進むというのである。

では空自の引き際とはいつなのか。よその家にずるずると長居するのはどうかと思う。政府は〝腰を上げるのはいつか〟を明確にしないといけない。

◉天皇メモの衝撃

昭和天皇が靖国のＡ級戦犯合祀に強い不快感を持っていたことが、88年当時の富田朝彦宮内庁長官のメモで再確認された。かつて徳川善寛元侍従長がその種の発言をしたことで定説化していたことだが、補強材料が出てきた意味は大きい。

古賀誠日本遺族会会長は、Ａ級戦犯分祀を主張している。彼は父親を2歳の時に戦争で亡くしている。南島で、食べ物も、銃弾もない状況だったという。誰も戦争に好んで行ったわけではなく、戦場に行かされ、そこで死んだのだという。

靖国問題は国内問題だという意見があるが、国内でもこれだけ論議がある。靖国が解決しても中国はまた何か言ってくる、というが、今度はこっちが世界の世論を味方につけて外交で対抗すればいいのである。

◉必殺ボケ返し

アンチ・エイジングという言葉を聞かない日がないくらい。高齢者も美容にエステにと余念がない。ときに肌の露出の激しい服を着ている方もいるが、体を鍛えてからにすれば、と言いたくなる。

こないだ悲惨な話を聞いた。今高齢者のいる家では息子の嫁の天下で、下手に逆らうと食事も出なかったりするのだという。嫁の義母いじめには目に余るものがあるという。

ところが、究極の仕返しの手があるのだという。人呼んで〝ボケ返し〟。嫁はこれで音を上げるのだという。恐ろしい話である。

しかし、嫁姑の争いほどアンチ・エイジングなものはない。

◉鼻毛と富市眉

ほぼ10日に1回、夫の鼻毛を切っている。コンピュータいっぱいの夫の研究室は妙にだだっ広い。鼻毛が伸びるのは、掃除をしていないせいか。

それと、眉毛の伸びも速い。ちょっと隙を見せると、〝富市眉（むろん村山富市氏のことである）〟になろうとする。これは加齢のせいかしら。

どっちかと言うと、鼻毛の方が速く伸びるようだ。

如是我聞（２００６・10）

青年は心を離すな
サリン被害者

◉国の犠牲

オウム麻原への死刑判決が出るのが、遅すぎた。それにしても、地下鉄サリン事件は死者12人、重軽傷者５５１０人の大事件なのに、国の補償は皆無に近いという。今度の内閣は拉致問題を国家マターでやっていく所存らしいが、オウム被害者には何もしないで放っておくのだろうか。天災被害者に補償しないのと同じだと言うが、これは国家を狙ったテロではなかったのか。拡大して考えれば国家の犠牲者と言えなくはない。どこからもそういう議論が出ないことが不思議である。

◉あら、お利口さんね

今度の首相は教育が政治テーマの大事なひとつだという。何を目指しているのか不明だが、私は「利口」を本来の意味に戻す教育が欲しい。

トンカツ屋で食事をしている時に、常連らしい母娘がお勘定をした。小学生高学年らしき娘が、「ごちそうさまでした」と挨拶すると、店のお婆ちゃんが、「お利口さんね」と褒めた。そうなのだ、昔は「利口」はこう使ったものなのだ。「利発」にも似た意味があった。ただ頭がいいでは褒められなかったのである。

◉ある格言

おばさん3人の話が耳に入ってきた。「幼児は手を離すな。少年は目を離すな。青年は心を離すな、って昔は言ったものよね」。いい言葉である。シュレッダーで指を切った子どものニュースを聞いた時、この言葉を思い出した。気の毒な話ではあるが、なぜ子どもに厳重に注意を与え、保護下に置いていなかったのか。製造元を非難する前にそのことを思う。

◉幸せな人々

世論調査をすると、フィリッピンでは8割の人が「自分は幸せ」と答えるそうである。私の知っている人は、3畳の部屋に住んで子どもが3人、養子がさらに3人、風呂はないがトイレがあるから幸せと言う。

彼らのホスピタリティの細やかさには驚かされる。タイ人もそう。あの明るさは貴重である。ぜひたくさん日本に来てもらって、元気に働く環境整備をしたいものである。

◉平日にシニアの群れ

平日の午前にある美術展に行ったところ、押すな押すなの人だかりでびっくりした。神宮のゴルフの打ちっ放しも、平日なのに朝からいっぱいである。ああ、これからは、図書館、美術館、博物館、どこもかしこもシニアに占領されるのだ、と慨嘆したものである。

会場では人の流れを止めて、絵の解説をしている男性シニアを何度か見かけた。ああ、人の能書きを聞く機会も増えるのか、と慨嘆したものである。

◉トム・ファンド

子どもの頃、TV「ミッション・インポシブル」[59]を熱心に見たものだ。数人で敵をだます仕掛けが面白く、中で使われる機器も先端の匂いがした。トム・クルーズもMIファンで、とうとう自分でプロデュース・主演までしてしまった。今度のm・i・Ⅲは抜群の面白さで、息をつがせぬとはこのことか、というデキである。トム・クルーズ・ファンドというのがあるという。彼に投資すれば、必ずやヒット作でお返ししてくれるだろう……そう読んだ人たちがたくさんいたということである。何となく分かる話である。次回作も楽しみである。

◉境界なし

初老のタクシー運転手が、最近の若い女はヘソ出し、胸出しで、あれじゃ男はどうにかなっちゃいますね、と嘆いた。

不況になると、とんがったファッションが流行るというが、私には夜の世界が昼の世界に侵入してきたようにしか見えない。テレビでも女性大学教授が着物を玄人風に着て、金正日はどうしたと眉を吊り上げている。素人、玄人の境がなくなったのである。

●男子に厨房がよく似合う

意外なことに、江戸時代の武士はマイ包丁を持っていたという。平安貴族の男子は御簾のかげで料理を振る舞い、女性は飲んで騒ぐだけだったとか。

室町時代の来日宣教師フロイスは日記で、日本の女性がよくお酒を飲むことに驚いているそうである。その時代、ヨーロッパでは女性にワインは禁じられていたからである。

私は最近、めっきり飲めなくなった。日本女性としては異端ということになりそうだ。

如是我聞（２００７・１）

深夜に疲れるなあ

核保有論議

●あっと言う間の1年

１年の過ぎるのが早い。年齢分の１のスピードだというのだから、当然かもしれない。

歳をとると、新しいことに出合わなくなり、驚きがなくなるからだと言う人がいるが、本当だろうか。新しいことに出合っているのに、経験済みとして手早く処理をしてしまってはいないか。その反省が今年の出発点である。

●おかしくない？

銀行で住宅ローンを組むと、その銀行が系列会社と保証ローンを組み、上乗せ金利分を消費者に回してくる習慣はおかしくないか。

銀行ATMで土日にお金を下ろすと手数料がかかる。そもそも土日に休むのは利用者にすまないということで機械を入れたのではないのか。それで手数料を取ったら、せっかくの善意が悪意に変わらないか。

携帯電話の番号のポータブル化[61]が話題だが、もっと早くにやるべきことを今さらやって誇大に宣伝するのもおかしな話である。それに、海外では定額使い放題が当たり前。やるべきことをやらずにいるのはおかしくないか。

タクシー業界は規制緩和でドライバーのサラリーが減って大変だとニュースになるが、規制緩和なのになぜタクシー料金が下がらないのかという報道はないのか。大阪では夜11時以降、長距離料金半額になる！　というニュースがなぜ流れないのか。

教育が悪い、教育委員会が悪い、という意見は聞くが、大元の文部省は要らないとか、もっと権限を縮小せよという意見は一切出てこない。それは議論としてはいびつ過ぎないか。

習慣や常識を疑うこと、そこに「新しいこと」が浮かび出る。

◉自民党的＝日本的

自民党の復党問題[62]は筋論を言えば、おかしな話だ。あの選挙は何だったのか。党内政治で決着しては、国政選挙が泣きを見る。

一方で、自民党的だなあとも思う。あるいは日本的、浪花節的でもある。国民はもっと理性的だと自民党は見るべきである。

◉核保有論議の前に

嫌韓や嫌中で日本のナショナリズムが煽られているというが、本当だろうか。私はもっと根強く嫌米があると思う。もう我々はアメリカの子分でいることに飽いているのである。核保有論議が出るということは、アメリカの傘の下から離れたいということである。

専門家は核保有は経済的に釣り合わないという。かつてであれば、説得性のあった言い方だが、「いや、それでも自力でやりたい」と思い始めている層が確かにいる。特に若い層に。彼らは日本が普通の国でないことに、素朴な違和感を持っている。

小川和久氏の『日本の戦争力』[63]を読むと、日米軍の一体化は思いのほか深く進んでいる。今さら引き返せないほどに。せっかくの機会だから、そういうところから議論を始めてはどうか。

◉土地よりもなお

私は洗濯機、冷蔵庫、食器乾燥機などすべてドイツ製である。丈夫でデザインよし、使い勝手もいい。20代のときにドイツのデパートで広いワンフロアにカーテンやその関連品がびっしりなのを見てから、生活で何か必要なものがあるとドイツ製を探る癖がついた。

いずれ日本人も土地ではなく、上物を大事にするようになっていくだろうと思う（どこの住宅メーカーだか「百年住まい」というキャッチフレーズを使っていた）。そうなれば、生活関連用品のラインナップは充実していくことだろうと思う。土地だけが資産として大事にされるのは、寂しい話である。

◉入っていて良かった

突然、目の前が暗くなった。携帯を探すが電池切れ。懐中電灯を探すがこれも電池切れ。こわごわ階段を下りる。電話も不通。オートドアも開かない。祈る思いでセコムのブザーを押した。やがて現れたのが警察に、東京電力に、セコム、夜中の大騒動である。

冷暖房機の関係でショートしたらしい。原因が分かって、ひと安心。それでも、警察がしつこく尋ねる。「この人は誰ですか？　大丈夫ですか？」

夫を私を人質にしている強盗犯か何かと勘違いしているようだ。警察の住民台帳には私の名前しか記載がないらしい。「夫です。仕事の関係で夫婦別姓にしています」と深夜に説明するのも疲れるなあ。

如是我聞（２００７・３）

「細雪」の花見　潰れる条件

◉ドアマンもいないセレブ

ある雑誌で「芦屋のセレブ」特集を組んでいた。かの地のお嬢様は、お茶やお花のお稽古に通っているという記事だったが、それのどこがセレブなのか、とんと分からなかった。

少なくとも私のいた頃は普通の家庭でもそれくらいのことはやっていた。

格差社会と言われ、いろいろなデータが出ているようだが、ほかの国に比べればコップの中の嵐程度のことで騒いではいないか。

あの六本木ヒルズにしてもドアマンはいないし、車は自分で駐車しないといけない。欧米とはずいぶん違っている。

ホームレスの人を都営住宅に入れたところ、自由がないと言ってブルーテントの仲間のところに戻ったという話もある。焚き火を囲んで焼酎を飲んでいる方が幸せなのだという。

これは別に格差が広がればいい、という話をしているのではない。少なくとも結果平等では日本は元気な国にならない、競争が起きる社会にしようということで一連の改革が始まったはずである。それが、ちょっと格差が出ただけでこの騒ぎ方である。行き過ぎた面は改良しないといけないが、方向性はそう間違っていないという確認と覚悟がいるのではないか。

◉時効は必要?

なぜ殺人者に時効というものがあるのだろう。辛い思いをして15年も潜伏していたのだから許してやろうということか、あるいは天晴れ逃げおおせたご褒美か、追跡費用がいつまでもかかるという経済的な理由からか、証拠保存に限りがあったからか。

先頃、金のために人殺しをした人間が年金欲しさに、時効を待って名乗り出てきた一件[64]があった。こういうのを破廉恥とか浅ましいとか言うのだろうか。

いずれにしろ高齢化がこれだけ進んだのだから、それに合わせて時効も長くする必要があるように思う。あるいは、時効なしという選択肢もある。そうしたら、途中でギブアップするケースも増えるような気がする。

◉腕前拝見

都知事選に浅野史郎前宮城県知事、それに建築家の黒川紀章氏などが立って、賑やかになってきた。なかでも改革派知事[65]として実績のある浅野さんは東京の顔となった時、何をしてくれるのだろうか。石原さんは「(浅野さんは)東京っ子、江戸っ子には似合わない」と舌鋒鋭いが。

東京都はお金のたくさんある自治体である。それを何に使っていくかは、どの候補者も手腕の見せ所である。それにしても、もうオリンピックではないとは思うのだが。

◉江戸のコミュニケーション

大都市・江戸の商人たちが考え出した作法が「江戸しぐさ」

雨の日、すれ違いに傘を右に傾けるのが「傘かしげ」。あるいは、「こぶし腰浮かせ」。これは電車で席を空けるときに、こぶしひとつ分腰を浮かせ、横にずれることを言う。なんと細やかで、粋なはからいだろう。さすが当時、世界一の都市の知恵である。

◉フルコース

ある老舗雑誌の奨めるイタリアレストランへ夫と出かけた。7時オープンに5分早いというので、寒風のなかで待たされた。やっと席につくと、ひと皿ひと皿が遅い。量も少ない。店主が能書きを言い、値段が高い。店の潰れる条件がフルコースだった。

あまりに空腹なので帰りにラーメンを食べた。こっちの方がどれだけおいしかったことか。仕返しのように、もやしラーメンににんにくをたっぷり入れた。

◉もう葉桜？

一度も雪の降らなかった東京は、桜の開花も例年よりも早そうだ。3月20日頃だという。そう聞いただけで、心が浮き立ってくる。

ところが、サクラの名所・千鳥ヶ淵の側に会社があるにもかかわらず、花見をゆっくりしたことがない。葉桜になってから、ああ、今年も桜の季節が終わってしまった、と落胆するばかり。

子どもの頃は、花見は家庭行事のひとつで、母が作るお弁当が楽しみだった。それと、今年はどこへ花見に連れて行ってくれるかと気をもんだものだ。思えば桜とは長い付き合いである。

谷崎潤一郎の『細雪』は、姉妹で着物を着飾って、嵐山、円山公園と花見に出かける様子が艶やかに描かれているが、さて、いつになったらそんな花見ができることやら。

如是我聞（2007・4）

でっち上げ

赤ちゃんポスト

●ひどい事件

弱い犬ほど大騒ぎする、バカな人間ほど大言壮語する、という。よく電車で靴を踏まれた、肩がぶつかったというだけで喧嘩腰になる人間がいるが、本当に怖いのは静かな男だという。

虚に吠えるからといって無害というわけではない。えてして人はその煽動に乗りがちである。

『でっちあげ』[66]という本には、うそで固めた話で一人の善良な教師を追い込み、「虐待教師」の汚名を着せて恥じない親と、それに唱和した学校管理者、マスコミ、保護者、医療、行政がフルキャストで登場する。

今の日本の縮図だなと思う。誰も踏ん張って事実を掘り起こし、責任をもって虚言を翻すことをしなかったことで、事態はますます悪くなったのだ。たちの悪いクレーマーが図に乗るわけである。

●シニア優待サービス

先日、シニア割引カラオケ2時間1500円ドリンク付きというのをチラシで見た。映画だって60歳になれば割安で見られるようになる。

東京都はバス無料をなくしたが、あれこれと拾っていけばシニア優待サービスだけで結構な遊びができるのではないか。

いずれきっとこんな本が出版されると思う。『こんなに格安！　シニア・ウォーカー首都圏版』

◉新ビジネス

朝早い時間にヘアメイクをしてもらいたい、靴の修理で家まで来てほしい、電話1本で簡単なマッサージを呼びたい、などなどふだんの忙しさにまぎれて忘れてしまうものの、その都度あればいいなと思うサービスってあるな、と思う。なぜそういうビジネスを始める人がいないのか。

ニューヨークへ行くと、感性がにわかに騒ぎだす。いつも新規のビジネスが生まれているからだ。トライする人間にも事欠かない。資金が無いなら、それなりの工夫で始めてしまうところがＮＹ流。

では東京流って何？

◉子供的発想法

誰しも小さい頃にいろいろと素朴な疑問を抱くものである。お砂場って、どうしてもっと楽しくできないのかな。洋服の汚れない鉄棒があるといいな。サーカスの少女はお酢をどれくらい飲んでいるんだろう（体が軟らかいのはお酢のせいだと親が言う）。

私はママレモンの容器はもっとおしゃれであるべきだと30歳を超えて言っていた。これって子どもの発想と大して変わらない。

次から次と発想法の本が出てくるが、子どもの視点を忘れなければ、発想には困らない、の一条が欠けている。

◉若葉マークか先輩同乗

この欄ではタクシー運転手のアマチュア化の話を何回か書いているが、実はその先の話があって、これは提案なのだが、新人タクシーの場合、3割引を掲げてもいいのではないか、と思う。若葉マークを付けるのである。

どこの世界に客に料理の仕方を訊く料理人がいるだろうか。新人は先輩がカバーして遺漏がないようにするのが普通である。若葉マークが嫌なら、先輩同乗である。

◉権限ではなく能力で

天下り法案で、公益法人を含めるかどうかが争われたが、権限のチェックが難しいのであれば、規制対象に含めるのが妥当だろうと思う。

本当は天下り5年間は古巣絡みの仕事をさせない、などとできればスマートでいいと思う。権限があるから天下るのではなく、能力があるから天下る、となればいちばんいいからである。

◉快挙

厚労省は熊本県慈恵病院の「赤ちゃんポスト[67]（こうのとりのゆりかご）」設置を承認した。同病院はカトリック系の病院とのこと。

欧州では伝統的にキリスト教会が設けたり、戦争私生児のために設置した国もあれば、今は不法移民対策で必要が論議される国もあるという。

日本の場合は少子化対策の面と、未熟な親、あるいは経済的に困難な親への対処という面があるように思う。
私は生まれる子どもは国の財産と考える者だから、今回の試みに賛成である。

如是我聞（２００７・６）

日本男性再生会議

全自動の国の子

◉ブラック・ジャーナリズム

ある有名な雑誌社が私の談話を載せた。原稿のチェックができるという条件で受けたが、チェックできないまま掲載されてしまった。しばらくすると、談話全部を掲載した単行本が出版された。雑誌に載った分を転載するにも、私の許諾が要るのに、談話全部を無断で収録するというのは、言語道断の話である。出版社に抗議し、本の回収を求めると、一度テープに録ったものはどう使っても雑誌社の勝手だ、と宣う。相手にするには程度が低すぎる。
ふだん企業にコンプライアンスがどうのと説いている会社が、このていたらくである。こういうのをブラック・ジャーナリズムとでも言うのだろう。上から下まで全員で再生教育でも受けたらいかがか。

◉国際化

朝早くの国技館。最上段の安いチケットを買い、すぐに館内に入り、砂かぶりへと急ぐ外国人たち。彼らは取組表片手に観戦に余念がない。一人観戦もいれば数人のチームというのもある。ときおり高そうなカメラで写真を撮る。

次第に混んで来ると、枡席へと移動する。そこも混んで来ると、さらに上へと位置をずらし、夕方までたっぷり相撲観戦を堪能する。

白鵬が横綱になった。土俵の中ばかりか外もさらに国際化が進むこと、まちがいない。

◉手動の国

部屋に入ると自動で電気がつく。トイレに入れば、自然と蓋が開く。終われば水が勝手に流れてくれる。こういう全自動の手間要らずの国に住んでいた子が、フランスへと旅立った。住んだのは古臭いパリのアパートメント。トイレで水を流すのを忘れた、蛇口に手を出したまま水の出るのを待っていた、と日々全手動の洗礼を受けているそうだ。パリには蛇腹式の扉を自分で閉めるエレベーターがまだあちこちにある！ とその子がメールを送ってきた。

◉スーパー改革論

スーパーの導線というのは、どこも一緒である。野菜売り場があって、それからお豆腐や納豆、その次が魚、肉と進んでいく。

昔からこうだったか覚えていないが、野菜が最初というのは納得のいく感じがする。色があでやかで、積み上げたりするので量感もたっぷりで、派手な感じが演出できるからであろう。

気持ちを引き立てたあとに品揃えがよくなったお豆腐に進むのも、理屈が合っている。生活臭がありながら、お豆腐には浮き世離れした風情があるからである。

そのあとにぐっと実用的に魚や肉が来るのも分かる。

でも、である。ほかにないのか、とも思う。誰かアインシュタインのような天才が現れて、入り口は魚だ、と宣言したらどうだろう。ピカピカ光るアジがさくさくの氷の上に踊るように積み上げられている光景も捨てがたいのではないか。

◉意気地はどこへ

電車で強姦、乗客見て見ぬふり、という記事があったのを覚えているだろうか。後味の悪い事件である。日本の男性は本当に意気地なしになったとしか思えない。韓国の男性が人を助けようと山手線の線路に飛び込んで死んだ事件[68]があったが、韓国の人に言わせると「あれは韓国人ならみんなやること」と答えるそうである。

この彼我の違い。いったい何が原因でサムライの子孫たちは腑抜けになってしまったのか。日本男性再生会議なるものを立ち上げないといけないではないか。

◉困ったコムスン

不正を働いた会社に罰が加えられる。やがては廃業の可能性だってある。そこで、子会社に営業譲渡して、罰を免れ、事業続行を企んだ。法的には問題ないとしても、もうひとつ不正を加えたようなあくどさだ。

コムスンという会社が介護保険の不正請求を繰り返していたらしい。和歌山県知事の子会社移転認めずのいち早い判断に目の覚める思いがした。[69]余りにもやり方が破廉恥なので、厚労省も待ったをかけた。

こういう事件が起きると、すぐに「規制緩和が間違っていた」式の論が飛び出すが、法や制度の不備を繕う方が先だろう。

仰げば尊しって貴重

如是我聞（２００７・８）

泣き笑い落語

●Wikipediaの害

パソコンで単語を調べると、まずウィキペディアが最初に来る。どういうわけか私のことも書かれている。中傷目的で書かれただけの、事実無根の記述が掲載されている。

ウィキペディアは投稿者の合作によって出来上がるウェブ上の百科事典みたいなものである。

朝日新聞のしばらく前の記事によると、ウィキペディアと有名百科辞典（不確かだが『オックスフォード大辞典』）の項目を比較検討したところ、質的な差はなかった、ものによってはウィキペディアが勝っていた、という。

しかし、ある個人、それも生存している個人に関して、バイアスのかかった、誤った記述が野ざらしで掲載されているのは問題ではないのか。それを閲覧して信じてしまう人だっているはずである。

ウィキペディアの運営者が誰だか知らないが、その人に訊いてみたい。あなたのデタラメの中傷記事でも平気で載せたままにしておくのか。

●志の輔落語

立川志の輔といえば「ためしてガッテン」の司会者だが、今注目の落語家でもある。渋谷パルコの1カ月公演が即売する人気だという。

その様子をＷＯＷＯＷが放映した。５つの話を聞いたが、「中村仲蔵[70]」という歌舞伎役者の話がいちばん充実していたように思う。

枕に時事ネタを振るのだが、いまひとつこなれていない恨みがあるのと、しゃべり方がセカセカしているのが気になった。それと、時折、せりふがスッと出てこない妙な間がある。

しかし、下っ端から役者魂で一枚看板にのぼっていく仲蔵の様子は、得心のいく語り方で、志の輔落語はこういうじっくり聞かせるところに妙味があるのではないかと感じた。

私の聴いた5つの話のうち3つは、笑いながら泣くという珍しい経験をした。志の輔落語、別名「泣き笑い落語」と命名する次第である。

◉惨敗の敗因

参議院選挙は自民党が大惨敗。いろいろな要因が取り沙汰されたが、そのひとつに赤城元大臣[71]のバンソウコウが挙げられていたのには笑ってしまった。私は、安倍首相の第一声が秋葉原と聞いて、年金が争点なのになぜ若者の街なのかと不思議に思ったものだ。

大敗後、石破茂氏のようなまともな政治家がいることが分かったことが、せめてもの救いだった。ただの軍事おたくではなかったのね。

◉他人の金を扱うな

うちに派遣の登録に来た若い女性が、前の会社で厚生年金を払っていたが、会社側が支払っていなかったので、未加入だったと言う。

社会保険庁に電話で問い質した。

「そういう会社からなぜ徴収しないのか。被害者の救済はどうするのか」

保険庁いわく、

「取れるところから取って補てんしますから」

この腐り方はハンパではない。ＯＢのボーナス返上ではすまされない。そもそも彼らは他人のお金を扱ってはいけない人たちなのだ。

◉けじめの男

品格については前にも書いたが、言い足りないことがあるので、また取り上げることとする。

白州次郎[72]がらみの本が出ているが、一般的感覚で言えば、偏屈で、風変わりな人ということになるだろう。

彼は運転手つきの車に乗っていたが、必ず助手席に座ったという。後ろでふんぞり返る身分ではないというのがその理由。

マッカーサーへ天皇のみやげを持って行ったところ、あいだの人間が「そこに置け」と言ったので、礼儀をわきまえろ、と諭したという。

こう書いているだけで、心に高い調子が流れてくる。言うべきときに言わずして品格が出るとも思えない。

世の品格論にはそのことが忘れられているのではないだろうか。

◉我が師の恩

夫はかつて東工大で助教授を勤めたことがあった。当時の教え子と東大の教え子が１００人位集まって還暦のお祝いをしてくれた。私は三歩下がって妻の役を演じながら、仰げば尊しって貴重だな、日本に唯一残った美風ではないかと別のことを考えていた。業界が違うと異風を敏感に感じるものである。

如是我聞(2007・10)

バレなければ何をしてもいい?

逝きし世の面影

◉偽装

北海道へ所要で出かけた人が、千歳空港に「白い恋人」[73]はなかったと言った。

白の次は赤で、銘菓赤福も消費者をたぶらかしていた。さらに、比内地鶏である。ほかのニワトリの卵や肉の燻製を売っていたという。

どれもこれも名の知れたものばかりであることが悲しい。血のにじむような努力をして地方から名声を上げてきたはずが、一朝にして無に帰してしまう。

バレなければ何をしてもいいという感覚は、商人道どころか人倫の道にもはずれることを忘れてしまったか。

◉荒くれの世界

相撲は因習の世界で、稽古といじめの区別がつかないのも予想の範囲内だが、ビール瓶で殴り、昏倒した人間を放置しておく感覚はおぞましい。

スポーツ紙あたりは、〝国技崩壊〟と煽るが、相撲業界は近代化せずに〝自然崩壊〟していくのではないか。

昔、相撲取りといえば、マイクを向けられてもひと言も喋れないような内気の人が多かった。大男は優しい、という定説もあった。

それらがことごとく崩れ去って、品格のない、ただの荒くれ男の世界になったことが、実は一番の問題ではないか。

◉色まち考

ある不動産関係の人が面白いことを言った。「色まちの地価は上がる」と。「色まち」と言えば神楽坂に向島あたりを思いつくが、彼が言うのは「赤坂、青山、銀座、白金」のような色の名が付くところらしい。じゃあ青戸に青物横丁に赤堤、赤羽はどうかと突っ込んだら、「山や坂、それにカネが付かないとだめ」と切り返された。本当にこの見立ては合っているのだろうか。

◉梨花大の華

ソウルでWorld Women's Forumというのがあって、出席し、スピーチをしてきた。韓国の「雇用機会均等省」が後援である。

印象に残ったのは、50歳過ぎて梨花大学生になり、4つの学位を修めた女性で、彼女は子を4人設け、今は社長業に余念がない。

梨花大コーラスグループのOGたちの合唱が披露されたが、その姿、形の洗練されていることと言ったら。

それに比べると、日本から出席した女性人には〝華〟が欠けていた。それはどうしてかと考えた。自分の力で人生を切り開いたという実感が少ないせいではないか——先の生き方にどん欲な女性のスピーチを聞きながら、そんなことを考えた。

◉清潔な国

10年ぶりにハノイに行ってきた。前は自転車や荷馬車でごった返していた町が、バイクの奔流である。ところが、町はいたって清潔なのである。幕末から明治にかけて日本にやってきた外国人は共通して日本の清潔な様子を報告しているが、ハノイにも同種の民度の高さを感じた。

30歳以下の人口が50数パーセント占めるお国である。エネルギーに満ちて、人々の瞳がキラキラしている。いずれは先進国へとキャッチアップしていくのだろうと思う。

◉2方向の教訓

沖縄で軍の強制で集団自決があったのか無かったのか、諸説があるから教科書から記述を削除というのは、おかしな理屈である。

それでは、ほかの記述はすべて事実が確認されたものばかりなのか。近代でさえ不安定なのに、近世、中世でも自信があると言うのか。

自虐史観ならぬ自尊史観に都合のいいものしか載せないとすれば、知性の怠慢である。

歴史から学ぶべきは、人間の愚行と善行の両方ではないのか。

◉夢の国・日本

時代小説ブームのようである。佐伯泰英氏の「居眠り磐音・江戸双紙」シリーズ[74]は23巻累計５００万部を超し、ほかにも同氏は4つ、5つ書き下ろしシリーズを走らせているという。

私は熱心な読者でもないし、つまみ食い程度にしか時代小説は読んでいないが、江戸に時代を置くだけで、気分が和んでくるのはなぜなのか。

渡辺京二氏の大著『逝きし世の面影』[75]がちょっとした話題になっているが、そこで扱われているのが近世日本の〝幸福な状態〟である。時代小説のなかにいまだその残滓があることを読者は見抜いているのである。

如是我聞（2008・1）

どうして年末にまとめてモンスターペアレント

◉子ども大人

去年を表す言葉は「偽」だそうだが、私は大人げない1年だったと思う。安倍首相の突然の政権投げ出し、[76]小沢民主党党首の大連立破綻後のプッツン騒ぎ、[77]二大政党の領袖がそろって醜態をさらけだした罪は大きい。

何の罪か？　日本では責任をとらない大人もどきが政治をコントロールしていると世界に知らしめた罪である。

考えてみれば、大事な時にはうそでも踏ん張って、体面を保つのが大人のはずである。だめだとなったらすぐに土俵を割るようでは、大人の風格が出てきようもない。

◉内部告発奨励金？

あるテレビ番組に出たところ、企業の内部告発者に国が1億円の報奨を出すのは是か非かと問われたので、もちろん非と答えた。

内部告発者を守る法律はすでにあるわけで、それで不十分ならば整備すればいい。内部告発にはどうしても仲間を裏切るというやりきれなさが付きまとう。それをお金で奨励するのは矛盾する話で、もらった方は余計に後ろめたいことになってしまうだろう。

それに報奨金欲しさに便乗組が頻出しそうな気がする。

犯罪者逮捕に懸賞金を出すのは、不特定多数の関心を引くという意味で賛成である。

◉低所得者ビジネス

サブプライム問題[78]が世界の景気を怪しくしている。そもそもは家を持てないような層にローンを組ませ、それを証券化して売りさばいたわけだから、住宅価格が下がれば火の粉が降ってくることは誰もが分かっていたはずである。

最後に誰かがババをつかむまで積み上がるねずみ講などと一緒である。

経済的に貧しい人をターゲットにまた同じような金儲けを企むところが出てきそうでそっちが怖い。

◉女性の呼び名

タクシーの運転手が私を「奥さん」と呼ぶ。夫が同乗していれば我慢もできるが、一人なのにそう言う。あるテレビ司会者はスタジオに集まった中年の女性たちを〝お嬢さん〟と呼んでいた。その言い方がどうも好きになれず、あの番組を敬遠するようになった。しかし、当の婦人たちが抗議の声を上げたとも聞かない。ここにも〝子ども大人〟の世界がある。

◉クレイマー流行り

モンスターペアレントとは、学校相手のクレーマーのことで、かつてと違って高学歴が多く、度を超して教育熱心、それに担任がブランド大学出身でないと露骨に高圧的な態度をとるのが特徴である。

どこの業界でもクレイマーの存在には手を焼いているが、学校という現場はともすると事なかれ主義に走る傾向があり、それがさらにクレイマー魂に火をつける結果になっているようだ。モンスター退治の方法なども、今度できる教職員大学院では教えることになるのだろうか。

◉暴走老人

切れる老人のことを〝暴走老人〟と言うそうだが、老人は昔からこらえ性がないと相場が決まっていた。つらく世の中を渡ってきた人は鬱憤が溜まっているし、世間的な評価を受けてきた人は老いても同じものを求めるから威圧的である。よって老人はキレやすいのである。

老人が社会の多数派になったことで問題が表に浮上してきたわけだが、きっとほかにも高齢者特有の病理が新たに〝発見〟されることになるだろう。

◉厄落とし？

年末にガソリンスタンドでベンツが私の車に体当たりしてきた。夫婦ともスタンドの待合室にいたので事なきを得たが、相手の運転手は80歳を超えていて、ぶつかったあともアクセルをブレーキと間違って踏み続けていたそうだ。

年末の夜中、わくわくしながら映画「上意討ち」[79]を見ようとスイッチを入れると、なぜか停電に。電話も通じない。門灯も何も消えている。慌ててセコムの緊急ボタンを押した。しばらくすると玄関から誰かが入ってくる気配があったので、夫が恐る恐る出て行くと、サーチライトと棍棒を持った警官が20人。一人は警部補、外には覆面パトカーを入れて5台の車。

どうして年末になるとまとめて災難に見舞われるのか。これって厄落としってこと？

女の時代も小休止
引導の渡し方

如是我聞（２００８・３）

◉別世界

相撲協会というのは奇々怪々なところだと思う。会社でいえば幹部が殺人の疑いで捕まれば、社長の引責辞任とはいかなくても、数カ月の減給措置ぐらいはとるものだろう。

しかも、なんの異論もなく再選[80]されるなど考えられない。土俵で雄々しかった大横綱も、実務では姑息な役人にしか見えない。本人が気づかないなら、誰かが引導を渡してやるのが親切というものではないか。

◉人と違うことを

女性ベンチャーに資金援助する会の審査を受け持っているが、今年はＮＰＯめいたものが多く、昨年から続く環境保護ブームを反映しているように思われた。

介護が時代のテーマになればその種のものが提案されるのは当然としても、自分をアピールする場なのだから、ほかと違うことを考えてもいいのではないか。私がトライする身ならそうするに違いない。

◉また暴走

ある催しに行って列に並んでいたら、老人の怒り声が後ろから聞こえてきた。「失礼なことを言うな。わしが割り込みなどするわけがあるか。何々で社長まで務めた人間だぞ」

みたいなことを言っている。振り返ると、中年の女性が顔を真っ赤にして下を向いている。前号に書いた〝暴走老人〟である。

悲しいのは、かつての役職を持ち出すところである。社長をやったからと言って人格者じゃないことは、みんな知っていることだ。

◉本格派を持つ

女の時代は遠くになりけり、と思う昨今である。大阪府知事は退き、熊本は2期、滋賀は政策転換を余儀なくされている。北海道も夏のサミットが引退の花道[81]？　既存の政治にノーと言って行政を預かっても、では先をどうするかの骨太のビジョンも、それを押し進める手腕も見えない。

また、いずれトレンドがやってくるはず。そのときには〝本格派〟が登場するのを心待ちにしよう。

◉ＫＹでいいじゃないか

昨年の流行語大賞は「ＫＹ」で、空気が読めない、と否定形で活用するらしい。

夕刊紙などは福田内閣を「他人事内閣」と呼んで、ＫＹの本丸のような扱いである。

しかし、政治家には周りの空気なんて気にしないで突き進むぐらいの覇気がほしいと思う。郵政解散を押し通した小泉さんのように。

それと問題は、日本のマスコミは空気が読めすぎる、ということである。弱い立場と見ると、みんなでこぞって責め立てる。そんなみっともないことは、もう止めにしてはどうか。ＫＹの勧めである。

◉公立中の試み

東京・杉並の和田中（公立）が週末に受験講座を有料で、しかも塾に委託するということで話題になった。

公平の考え方からいって問題はないか、そもそも公教育のレベルを上げるのが先決ではないか、など異論・反論が続出した。

私は、それぞれの学校が工夫するのは当然のことだと思う。全体の動きを論議することも必要だが、今できるところから手をつけるのも必要なことだ。公立校にはよけいにそれが言える。

リクルート出身の藤原校長は、高邁な理想より、目の前の可能性を押し広げることに情熱を燃やす人だ。こういう人のエピゴーネンこそたくさん輩出すべきだと思うのだが。

◉踊り、再開

芸の虫が騒ぐ――というほどでもないが、またやにわに踊りを再開した。ふだんから筋トレをやっているので、なにほどのことがあろう、と思っていたのだが足腰が痛い。

踊りは中腰を基本に踊るので、30分もするとへとへとである。ふだん使わない筋肉を使うらしい。以前、一緒に習っていた面々は今はいない。私はよほど自分を辛い状況に追い込むのが好きらしい。晴れの舞台を待つ気持ちは、山登りの苦行に似ているかもしれない。

如是我聞（２００８・５）

ふつうの殺人者
体力、気力、知力

◉心神耗弱で減刑？

夫を殺してバラバラにして遺棄し、その後、友達に電話して夫の失踪を偽装した女が、心神耗弱でまともな判断ができない状態だったから減刑をというのは、通らない話ではないか。[82] 人を殺めるときに惑乱するのは当たり前で、その後冷静になって事件を糊塗しようとしたのは、普通の殺人者以外の何者でもない、と思うのだが。

アルコールや薬物依存で判断能力が落ちていたから減刑というのもある。しかし、そういう生活態度をとっていた責任は本人にあるわけで、それさえも心神耗弱にしてしまうのはおかしい。

心の問題は慎重にあるべきだというのは分かる。しかし、今の司法は冷徹な目をもたないで、安易な方向に流れてはいないか、危惧を覚える。

◉ポピュリズム?

道路特定財源を一般財源化するとかしないとか、そんな話はどこ吹く風でガソリンの27円の値下げに庶民はほくそ笑んでいる。

ある評論家はポピュリズムに陥ると危惧を述べていたが、諸物価の上がる昨今、ひとつぐらい下がる物があってもいい。それに、もともと小泉内閣で一般財源化は決まっていた話ではないか。

◉石原銀行

新銀行東京[83]への４００億円の追加融資が決まったが、専門家が見るかぎり破綻の先送りで、都議会はまともな判断能力を欠いているとしか思えない。

石原銀行とも別称されるほどに石原氏の顔色を見てすべて進行した銀行なのだから、都知事が旧経営陣に責任をなすりつける構図は、茶番以外の何ものでもない。

与党は自分の身かわいさで首長の責任を問えないらしいが、都民はそれほど甘くない。各都議に、知事に弓を引かなかった理由を問い、次の選挙で落選させる。税金を払っている者の仕返しだ。

◉料理は体力、気力、知力

予約がいっぱいで、半年は待たないといけないというある和食のお店に、知り合いの方が連れていってくださった。その日は、春の野菜のオンパレードで、たけのこ、うど、ふき、木の芽、大根の葉、くわい、などなど、どれも舌が踊るようなおいしさだった。

1日にお客が7、8人。おいしい料理を味わってもらうには体力、気力、知力が要ると女将さんは言う。そのためにご亭主にはひと月に1週間は丸々休んでもらっているという。儲けるつもりはなく、お客に満足してもらいながら、何とか夫婦二人が食べていけるほどの商いでいいと、さっぱりとしたお考えだった。

意外だったのは、野菜は福島、茨城がいいとのことだった。その理由を聞いておけばよかったのだが、お料理のおいしさについ質問をするのを忘れてしまった次第。

◉政治家育成塾

鳩山ご兄弟が次世代の政治家を育てる塾を開くという記事を読んだ途端、吹き出してしまった。塾の名は友愛塾[84]だそうだ。

お兄さんはお金はあるけど政治的なセンスはなく、弟さんも失言居士みたいな人で、よく大臣が務まっているなという感じだったからだ。政界再編のための起爆剤にでもしようと言うのか。それにしても、彼らが塾長で、何を講義するのだろう。最初の演題はきっと「友達の友達は誰か」じゃないかしら。

◉昭和30年代の子ども

小さい頃、パンを買いに行って一斤のところを一食買ってしまって、母にお小言をもらったことがあった。

犬の散歩をさせられたり、玄関の掃き掃除をさせられたり、子どもは子どもで家庭内でそれぞれの役割をもって働いていたものである。先日、大ヒット映画「Ａｌｗａｙｓ 三丁目の夕日」[85]を見たら、まさに昭和30年代の子どもたちはそうやって暮らしていた。家事を担うことで責任も知恵も付いた。それを高度成長期あたりから、我々は手放してしまったのだと、映画を見ながらつくづく思ったものである。

◉犬を飼いたい

夫に犬を飼いたいわと言ったところ、「犬の餌は、どうする？　ぼくの食事さえ作らないのに」との返事。犬を飼う話はそれきりになった。

如是我聞（２００８・７）

ＣＳＩにハマる

〝性〟で負けたのではない

◉アメリカの夢

とうとうヒラリーが負けた。あれは女性ということで負けたのではなく、オバマの魅力に負けたのである。

彼は人種統合のシンボルで、アメリカがまだ希望の国であることを示したことで、勝ち残ったのだろうと思う。

◉侘しいオペレッタ

大枚を払ってウィーンフィルのオペレッタ「こうもり」を見に行って半分以上寝てしまった。

そのあと、飲み物をと思ったが長蛇の列。結局、喉をうるおすこと叶わずである。

公共のほかのホールでもことは同じ。数万円のコンサートなのに、ロビーで稲荷ずし弁当を広げる図はあまりに寂しい。

社交の場のはずなのに、〝社交〟がまったく存在しない。

◉超人気シリーズ

今WOWOWの深夜放送、「CSI：ニューヨーク」にどっぷりである。アメリカが抱える社会的問題を最新のIT技術で解決する1話完結のシリーズである。

これは「CSI：科学捜査班」という2000年から始まった超人気シリーズから派生したもので、元祖はラスベガスが舞台、もうひとつ「CSI：マイアミ」というのがあって、その名の通りマイアミが舞台のシリーズ。

いまだにその3本のシリーズ[86]が同時に走っているという化け物番組である。

制作総指揮がハリウッドの大ヒットメーカー、ジェリー・ブラッカイマーである。

テレビで一度ヒットしたら、超ロングランになるのがアメリカ流である（これをアメリカ文化論として展開してくれる人はいないだろうか）。しばらく〝CSI病〟から抜け出せない。

◉ただの飾り？

来年度から消費者庁が発足することになったが、その存在価値にすでに疑問符が出されている。

新しく陣容を構えるのは行政組織のスリム化に反するから、業者の検査・監督はそれぞれの象徴の組織を使うことになるようだ。そこで違法なことがあれば登録取り消しなどに関与するということらしい。

となると、苦情一手引き受け庁、あるいは苦情相談センターとなるばかりで、ほとんど実効性のない庁になりかねない。今の日本人は文句言いたがりが多いから、さぞや忙しい組織となることだろう。なぜ既存の省庁ではだめなのか。内閣のウケ狙いの施策としか思えないのだが。

◉クラブビジネスに疑問

会食などのできる会員制クラブには、入会保証金のほかに年会費とその度ごとの使用量が取られる。分からないのは入会保証金と年会費の違いである。30年経ったら入会金の一部を返します、というところがある。ウソのようだが、ほんとの話である。

ゴルフはもっと複雑で、会員権のほかに預託金があり、そして年会費に毎回の使用料がある。いったい誰がこんな複雑なことを考えたものかと思う。利用者のことを考えれば、もっとすっきりしたものにすべきだろうと思う。

◉うまい!?

老舗料亭の女将[87]は、「あれは食べ残しじゃありません、手つかずの料理です」と名言を吐いたそうである。

これにはさすが〝名女将〟だと笑ってしまった。

次の客に堂々と「これは前のお客様の手つかずですので、どうぞ」とやればよかったのである。

◉きびしい対策を

秋葉原の殺人事件[88]を見るにつけ、警察の対処が甘いのではないかという疑念が消えない。

犯人の生存逮捕が基本といっても、連続殺人を食い止めるのが先決である。派手にやって目立てばいいといった犯罪が後を絶たない。取り締まる側の意識改革がいるのではないか。

キミと呼ばれたくない不人気と不都合

如是我聞（２００８・９）

◉改革色の一掃

福田改造内閣[89]を選挙対策内閣と命名するマスコミが多いが、私は、〝男の意地内閣〟と呼びたい。顔ぶれを見て分かるように、すべて小泉色、改革色の一掃である。ということは、「大きな政府」への逆もどり？

◉国威発揚

暑い、バテそう、死にそう……と思いながら日盛りを歩いていると、北京のことが思い出される。あそこに比べるとこれしきのこと、まだまだ、と思う。

厳戒のなかいよいよオリンピックが始まったが、大会の開会式の演出が素晴らしかった。映画監督のチャン・イー・モウ氏の演出である。人、人、人、それが一糸乱れぬパフォーマンスをくり広げる。ＩＴ技術の先進性も見せつける。躍進する国、ここにアリと実感させられた。〝演出過剰〟の声もあるが。[90]

◉議員を名誉職に

これはちょっとした思いつきである。国会議員を無給の名誉職とした場合、どれだけの人間が立候補するだろうか。

議員候補は政策で支持を集め、寄付金で政治活動費を捻出する。もちろん自分のお金をふんだんに使ってかまわない。

もうひとつ世襲制をなくすこと。立候補する場合は、余所で出ること。

それと議員数もぐんと減らしたい。

真夏の夜の寝苦しさから思いついた、志ある政治家輩出法である。

◉不都合な真実

ある雑誌でアール・ゴア氏[91]がCO$_2$を敵視するのは、原発推進派で、原発派に利するためだと書かれていた。

若い頃に原発のメッカといわれる研究所に出入りしていたこと、上下院の議員だった父親が原子力合同委員会のメンバーで、引退後、ウラン鉱山を所有する企業に転じたこと、彼のファンドは原発を作るＧＥに投資していたことがある、ゴア氏とともにノーベル平和賞を取ったＩＰＣＣ（気候変動に関する政府間パネル）の議長は原発推進派である……いくつもの論拠が示された、確度の高い記事だと思う。

地球温暖化に科学的根拠はない、とする日本人科学者の本もベストセラーになっている。

エコは大事だと私も思うが、論調が一方だけに流れるのは、やはり危険である。

◉人気がない理由

ふるさと納税の説明に出身県の担当者が来たので、その気になったのだが、あまりにも手続きが煩雑なのに驚いたり、呆れたり。

書類を求めると、本庁、つまり県庁から取り寄せないとだめだとの返事。

この税、あえて使い勝手を悪くしているのではないか、と勘ぐったほどである。

私は石原銀行の件で都には税金を払いたくないと思っている。あるいは、純粋に自分の出身地を応援したいという人もいるはず。

アイデアはよかったのに運用がまずかった。人気が出ないのもよく分かる。[92]

◉もう「家族」とは呼べない

神野直彦氏によれば「ファミリー」の語源は「一緒に食事をする人」らしい。

岩村暢子氏の『普通の家族がいちばん怖い』[93]を読むと、もう日本の家族を「ファミリー」と呼ぶことはできそうもない。一緒に食べてもいないし、同じものを食べていない。

そういう場からどういう子どもたちが育つのか。

政府高官は秋葉原の通り魔殺人は、犯人が派遣で暮らしていたからだと発言した。ある雑誌は、モテない男が犯罪に走る、という特集を組んだ。

どっちも、そんなアホな、である。

「食」を初めとした人間的なつながりやネットが欠けていることが、そういう犯罪者を生み出しているのではないかと思う。

◉キミとキミ

私は夫をキミと呼ぶ時がある。

「僕のことをキミと呼ぶのはキミしかいない」と夫は不満である。私は私で「私のことをキミと呼ぶのはあなたしかいないわよ」と反論している。

傑作誕生？
クルマが出てくるまでスクワット

如是我聞（２００８・11）

◉納税意識

自民党の総裁レースで誰一人サブプライム問題に真剣に触れる者はなく、なんとのんきなことよ、と思っているうちに世界中が大衝撃に見舞われた。

アメリカ下院が70兆円の金融安定化法案を否決した時、税金を自己申告する国の納税者意識の敏感さを思ったものである。

否決の背景として、選挙が近いとか、高給取りへの反感だとかも指摘されたが、基本にあるのは納税者意識の先鋭さだろうと思う。

結局、法案は陽の目を見たが、これからも国民の厳しい目を意識した施策をとらざるをえない。

国民が何でもお上まかせにするどこかの国といかに違うことか。

◉誰が得したか

総裁選で誰がいちばん得をしたかと考えると、私は石破茂氏ではないかと思う。

細かい軍事オタクのイメージが強かったのが、唯一、大きな国防問題の視点からものを言ったのが、印象的だった。これを機につねに総裁レースに顔を出す人物になるのではないか。

◉女房と相談

かつて文部官僚が贈収賄が発覚し、身の振り方を問われた時に、「女房が、女房が」と答え、失笑をかったことがあった。[94]

今回スピード辞職した中山国交省[95]も「出処進退は自分で決める」と言いながら、そのあとで「女房と相談する」と口にした。

そもそも自分のことを自分で決められない人は大臣になるべきではないし、いかにも国士風なことを言うのもチグハグである。

◉豚に口紅

オバマが「豚が口紅を塗っても豚は豚」と発言したことがペイリン批判、女性差別だというので物議をかもしたものの、それほど大事に至らずに収束したようだ。

私はこのニュースを見た時、本当に腰を抜かしそうになった。ポリティカル・コレクトネス、しかもフェミニストの厳しい国で、考えられない発言だと思ったからである。

2、3人の人にも訊いてみた。なぜそれほど大事にならなかったのか、と。はかばかしい答えは返ってこなかった（彼我で豚のイメージが違う?）。

誰かうまくこの件を説明してくれる人はいないだろうか。

◉芸術の秋

9月末の2週間のこと。吉衛門の歌舞伎を見て、新日本フィルに行き、相撲を観戦し、ムーティ指揮のウィーンフィルに足を運んだ。

まさに芸術の秋到来である。

ただ、ひとつ気になることがある。コンサートのあとの、あのカーテンコール、アンコールのしつこさである。本当にいい演奏であれば拍手をしたくなる。それに、十分に演奏を堪能したのに、もう1曲、もう1曲とねだる気にはなれない。

演奏家によっても違うのかもしれないが、NYメトロポリタンでは、演奏が終われば明かりがパッとつくことになっている。

お義理のアンコールねだりを見ていると、主催者側にはそういう配慮も必要かもしれない、と思う。これは私だけの感懐だろうか。

◉傑作誕生？

芸術ついでに、独学ながら、絵がプロはだしの知人の話をしよう。

彼は、いつも描きながら、なんと自分は天才なんだろう、と思うらしい。ところが、しばらくして見ると、なんと凡庸な、と興が醒めるらしい。

そして、気がついたのである。絵を描くときは、シンナーで朦朧として、実体以上に良く見えていたのだ、と。部屋が狭いことも一因だ、と。

彼はこれから別荘を建て、そこに広い画室を用意するという。さて環境が改善されて、傑作が生まれればいいが。

◉体力維持に必死

前にも書いたが、来年の9月にまたしても国立大劇場で踊りを披露することになっている。

50歳を超えてから、体力の向上どころか保持するのもいかに難しくなったことか。

私は、新幹線のホームへの階段を走って上る。駐車場でクルマが出てくるまでのあいだ、スクワットをする。

体力なしには、来年の踊りの披露は適わないからである。ひとの目をはばかる時間がない。

シビリアンコントロール
これが最後の恋

如是我聞（２００９・１）

◉支持率回復策

ＫＹ（漢字が読めない）首相[96]は言うことが二点三点するので、とうとう支持率が21、22％となった。定額給付[97]も迷走し、最後は地方に丸投げして、それを〝地方分権〟だとうそぶいた。この定見のなさは、いったい先祖の誰譲りなんだろう。

政治学の山口二郎氏は、地方で使い方を工夫してこそ分権なのだから、地方で知恵を出して決めてはどうかと言う。

たとえば、同氏の住む札幌市で給付金は２３０億円になる（日本全国で2兆円！）。これだけあれば医療介護、教育、環境など将来のためのアイデアが市民から多数寄せられるだろう、と述べている。過ちを改めるに躊躇すべからず、である。そうすれば、少しは評価が持ち直す（？）。

◉規制か、緩和か

どうも規制緩和の流れが滞っている。タクシーなど台数が増えすぎたので、前に戻そうという動きすらある。

労働関連も同じくで、本来、規制すべきことと、緩和すべきことをまぜこぜに進めたことで、経済が冷えた途端、さあ規制だ、となびいてしまったような気がする。

競争を起こして活性化するものは規制をはずしたり、緩めたりする。競争を起こして害が大きいものについては規制を強め、タガをはめる。

その使い分けをうまくやらないといけないのではないか。たとえば、医療。民営化を余りにも進めると、儲けにならない産科などをすぐに切り捨てる可能性が高い。ゆえにそこは国の関与を残していく。タクシーでいえば料金の自由化をもっと進めれば、おそらく本当の競争が起きて、消費者の利益になるはず。

一斉に国に何でもすがるような姿勢に戻るのは、決して賢いことではないと思う。

◉100円ショップ

私が時代オンチだったのだろうと思うが、100円ショップや99円ショップの充実度に、今さらながら驚いている。小物で生活密着度の高いものならたいてい揃っているのではないだろうか。

駅に付設していると、すごく便利だと知人は言う。あれを忘れた、これを持ってこなかった、と気づいた時に安く揃うからである。爪がちょっと割れたので、爪切りを買ったという知人もいる。

いやダイエットに利用してる、と言う人もいる。カップラーメンでも何でも小振りにできているので、昨日食べすぎたなと思ったら、それで調整するのだと言う。

思わぬ使い方もあるものである。

◉自分の価値観で着る

年配の方で「実は着ている服、ユニクロなんだ」と嬉しそうな顔をする人がいる。高級品も買うが、ユニクロも楽しんで買っている、と言う。それがかっこいいのだろう。

確かに郊外の店舗を覗くと、60代から70代ではないかと思われるようなご夫婦をよく見かける。もう、そういう年齢層にきちんと支持されているのだというのが分かる。

その横でズボンが脱げそうな若者も服選びに余念がない。

この境界線のなさ、着たいものを着るという緩やかさが気持ちいい。

◉退職金を返せ？

コメンテーターの森永卓郎氏が、田母神前幕僚長[98]から退職金を取り返せ、それがシビリアンコントロールだと宣った。

引責辞任ならそういうことも可能かもしれないが、あくまで定年という真っ当なかたちで辞めた人間である。退職金を奪い返すのは、シビリアンコントロールの乱用ということになりはしないか。今回は、辞職させられなかったふがいないジビリアン・コントロールではあったが。

◉最後の恋

ある65歳の男性が言うには、その年齢あたりがぎりぎり恋をする最後の歳なんだそうである。その方も、「惑いの恋」に陥っていると言う。

ピカソは付き合う女性によって絵柄が極端に変わった画家と言われる。彼は、70歳で2度目の結婚をしているが、そのあいだにも何人も愛人がいた。65歳なんてまだ若い、とピカソなら言いそうである。

家元の日本は？

お給料の見直しを

如是我聞（２００９・３）

◉大統領就任演説

オバマ政権が始動した。歴史的な就任演説にはおよそ２００万人が駆けつけたという。評判はプラマイいろいろだが、国民を信頼するというメッセージは強く伝わったことだろう。

未曾有の経済危機をどれだけのスピードで立て直せるか、課題は超難度である。グリーン・ニューディールが売りだが、家元の日本としても負けていられないはず。刺激を受けて日本もチェンジしたいところだが、さて……。

◉議論のバランス

派遣切りだ内定取り消しだとかまびすしい。そもそも09年に派遣期間が切れて、大量の失業者が出る可能性がある、と言われていたのである。企業とすれば業績も先行きも不透明だし、派遣中止を選ぶのは自然なことだったのではないか。内定取り消しにしても、では学生側の不実は問わないのか。3度も4度も面接をして採ったのに逃げられたという話をよく聞く。

何か時流への反対論ばかり言い立てているように思われるかもしれないが、あまりにも議論のバランスを失している気がするので、ひと言いいたくなるのである。

◉これも引き締め？

いわゆるゴトー（5と10）日のクルマの量が少ない。新年会も例年より少なかった。飲食店も人が来ない、と嘆いている。

ところが、いるところにはいるのである。たとえば、歌舞伎。新年になって新橋演舞場、歌舞伎座、国立演芸場と立て続けに見たが、ブームと言っていいくらいの人の入りである。

ほかに浅草、京都、大阪と舞台が開かれているわけで、歌舞伎界は人手不足で困っているのではないか。

不況になると、暗いばかりではやっていられないので、遊興に向かう、というのはありうる話である。

その際に伝統芸能は、ハズレがない、という安心感があるのかもしれない。そこにはやはり引き締めの心理が働いている?

◉武士は食わねど

立派そうなコートを羽織ったビジネスマンが、コンビニの店頭にあるゴミ入れの缶を漁っているのを見かけて冷やっとした気持ちになった。

映画「トウキョウソナタ」[99]が評判になっているが、会社をリストラになったビジネスマン二人が、その事実を家族に伏せて、毎日浮浪者向けの炊き出しの列に並ぶシーンがある。一人は、わざと携帯の着信が鳴る設定にしておいて、いかにも仕事で忙しいふりをする。

辛い時だとは思う。でも、そういう時こそ、矜持が必要ではないか。武士は食わねど高楊枝という言葉もある。えっ？　これって死語？

◉ワークシェアリング

雇用を守る手段としてワークシェアリングを言い出す人がいるが、日本の場合、給料が時間給で割り切れない構図になっている。残業やボーナスで調整されているのである。さらには家族手当、配偶者控除などなど。

そのため、正社員と非正規社員を同列に並べることができない。同一労働、同一賃金という考え方も、日本に即座に導入できないわけはそこにある。

これからは本給にすべて盛り込む方向へと進むのではないか、と思う。その場合に、相対的にお給料が上がるのか、下がるのか、それは企業の体力の問題とも絡んでくる話である。

ワークシェアリングが言われながら、この種の議論が出てこないのはなぜなのか。

◉社長のCM

どうしてだろう、社長が育毛などのテレビCMに出ると、胡散臭く感じるのは？　社長が出ないと信用をアピールできないのか、と逆読みしてしまうからだろうか。

◉修行時代

知り合いの娘さんがフラワーアーティストを目指してパリに留学。このたび意欲的な女性社長の会社に就職が決まり、そのお給料が1０００フラン、日本円では12万円である。

彼女はそこで経験を積んで、いずれは日本で活躍したいと考えている。だから、その安い給料は修行代と考えている。

私はそういう話を聞くと嬉しくなる。仕事は意欲がまず先である。自分の将来のために今を我慢する——それが若い人に欠けてはいないか。

如是我聞（２００９・５）

iPodにダウンロード情も涙もある政治

◉外国映画賞

邦画が初めてハリウッドで外国映画賞を獲ったということで、観客動員にも拍車がかかった「おくりびと」[100]だが、私はそれがどれだけすごいことなのかよく分からない。金熊やパルムドール[101]とどう違うのだろう。

アメリカ人は自国の映画でお腹いっぱいなので、わざわざ字幕入りの映画に食指は伸ばさないそうだ。そういう国で貰う外国映画賞って何なのか。

忙しい筋運び、上下左右から狙うカメラに大音響——そういうハリウッド映画に飽きがきて、この静かな、風変わりな風習を扱った映画に関心が集まったのだろうか。

それにしてもおめでたいことに変わりなく、ふだんは暴力映画しか見ない高校生がこの映画に「感動したなあ」と感嘆の声を漏らしたと人から聞いて、賞の意味を再確認した次第である。

◉地方から狼煙を

橋下大阪府知事は、国が関西空港の連絡橋を買い取る事業で、府が65億円を負担することになっているのを拒否した。[102]

学力テストの成績が悪かったことで教育委員会を口汚く罵ったり、自治体施設の従業員の様子を隠し撮りしたり、公用車を私的に使うのは自衛上必要だからと強弁するなど、とかく問題の多い知事だが、今回の負担金拒否には快哉を叫んだものである。

自治体の首長がこうやって中央の無理強いに反旗を揚げることが大事なのである。地方分権を進める上でも大事なことだ。

◉アフリカへ

全国展開しているある会社の社長さん。国内は働き手の賃金が上がって、とっくの昔に中国に工場を移転、そこが上がれば次はベトナム、そしてインド。「いざとなればアフリカへでも行きます」とのこと。欧州に近いから、そっちに打って出ることも視野においての発言である。

私は、日本男児ここにあり、との思いを抱いた。かつてもハワイ、カリフォルニア、ブラジルと日本人は活路を求めて海外雄飛したものである。

その血が、その経営者にも宿っている、私にはそう見えた。

◉大臣らしい仕事を

フィリピンの家族が、違法滞在を問われて親が強制送還、子ども一人が日本に残ることになった。103

違法滞在問題の所轄の法務大臣は何をしていらっしゃるのか。

新聞によれば、父親は優秀な技術者で、指導的な立場でもあるらしい。しかも、10年以上も税金を納めているともいう。

なぜそういう模範的な家族に特別なはからいをしようとしないのか。大臣の鶴の一声でどうにでもなることではないか。大臣にはそれだけの大きな権限があるのである。

杓子定規にやっても政治は生きてこない。ときにはイレギュラーなことをやって民心をつかむのが政治というものではないのか。

◉マイナスサービス

友人が引っ越しをした。引っ越し専門会社に頼むと、電気製品もひと揃いそろえると格安だという。それでテレビを2台に大型冷蔵庫1台を注文したそうだ。すると、在庫を調べます、と言う。待つこと1週間で返事が返ってきた。

ではいつ発送されるのかと問うと、さらに1週間以上かかります、との答え。友人はここに来て堪忍袋の緒が切れた。

「サービスを付けるのはいい。しかし、そのせいで客の気分を悪くするなら、やらないほうがましだ」

もちろん品物は全解約である。後日、ディスカウント店で調べると、たとえばテレビは4万円も安かったという。当然、一揃えそっちに注文を出したのは言うまでもない。

◉初めての経験

先年の紅白で秋元順子[104]が歌った「愛のままで」にハマっている。ＩＴに強い夫にiPodにダウンロードしてもらって、クルマのなかで繰り返し聴いている。

そのほかにオバマの演説や「トスカ」や「椿姫」などのオペラも入っている。

ＩＴオンチ、機械オンチの自分だけなら絶対に経験できなかったことである。素直に夫に感謝である。

如是我聞（２００９・７）

何か大きな地殻変動

マスゴミ

◉スタバからマックへ

青山のあるお蕎麦屋さんでのこと。最近、人気の１３００円の定食が振るわず、単品で５００円くらいの物が出るようになったという。まわりは一流企業が軒を連ねているような場所だが、派遣が切られ、中高年がリストラに遭って、正社員ＯＬが客の中心になりつつあるそうだ。

スタバからもおじさんはドトール、マックと撤退していると聞く。おじさんの帝国といわれる居酒屋、ホルモン系飲み屋さんにも若い女性が進出しているともいう。

何か大きな地殻変動が起きている、そういう予感がする。

◉和風シリーズ

この欄でときおり茶事のことを書くが、人を招く場合、半年前から準備をしないと十分な応対ができない。

それをパーフェクトにこなす英国人がいる。青山に住んでいて、よりいい環境を求めて京都に、桂離宮を模して京町屋を改装、茶室を設けた。

彼はもと金融マンで、40代で引退、あとは趣味人の道を選んだ。オクスフォード大で原文で『源氏物語』を読み、今は天皇の宸翰《しんかん》（直筆の文書）を読むため追加のトレーニングをしているそうだ。故事来歴を語りながら手元は流れるようで、５時間の濃密な時間があっという間に過ぎた。

その茶会で刺激を受けたのか、新内、地唄舞、歌舞伎と立て続けに和物の催しに足を運んだ。どっぷりとジャパネスクである。

◉やる気が一番

私の会社に全盲の若い男性がいる。ラッシュアワーに千葉県から2時間かけてやってくると言う。会社に迷惑をかけてはいないか、それがいつも心にあることだと言う。

私は翻って、派遣切りにあって、農業は臭いから嫌だ、介護は辛そうだからオミットする、慣れた製造業に戻りたい——そして結局、国に泣きつく若者のことが思い出される。甘えるのもいい加減にしろ、と言いたくなる。

法や制度の過ちや未整備を放っておけと言っているのではない。まずは自分のやる気が一番じゃないのか、と言いたいのである。

◉割安高速の問題点

土日の高速道を1000円にしたのはいいアイデアだったたか、疑問に思う。盆暮れの帰省ラッシュのような渋滞が発生して、何時間も車の中に閉じ込められた人々は、もう二度と利用するものか、と口をそろえる。

実は、料金を値下げした分を税金で補填していることは、ほとんど知られていない。それに渋滞で排ガスの影響もある。

私は経済活性化のためなら、トラックなどに限って曜日を問わず割安にする方が、ぐっと効果があるのではないかと思う。安く運べば安く売るところも出てくるはずで、税金による補填も国民は許してくれるのではないか。

◉大胆な少子化対策

日本も出生率が悪いが、韓国、シンガポールも引けを取らない。シンガポールの少子化対策は、ベビーボーナスの支給や産休・育児休暇の拡充、不妊治療の無料化など、多面的に進めている。人が財産の国で出生率が低い（03年に1・25を記録）のは致命的である。同国は年収に関係なく、公立の教育費は無料である。

日本の少子化対策は、どれも目を引くものがない。かなりドラスティックなことが必要なのではないか。定額給付金で1・6兆円もムダにばら撒くなら、100万人の新生児に200万ずつで2兆円を支給したほうが、将来を見越した政策として評価されるのではないか。その場合、嫡子ばかりか庶子にレンジを広げてはどうか。それと、年収500万円以下は公立教育は無料にする、というのもあわせて行うのである。

外国人受け入れ枠の拡大も一方で進めながら、新生児誕生を促すのである。

◉空騒ぎ

新型豚インフル[105]で日本中が大騒ぎの時、ニューヨークではマスクをしている人たちが珍しいくらいだった。イギリスでもほとんどニュースにもなっていなかった、という。

北朝鮮のミサイル発射も、マスコミが騒ぐだけ騒いで、あとに何が残っただろう。

世の中の出来事を冷静に検証し、知恵を残すのが役目のはずが、それを放棄している。人は〝マスゴミ〟と言うが、いたく分かる気がする。

安保で二転三転する政党

朝の体操、あれはどうにかなりませんか

如是我聞（2009・9）

◉選挙の風景

東国原宮崎県知事の「首相候補にしろ」発言[106]には笑ってしまった。冗談に終わらせればまだしも、本気発言だったというのでは白けるばかりである。

週刊誌によれば、国政転身に浮き足立って、議会答弁も疎かにする状態だという。これじゃ次の知事選も、国政転身も怪しいものだ。

それに横浜市長選に出ている民主党候補も、どうだろう。あちこちと渡り歩いて、節操のないこと。この人も勘違い組か。

小泉チルドレンの中で自民党の推薦をもらえず不出馬という人が何人かいたが、もともと政治家になってはいけない人たちだったのではなかろうか。

民主党のマニフェストを見ても、ばら撒きだけで、財源はどうするの、と自民党と同じ突っ込みを入れたくなる。

民主が圧勝の選挙らしいが、その後のガラガラポンで国民の選択の幅が広がればいいが。

◉上客は中国人

どこもかしこも不況で暗い顔つきだが、中国だけはまだ意気揚々としている。

日本の百貨店の上得意になろうとしているともいう。前年比40％増の買い上げだという。

韓国企業が丸の内のビルを買ったと騒いだのは、いつのことだったか。日本がNYのロックフェラービルを買収したなど、本当にあったことだろうか。

中国企業が日本の山林を買い付けているという。食糧、エネルギーに加えて山林安保かと思う。

もうそろそろ中国がGDPで日本を抜く日が近い。私はその日はみんなでお祝いをしようと思う。やっと明治以来の成長幻想から解き放たれる日だからだ。

アジアでいち早く民主政治を行い、工業化を推し進めた国ニッポン。中国へのバトンタッチで、さてわがニッポンよ、どこへ。

◉次の政策軸

インド洋の給油艦[107]を引き上げる、引き上げないで二転三転する政党が政権を握りそうである。識者に訊くと、日米安保絡みのことはすべて凍結状態で、民主党の出方を眺めるだけだという。

やがてこの新政権は内部分裂を来たし、ガラガラポンがやってくる。その時の政策軸は何か、と思う。改革か規制か、大きな政府か小さな政府か、競争か保護か、安保の充実化か簡素化か、官僚制度の温存か改変か、郵政民営化の維持か復旧か——意見が割れるいくつもの課題がある。

これからの政局は、そういう視点で眺めることになる。

◉草食系VS肉食系

昨年、初めて北大で道産子の率が内地人を超えたそうである。埼玉と東京の境にある大学は、東京に出るのが怖い地方の子が集まるのだそうだ。海外留学もがた減りだという。

若い男子のことを草食系、若い女子は肉食系と言うのだそうだ。男子は家に引きこもって飲みにも出ないで、おうちご飯、女子は気に入った男性を部屋に呼び込んで意気盛んだという。〝婚活〟という言葉を初めて聞いた時は、男子をイメージしたが、女子が活発に結婚相手を探すことを言うらしい。

ふがいないとも、はしたないとも、思わない。日本の男なんて、昔から弱かったと思う。でも、生まれる男子が少なく、しかもみんな気弱では、このニッポンはまた、どこへ。

◉いいものを見た

五木ひろしの明治座公演[108]は満員、67曲を次々と歌い上げて、私はもう身も心も完全リラックスの状態である。これはまるで全身浴のセラピーである。

お話はうまいほうではない。それはいいのである。さだまさしではないんだから。

終始、姿勢がいいのには、いつも感服である。いいものを見たな、と思う。

元気がない時は、やっぱり演歌だと、再確認した次第。

◉沖縄で朝の体操

沖縄で聞いた話である。特区ができてヤマトンチューがやってくるのは、経済的にありがたい。

しかし、彼ら企業人はなぜか朝から体操をしたがる。

「そこで働く私たちもまねごとをするのだが、例によって昨晩、深夜2時、3時まで飲んで弱った胃に悪い。あれはどうにかなりませんか」

というのである。

◉セコムしてますか

夫「君はお帰りなさいも言わない」
妻「言ってるわよ」
夫「言ってない」
妻「セコムが言ってくれてるでしょ。それ以上、何が欲しいの」
夫「そういう発想が信じられない」

如是我聞（２００９・11）

贔屓チームへのサポーターJANAへ

◉格安中華店

町を歩いて、ある一角が行列をなしている。何があるの？　と近づいてみるとギョウザの王将である。その日が何かのスペシャルをやっているというわけではなく、ただ並んでいるのだそうだ。まるで評判のラーメン店のような様子である。

王将もそうだが、ユニクロも一時は存続の危うい頃があった。それを思うと隔世の感がある。でも、ふだんどおりの王将に並ぶ意味って何なのか、今ひとつ分からない。あえていえば、どちらかというと弱い、自分の贔屓チームを応援するサポーター的な心理か。

◉ある火種

民主党の出だしはまあまあで、唯一の火種は亀井金融・郵政改革担当相ではないか、という声がしきりである。なにしろ「総理には私は切れない」と大言壮語しても、誰もその暴走を止められないのだから。

借金棒引きの法案[109]を喜ぶのは質の悪い中小企業だけで、一生懸命やっているところは苦い顔をしているのではないか。

いくら3兆円近くの予算を各省庁が削っても、それ以上のものが尻抜けで出て行くわけで、入りを図り出を制するという基本が揺らいではいないか。

あの農家の個別所得補償[110]も問題である。販売価格が生産費を下回った場合の差額を補償するというのである。

次は柑橘類、そして漁業と補償を求める列が続きそうな気配だ。

◉オープンスカイ

前原国土交通相がテレビに出ない日がない。ダムに、高速道路に、空港にと課題が山積みである。これが自民党なら前例踏襲で粛々とことは進んだのだろうか。

羽田のハブ空港化発言[111]に大阪や千葉の知事が噛みついたが、世界の流れを見れば正論である。シンガポール、韓国に完全に負けている。空港使用料など下げて、24時間化するのは当然である。

ＪＡＬの問題も大きな課題である。日本の航空行政全般の見直しの時機である。

◉何か変

木を見て森を見ない、という言葉がある。個別目標は合っているのだが、全体を見ると齟齬がある、という類である。

10年度予算の概算要求が97兆円を超え、過去最大となった。子ども手当の半額実施、高速道路の無料化の段階実施などマニフェストで唱えた施策が並んでいる。赤字国債も予定されている。新政権発足をアピールしたい気持ちは分かるが、結局はばら撒き政治に陥ってしまっただけではないか。小沢幹事長は、政権奪取・維持にはなりふり構わずということらしいが、国民の目線はかなり厳しい。こんど精査されるのは民主党の方である。

◉国旗と国家

朝青龍が優勝して土俵で目を伏せて『君が代』を聴いている。あれをモンゴル国家と国旗にしてやったら、昂然と顔を上げるのだろうかと思う。もう相撲は日本人のものではないのだから、一計あってしかるべきではないか。

いや相撲は神事だから、そういう変更は許せない、という意見もありそうだ。だとしたら、海外場所をひとつ設けて、その優勝者に相応しい国家・国旗で祝うというのはどうか。

◉男の嫉妬

ある女性は行き詰まるときまって「男の嫉妬」を言い立てる。相談を受けた女性は、「男はできる女をそれなりに処遇する。嫉妬などで逃げない」とアドバイスするも、聞く耳を持たないそうだ。

相談事で呼び出しながら、いつもレストランの勘定書を回してくるので、3回目に「割り勘で」と言うと、意外な顔をしたそうだ。

こういう女性が組織の長になったら、どんなことをするのだろう。考えるだにおぞましい。

◉園遊会特需

知人が園遊会に呼ばれて、何を着ていこう、と相談があった。普通のスーツではいけないのか、略礼服は？　女性は紋付、男性はモーニングとドレスコードは決まっているので、そう答えると、上から下まで新調して出かけたという。彼、いわく「園遊会って、いろいろ物入りだね」

仕事ひと筋で来た人だから無理もないかもしれない。招待されたときのドレスコードは難しい。

◉ナンパ

踊りの発表会が終わってほっと肩の荷が下りた2日後、東京文化会館で駐車に行った夫を待っている間に、声をかけられた。「お茶しません？」と若者。ちょっと用事がと言うと、ケータイを教えてくれませんか、と聞いてくる。適当な名前と番号を教えると、年を聞いてきたから、49歳と答えた。「うそでしょ、30代じゃないですか」。年増狙いの若者の甘言だとしても、悪い気はしないものである。あとで夫にそのことを言うと、複雑な表情をして押し黙った。その意味するところは、何だったのか。

如是我聞（2010・1）

マニフェスト破り
新人よ、反乱せよ

◉父親似

整形逃亡していた市橋達也が捕まって、テレビでビートたけしさんが「かわいそうな奴だよな」と発言した。それを、ほかの出演者が「被害者もいるのだから、不謹慎な発言」とやんわりたしなめた。たけしさんが言いたかったのは、市橋の父親が医者で、母親が歯科医、そのプレッシャーに負けたということである。

それは一面の真理ではあるはずで、テレビでは言ってはいけないことなのだろうか。もし精神科医がそう分析しても、それは不謹慎ということになるのだろうか。

日本には今型通りの意見が幅をきかす風潮が強い。それを思考停止社会という人もある（郷原信郎氏[112]）。本当は猥雑な議論のなかから真理が立ち上がってくるのではないだろうか。

私自身は、整形後の達也が父親に似ているのを見て、彼自身はどういう感慨を持ったのだろうと思った。逃げたかった人間に似せて逃亡する自分とは何者か。

◉潮目が変わった

35歳で「顔の不自由」な女性二人[113]が、複数人の男性をたらし込み、死に至らしめたという。その衝撃たるや、並みの犯罪の比ではない。美人、痩身、若さといった絶対的な価値が崩れたのである。

何が男どもを惹きつけたのだろうか。それが事こまかに解明された時には、これまで不遇をかこってきた女性たちに大きな福音となることだろう。これも被害者がいるので、不謹慎な話に違いないが。

◉家庭教育の間違い

麻生元首相のタカビー発言[114]は顰蹙を買ったが、鳩山さんが資産報告書に5億円の記載漏れがあったことに触れて、「恵まれた家庭に育ったから、管理がずさんだった」という釈明を行った。これはある意味、麻生さん以上にタカビーな発言である。

鳩山家といえば人も羨む高学歴家系で、総理を輩出するために精魂傾けてきたお家という評判である。はしなくも、首相の言葉からは、東大に行かせる教育は受けたが、金に厳しい教育は受けなかった、ということになる。なんと底の浅い家庭教育だったことか。

◉保身議員

民主党の新人議員は政策の勉強より地元選挙区で顔を売るようにと言われているらしい。

政治家は政策を立てて、法律を作ってなんぼのはずである。田中角栄は1年生の頃から議員立法に熱心だったというではないか。

あるところで新人と顔を合わせたので「反乱を起こしちゃえば」とけしかけたら沈黙したままだった。

彼らを選んだ住民は、税金返せ、と抗議してはどうか。当選してすぐに自分の保身に走るようなやつを議員に選んだつもりはないと。

◉ビジット・ジャパン

雇用問題でひとつアイデアがある。観光産業を盛り立てるために、全国の市町村に新たに「観光アドバイザー」を置くのである。すでに「観光課」のあるところは再教育を施し、足りない人員を補充するのである。

全国市町村数は１７００超というところ、平均10人の配置で１・７万人の雇用である。うまくいけば、その周りにさらに雇用が発生する。

と、思いついたのは、以前、東京多摩の高尾山がミシュランの三ツ星観光地に選ばれたというニュースを見たからである。われわれにとって平凡に思える所が意外に外国人受けするらしい。では、どこの市町村にも芽があるということになる。

自分のローカルな良さに気づくうえでも、このアイデア、使えないものだろうか。

◉地産品デパート

高知でゆずドリンクをいただいた。これがおいしいのである。家の障子を張り替えた。富山の蛭谷[115]（びるだん、と読む）和紙で、いわゆる越中和紙の一種である。光の反射が柔らかい。愛媛の超高級タオルで汗を拭いた。肌触りが断然違うのである。

地方には優れた製品がたくさんある。しかし、それを身近に手に入れるのが難しい。食と装身（服、帽子、靴、ジュエリー）と家財それぞれ1館ずつ、できれば3館が並んで、銀座あたりに一大物産展示ができないものか。ラーメン博物館のような実力入れ替え制をとれば、つねに競争原理が働いて、賑やかな場になるにちがいない。大混雑しそうな予感。

◉画餅は画餅

昨年の流行語大賞は「政権交代」だったそうだ。まあ順当なところだろう。

鳩山さんは多事多難で、授賞式に出るような悠長なことはできなかったらしい。

マニフェストを掲げて政権を取っても、お金が足りなくて実行に移せない。だから、マニフェスト変更だという。世論もそれには寛大らしい。英国でも普通にあることだという。でも画餅は画餅である。次の選挙でだいぶ割り引かれるのは覚悟しないとならないだろう。そうじゃないと、断然、おかしい。

如是我聞（2010・3）

道々、考えた 外国人参政権

◉理念を述べよ

在日外国人に参政権を与えるかどうか、大きな議論になっている。地方レベルか国政レベルもか、選挙権だけか被選挙権もか、と議論が分かれる。

外国人に対して、国籍にかかわらず地方自治の選挙権または被選挙権を与えている国は、現在、22カ国。先進8カ国ではロシアだけ。

日本に永住者が約44万人、特別永住者が約43万人、定住者が約27万人である。

日本の少子化を思えば、外国人受け入れは避けがたい問題だ。とすれば、彼らをどう処遇するかというのは、喫緊の課題である。

そもそもこれは、小沢一郎氏が先の選挙前に民団（在日本大韓民国民団）と約束し、李明博大統領も承知しているものだという。

当の小沢氏から立法を進める理念を聞いてみたい。1時間でも2時間でも、日本に不可欠だとする考えを聞いてみたい。

私は帰化が条件である。自分が他国で選挙にかかわりたいと思ったら、その道を選ぶように思うからだ。

●SFの世界

リドリー・スコット[116]の名作『ブレードランナー』が描く未来は、実は2019年、あと9年後の世界である。降りしきる雨の中をクルマ替わりの飛行艇が縦横に飛ぶ。

今EV始め次世代カーの開発に鎬を削っているが、まったく渋滞のない高速飛行艇、空飛ぶクルマというのは候補にならないだろうか。SFが予見したものって、けっこう現実化している。動く歩道、壁掛けテレビ、ロボット……挙げれば切りがない。

●アドバイザリーボード

参議院戦で党の年齢制限に引っかかる政治家の処遇が話題になっている。歳がいっているから能力がない、とは言えない。若者以上に清新な人もいるだろう。一概に排除するのはもったいないから、選挙は年齢制限ルールを守り、ほかにご意見番ボードなどを作って、非議員の立場で侃々諤々やってもらってはどうか。生臭い話に首を突っ込まない、と誓約を取って。

◉経営者不在

私は日航出身者だから痛切に思うのだが、あの会社、自主再建は難しい。民間会社の体質じゃないんだから、もう何十年も。政治家が食い物にしたと言うが、結局、ずっと経営者がいなかったのである。今なお状況は変わらない。

航空業界のグローバルな競争のなか、国際線は一社で十分、残った一社をより強くすればいい。

◉日本民族の変貌

前にも書いたことだが、歌舞伎の客の質がどんどん悪くなっている。芝居が始まっているのに煎餅ぱりぱり、おしゃべりぺちゃぺちゃである。

ほかも推して知るべしで、映画館などは前の客席に足を上げるな、食べ物で音を立てるな、と事細かい。客同士の喧嘩が絶えないらしい。

駅にはDo It at Home[117]のポスターがだいぶ前からシリーズ化されている。

原因は何か、民族大変化の訳を誰か教えてほしい。

◉異星で月見

ワークライフバランス——仕事と家庭の調和を図ろう、という趣旨のものだが、私はずっとその均衡を欠いた生活をしてきているから、骨身に染みていいはずの言葉だが、不況風に身が縮こまってそれどころではない。頭と体を最大限に使って、この不況を乗りきるのに必死である。
ワークライフバランス——なんだか遠い異星で月見をしているような、そんな気分になる言葉である。

●美しき老後

折り入って相談事があるので食事でもご一緒に、と知り合いの方からひさかたぶりにお誘いの電話。もう会社を退いて数年が経つ、という。話の内容は妻の愚痴と、毎日何をして過ごせばいいのか分からないというものだった。

ランチが終わってお会計となった時、ちょっとした間合いがあった。

「私がお支払いします」

と言うと、ほっとしたような表情になった。

経済的に困っているわけではないはずなのに、それでも守りに入るのが、定年後ということなのだろうか。それにしても美しく老いるのは難しい、と帰りの道々、考えた。

如是我聞（2010・5）

割れてもいい食器
無政府の理由

●ワインがなみなみ

鳩山夫人の鶴のひと声で官邸の台所の改造が決まり、その総費用ウン千万円だという。旦那が宇宙人なら、こっちは何なのだろう。

それにしても、いつまでそこにいるつもりなのか。誰をどうやってもてなすつもりなのか。

総理がホストの食事会に知人が呼ばれ、ビールのようになみなみワインを注がれたそうだ。常識がないのか、宇宙の第何惑星ではそうするのか。注いだご本人は友愛の笑みを浮かべていたという。

◉無政府の理由

鳩山内閣には全共闘世代が多い。3分の1近い。彼らは壊すことは得意でも、作り上げることは弱い。今の無政府状態は、そのせいではないか、と当の世代に訊くと、妙な顔をする。半分当たって、半分外れている、という顔である。

全共闘世代だって、責任をもって仕事をしたり、組織を束ねてきた人間がいる、と言いたいのであろう。それが半分外れの部分かもしれない。

◉子ども手当ては要らない

子ども手当て[118]も、農家の所得補償も、高校無償化も、ぜんぶ選挙目当ての買収みたいなもの。そこは庶民は見事に見破っている。美容院の若者、ちなみに30歳、子ども二人の男性が曰く。

「子ども手当てなんて要らないっス。自分たち若いから、いくらでも働けるし。4、5万しか国民年金のもらえないじいちゃん、ばあちゃんにあげたらいいのに」

しっかりしてます。こういう若者がいるから、こっちも元気が出るのだ。

◉床屋政談

文京区の区長が、自分が率先垂範することで男性の育児休暇取得を推し進めたい、というので、2週間の育休に入った[119]。せっかくだから半年ぐらい取って、いい模範例となったらよかったのに——というのは冗談で、そんなに育休が大事なら職員に強制的に取らせたらよかったのではないか。

ほかの美容院の中年おばさん曰く。

「税金で休むなんて、ちょっと変よね」

こういう真っ当な人がいるから、私にもやる気が出るというもの。

◉ベトナムでの経験

先日、ベトナムへ行ってきた。ハノイで人材育成の学校を訪問した。

ベトナム戦争の後遺症で耳が聞こえない、口がきけないハンディキャップの人たちに技術習得をほどこす学校である。

みんな一生懸命、刺繍や洋服を作るミシンを踏んでいた。女性の校長さん曰く、

「政府の支援を受けないで、なんとか自前でやっています」

それにしても男性の職員が少ない。理由を尋ねると、女性の方がホスピタリティがある、との返事。

これは日本とて同じこと。国の違いはないと痛切に感じた。

◉完全なセキュリティ

中井洽《ひろし》さんは独身らしい。[120] 週刊誌が騒ぐ若い女性との飲み食いは全部私費だそうだ。路上キスなど絶対したことがないと言う。議員宿舎の４枚のカードキーのうち１枚を、掃除のために女性に渡したと主張する。

これはある人から聞いた話だが、その人がある店に通い出したら、中国人女性の店員が新しく雇われた。

それ以来、注意の目を注いでいる、とその人は言った。

中井さんは公安委員長である。人に知られてはいけない秘密がたくさんありそうだが、勝手に女性が部

屋に入っても問題ないのだろうか。
その完全なセキュリティの在り方をぜひ講義していただきたいものだ。

◉割れてもいい皿を

私の留守に夫が6人の友達と持ち寄りのパーティーを開いた。私は食器はこれとこれ、と指示しておいたのだが、帰るとふだんのを使っていた。

「なぜ?」

「洗って壊すと叱られるから。それでもみんな食器がすごい、すごいと感心していたよ」

確かに夫はそそっかしい。張り替えたばかりの蛭谷《びるだん》和紙の障子も蹴破ったばかりである。

今度からは、出して恥ずかしくないが、割れてもいい食器を用意しないといけないかしら。

如是我聞(2010・7)

政党名が思い浮かばない 口蹄疫、帯状疱疹、捻挫……

◉暗雲が切れた

小・鳩が一緒に辞めて視界がすっきりした感がある。友達内閣が続いてきたが、菅新首相と仙石官房長官は意見を厳しく戦わせる仲だともいう。ぜひ競い合って国家のために知恵を出し合っていただきたい。

心配なのは民主党の閣僚の〝体質〟である。首相は元フリーター、ほかは組合出身、松下政経塾出身が多数を占める。こういう人たちに国家戦略など描けるのだろうか。

◉再就職先

１９６２年の参院選で自民党候補として１１６万票を取ってトップ当選したのが、藤原あきである。[121]夫を捨ててテノール歌手藤原義江と一緒になったことで〝世紀の恋〟と言われ、戦後はＮＨＫ「わたしの秘密」の人気レギュラーだった。

それからかれこれ50年になろうというのに、タレント候補に頼る風潮は変わらない。議員になっても金メダルを取ると言った女性候補は、普天間を聞かれ返事ができなかった。カネと政治の関係は？　みんなが努力すれば解決します、との答え。

選挙カーの上で逆立ちする元オリンピック体操選手もいる。

参議院が要らないというのは、政党側がそう仕向けているとしか思えない。

◉政党乱立

今回の選挙の政党と党首の顔が結びつかない。というか、政党の名前自体が出てこない。「立ち上がれ日本」は石原、いや違う……。元女房から「ナイフを突きつけられた」と暴露された舛添さん[122]は何という党？

こっちの勉強不測というより、余りにインパクトが無さすぎて、政党名と党首名を覚えておく方が難しい。

そうだ、みんなの党、というのもあった。これも小・鳩降板効果で影が薄い。

世の中の動きを読むのが彼らの仕事だが、さて遠めがねの精度やいかに？

◉知らなすぎる

口蹄疫の被害が甚大である。感染経路も分からない。そういう病気があることも知らなければ、イギリスや韓国などで猛威を振るったことも知らなかった。さらに、松坂牛から何からみんな宮崎牛がもとになっているなんてまったく知らなかった。その前は新潟だか山形だかの種牛が覇権を握っていたというのも知らなかった。

なんでこんなに知らないのだろう。(元)担当大臣が問題発生を知りながら外遊に出てしまうぐらいだから、庶民は知るよしもない。[123]

◉1位じゃないとダメ?

7年かけて小惑星探査機「はやぶさ」が戻ってきた。小惑星イトカワから砂などを採取してきたはずで、これからの調査・解明が待たれる。

それにつけても思い出すのは女性議員が放った一言である。「なんで2位じゃダメなの?」おそらくは2位を目指していたら「はやぶさ」の成功はなかっただろう。最先端技術というのは、そういうものらしい。選挙は今、投票日を目指してヒートアップしている。これだって、どの党もみんな2位じゃなくて1位を目指し頑張っているのではないか。

◉国技やめたら?

トラブルが起きるたびに相撲協会には自主的判断とか自浄能力がないことがあきらかになる。今回の賭博問題[124]でも警察にゲタを預けたままである。

少なくとも文科省所管の団体であれば、司法的な解決のほかに名古屋場所開催せず、などの処置があってしかるべきであった。

今度の件で不思議なのは、賭博に誘っておいて、逆にそのことをバラすぞと脅したことである。それって仁義はずしで、暴力団社会のルールが変化したのか。
それにしても、相撲は興行の世界から離れられない。国技などというからややこしくなる。

◉脚に激痛

深夜、右脚に激痛、救急車を呼んだ。脚をちょん切ってほしいと思うような痛さだった。帯状疱疹という診断。鍼とお灸も効いて、およそ2週間で症状は落ち着いてきた。救いは、免疫ができて、もう二度とこのひどい痛みを味わわなくていい、ということである。疲れが溜まっていたのだろう。60歳を超えたんだから、ちょっとは休め、ということかもしれない。
救急車の中で隊員が受け入れ先病院へ「60歳女性、60歳女性!」と大声を出した。足の痛みよりも、隊員の言い方がものすごく気になった。

効果のほど数億円
虚構の派遣切り殺人

如是我聞(2010・9)

◉むさくるしい!

菅氏に政治的才覚なく、小沢氏に人徳なく、鳩山氏に定見なしでトロイカを組む? まさかと思ったが、代表戦突入となった。選挙で戦うとしこりが残るから談合で、というのは、民主主義の否定である。
それにしても、この政党を見ていると、暑い夏がもっと暑くなる。

◉自転車通勤ブーム

自転車が目の前をちょろちょろすることが多くなった。女性ライダーもいる。自転車通勤がブームなのは知っているが、歩道を走ってほしい……と歩道を見ると、もっと危ない。知り合いの老婦人が引っかけられて骨折した。

何か妙案がないものか。自転車族は朝早い時差出勤を認めるとか……。[125]

◉中国人の消費性向

日本をよく知る中国人経営者が、中国人の金持ちの消費行動について教えてくれた。息子がA学校に通いたいといえば、その近くの高級マンションを買い、娘が別のB学校を望めば、その近くの高級マンションを手に入れる。それが中国人の金持ちのメンタリティだという。これからわんさと日本にやってくる層とは違うにしても、そういった性向を知っておくに越したことはない。

◉民主主義のレッスン

名古屋市が揺れている。河村市長の公約である市民税の恒久的減税案[126]が議会に否定されたということで、市長派の市民が議会解散の署名集めを始めるという。もし、署名が規定数を超えて集まると、次は住民投票である。その間に、議会が市長不信任案を提出する話もある。

小泉元首相が参議院で郵政改革法案が通らず、衆議院を解散させた経緯をつい思い出す。民意を直接問う、という手法が市議会レベルでも増えるのではないかという気がする。

納税者が一人ひとり真剣に考えるという意味では、民主主義のレッスンにはいいかもしれないが、議会で議論を尽くしたものを、否定されたからといって解散に持ち込んでいたら、議会の意味がなくなる。

この名古屋の問題は、われわれにも刺激的な問いを投げかけている。あなたの民主主義は機能してますか、自分の頭で考え、行動し、決断していますか？　と。

◉海老蔵特需

梨園[127]の御曹司の披露宴ともなれば、地味婚にはできない。

真夏の結婚式はそうあるものではないから、普通なら袷を着ていくのだが、今回はしきたり通りということで絽の訪問着に、絽の留袖、それに合わせた帯、帯締め、帯揚げに草履と、ひと揃い京都に発注が集中する。その効果のほど数億円というところか。

いつもの呉服屋からご機嫌伺いの電話がかかってきて、声が弾んでいた。伝統工芸を活性化させたイベントとして海老蔵・麻央披露宴[128]は記憶されるかもしれない。

◉平日無料のすすめ

連休の高速道路は昨年に比べれば混雑度が緩和されたという。連休をバラバラに取ったのが理由のようだ。

経済効果はマイナスという報告が出ている。幹線道路から離れると、例年より客足が落ちたとも言われる。千円[129]で行けるところまで行って、サービスエリアで遊んで帰ってくれれば、経済効果マイナスというのはよく分かる。

ひとつ提案である。割引とか無料は平日に限ってはどうか。そうなれば、サラリーマンの休日も暦から離れて、もっと自由度の高いものになり、道路の混雑度はさらに低下するなど、一挙両得である。

◉派遣切り殺人はウソ

秋葉原の殺人事件の被告が、暴走の理由は幼少時に母親から虐待を受けたからだと法廷で述べた。派遣切りは関係ないと明言した。

そりゃそうだ、と思う。事件当時もそう思ったし、今回もそう思った。なんで派遣の身分だからといって、見も知らぬ人間を何人も殺さなきゃならないのか。ネットで批判されたからというのを直接の動機に上げているが、そりゃそうだろうと思う。ほかの百万人といる派遣で働く人に、マスコミは謝罪すべきである。要らぬ偏見を撒き散らしました、ごめんなさい、と。

如是我聞（2010・11）

なぜマスコミは書かないのか
まるで遠足の前日

◉劣化

花屋で花を買った。店の若い男の子が、見るからに小さな袋に無理矢理入れようとするので、それじゃ花が落ちるでしょ、と注意をした。ある店でお金を受け皿に置くあいだ、店員は不動の姿勢でじっと私の手元を見ていた。何か臨機応変に動けない機械を相手にしているような気分になってくる。こういう人間が確実に増えている。

◉奇跡の救出劇

死後に名声が高くなったビリー・ワイルダー[130]の『地獄の英雄』は、炭鉱の落盤事故報道をめぐるマスコミの横暴を描いたものだ。日本には内田吐夢[131]監督で『どたんば』というのがある。救出側の仲間割れなどを描いた秀作である。

チリの落盤救出劇[132]が急速に進展した。その快挙を世界中が放送した。大統領が〝自分が責任を取る〟と明言しなければ、こうは事態は進まなかった。前掲映画2作にもその種のリーダーが欠けていた。日本で今もしこの種のことが起きれば……目覚ましいリーダーシップなど想像すらできない。

◉国会中継好き

朝のつまらない民放を見るより、NHKで国会討論を見る方がどれだけ楽しいか。たとえば、自民の西村康稔氏が細川律夫厚生労働大臣に10月から支給される4カ月分の子ども手当の額を聞いたところ、返答に詰まった。党のマニフェストにうたい、全額支給だなんだと揉めた件を、担当大臣が知らない。笑うこちらの顔も強ばってくるやりとりだった。

子どもの頃、日曜の朝に決まって細川隆元[133]氏と小浜利得[134]氏の番組を見たり、NHKの日曜討論を見たことを思い出す。兼高かおるの世界旅行[135]も日曜だった。それにしても、昔の子どもってレベルが高かったとしみじみ思う。

◉カニとエビ

親しい友人が還暦の祝いのお茶事を開いてくださった。掛け軸に趣向があって、上下の細い裂地《きれじ》の部分にカニとエビの模様があしらってある。友人いわく、エビは長寿を、カニは60年かけて日本一周すると。還暦も干支が一巡して元に戻り、再生することを言う。その来歴を織り込んだもてなしの心が嬉しい。

◉一般常識

検察と国民と永田町で向いている方向が違っている。検察審査会が小沢氏を起訴相当と議決したことをめぐって、検察に戸惑いが、小沢氏には反発がある。[136]しかし、国民は小沢氏をクロにかぎりなく近いと疑っている。私の直感もそれに近い。司法の不備を民間の知恵で補うのが審査会の意義であるなら、起訴相当議決は当然のことである。

たかが形式犯を、しかも検察が起訴もできないものをいつまで引きずり回すのか、と週刊誌マスコミは騒ぐ。いつもと違う風景が展開されて、それはそれで意味がある。

◉国民の血税の責任は？

村木厚子氏は証明書偽造を指示していなかったとして無罪、冤罪が晴れた。検察の横暴も暴かれようとしている。しかし、である。障害者郵便割引制度[137]の悪用で20億円の損が出ている事実はどうするのか。厚労省のなかに常態的に不正を働く仕組みが残ったままではないか。なぜマスコミはそのことに触れようとしないのか。部下の犯罪を見逃した彼女に監督責任はないのか。

◉ファンサービス

五木ひろしショーへ行ってきた。彼が藤山寛美の演目を五木流に演じたのが新鮮だった。笑わせどころではきっちり笑わせる。観客は婦人連がほとんどで、そのお行儀のよさに感心した。歌舞伎座より上である。ＮＨＫで彼を扱った番組があり、そこで平尾昌晃氏が「君のショーは長すぎる。80曲は多すぎる」と苦言を呈していた。しかし、隣のご婦人が、年に1回のこのショーが生き甲斐、と言うのを聞いた私としては、ファンサービスの80曲なのだと思った次第。「横浜たそがれ」から40年、ずっと走り続けてきた人のショーである。

◉まるで遠足

夫のゴルフ熱は尋常ではない。毎日素振り１００回など、本人は苦でもないらしい。知識の幅も広がっている。中部銀次郎[138]の名を聞き、関連本を５冊購入した。

夫がゴルフの準備するのを見ると、まるで遠足である。ボールにティーに靴下と、全部バッグから出して、もう一度確認する。忘れたらゴルフ場で買えばすむものを……と言おうとするが、子ども心を傷つけるのが悪い気がして言葉をかけるタイミングを失ってしまう。

如是我聞（2011・1）

日本人のトレーニング場
プレ保育所

◉年収900万円

保育所の待機児童はおよそ80万人いるという。幼稚園と保育園を統合する幼保一元化がいわれるが、公立保育所の保育士の年収800万円で、人件費ベースでは900万円を超える。そのため統一を嫌がり、組合がその既得権益を守ろうとする（鈴木亘氏の説）。

これをどうするかだが、当面の問題は保育所が決まらず就職活動に弊害が出ることだ。就職のために子を預けたいが、就職していないと子を預けられない、という摩訶不思議な仕組みになっている。結婚するには結婚証明書を先に見せろ、と言っているようなもの。

そこで就職活動するあいだ預かるプレ保育所をつくってはどうか。ズルをする人間がそういるとも思えない。何しろ可愛い我が子を預けるのだから。

◉自分で考える

ここにきて裁判員制度で死刑判決が出るようになった。3人殺害ではなく二人殺害で死刑が言い渡された。重い課題を前に、一人ひとりの判断が問われる。日本人がいちばん苦手な、自分で考え、自分で決断することを求められるわけである。

この積み重ねがきっと深いところで日本人の有り様を変えていくのではないか——そんな気がする。

いまだに制度に反対論があるが、このトレーニング場は日本人にとって必要なものなのだ。

◉新聞おたく

いつごろからだろう、ちょっと本が売れると、同じ著者のものがトコロテンのように出てくるようになったのは？　斉藤孝氏、いやもっと前、鈴木健二氏の時かもしれない。

今、池上彰氏がウケに入っている。ふだん中東問題も環境問題も興味がなさそうに見える人が、彼のテレビや本にかじり付く。

ジャーナリストの日垣隆氏は池上氏のことを〝新聞おたく〟と呼んでいる。事件が起きたら、その現場に行け。被害者の冥福を祈ったり、加害者に会いに行け、と明快である。私は日垣氏の意見を支持する。

◉問題発言

たまたまみのもんた氏司会の「朝ズバ！」を見ていたら、首をかしげるようなことを言った。尖閣問題の衝突ビデオ[139]が外部に流出した件で、鈴木海上保安庁長官を名指しして、この調子だと将来総理にはなれないと断じた。えっ!?　である。長官は行政官である。総理になれるはずがない……眠気が一気に吹き飛んでしまった。

この番組のいい加減さは郷原信宏氏がつとにご指摘のことだが、間違っても謝罪をしないのだそうだ。みのさん、荷が勝ちすぎているのでは？

◉次の都知事は？

『文藝春秋』12月号で石原都知事が長文の日本憂国論を展開していた。ふだんこの人のものを読まないが、都知事選も近いことから、気になって読んでみた。核武装を政治の検討課題にしろ、というのは傾聴に値する。一度、陽の目を当てて論議してみてはどうか。ずっと政治の裏で燻っている状態は良くない。

もうひとつ横田基地の返還を言っているのも納得できる。東京を預かる知事なら当然言うべきことである。誰が立候補するか知らないが、知事としてこれだけの識見の人間がいるのかどうか。人材の欠如が今の日本の現状である。

●和倉の加賀屋

熱海の名旅館に泊まり、夕食の時間になった。別室に案内され、その大部屋の仕切りのなかで食事をした。もちろんほかの人の声が聞こえてくる。

どこの旅館でも合理化の名のもとに同じことが進められている。しかし、石川県和倉温泉の加賀屋は逆を行って成功しているという。団体ではなく個人客に的を絞り、部屋係が客と接する時間を増やすため、バックヤードを含めたすべての見直しをしているという。年間宿泊客が約22万人、客室稼働率70～80％である。私はこっちの行き方のほうが本物に思える。

●格好いいお2人

2010年度のノーベル化学賞を取られた根岸、鈴木の両氏は実に堂々として、色気があり、格好がいい。

ご夫婦で受賞式に出席された様子も、こちらの気が晴れ晴れするような感じだった。

お二人とも海外雄飛組[140]である。若者よ、小さく縮こまるな、というメッセージが聞こえてくる。

如是我聞（２０１１・３）

夜通しＤＬの映画を
革命は情報ツールを使って

◉フェイスブック

チュニジアで政変が起きて、中東の国々に飛び火した[141]。

やがて中国へ、と思ったら、そうなった。

報道によればフェイスブックが情報伝播のツールの主役だったようだ。世界で5億人のユーザーがいるのに、日本は１８０万人で少ないという。私はその多寡が妥当かどうか知りようもないが、ミクシィが一昨年9月で１７９２万人というのを知ると、やはり匿名でないと日本で流行らないのかと思う。

しかし匿名に隠れて言いたい放題を言うのは卑しい。民主主義は公論に基礎を置くと明治の人は喝破していたではないか。

◉就活の間違い

テレビを見ていたら、就活で60社落ちました、70社だめでした、というのをやっていた。

大卒の就職率が68・8％と低く、雇用のミスマッチが起きているという。私は首をかしげる。

大学の数が増え、大学生もこの10年で14万人増である。前は駅弁大学だったのが、今や地下鉄大学だそうだ。3分もしないで停車すれば、そこに新大学がある、というわけである。

職を求める人が増えたのに、就職口が少ない。人があふれるのは当然である。それでも67％も就職できている、と私などは思う。

厳しい状況なのは3、4社も回れば分かりそうなものだ。狙う先を地方の元気な少人数ベンチャーに変えるとか、戦略を練り直さないと永遠に落ち続ける。テレビで自分の不明を公開しているようでは、就職は難しい。

◉書店、レンタル店は？

アメリカで業界2位の書店チェーンが潰れたという[142]。1位も戦々恐々の状態だという。

映画もネットで見る人が増え、夜の8時から10時まで、インターネットを流れる情報の2割が映画だという。あるダウンロードサイトには1万アイテムが用意されているという。

日本でも昨年末にiTunesで映画のダウンロードサービスが始まった。映画好きの友人二人はさっそく『ゴッドファーザー』をレンタルし、徹夜で見通してしまったという。

本屋で、レンタルストアで、あれにしようか、これにしようか迷ったのが、やがて昔語りになる。本って見たことない！　という世代もやってくる!?　これって本当？

◉夫婦レストラン

今、スペース貸しの1日レストランが静かなブームらしい。自慢の料理を披露したい、という人のために料理道具から何からすべて揃えて貸してくれるのだそうだ。公的な施設でキッチンを貸してくれるところもある。

私の実感でいえば、夫婦二人でやっているようなお店においしいレストランが多いように思う。概して、そういうお店はおかみさんがこざっぱりした様子で、きれいである。

店の大きさからいって、本格的なプロではない。しかし、アマチュアの域は超えている。そこがきっと客として惹かれるところなのだろうと思う。

　貸しスペースで度胸をつけて、次は夫婦で小さな店を出す。そんな道筋ができたら、またいろいろな才能が料理界に流れ込む。

◉明快な意見

　新聞で久しぶりにスカッとする意見を読んだ。書き手は、フェラーリの車のデザインをやり、その後、独立した日本人[143]である。

　彼は、会社を食い物にするな、と書いていた。

　今までの日本は企業が社員に何でもあてがってきたが、これからは逆に会社に何を与えることができるか考えよ、という主張である。

　会社にすがり、それがだめなら国にすがる——そんな調子で日本が元気になるわけがない。外で活躍する日本人からこういう発言がもたらされるのは大賛成である。

◉なぜ!?

　珍しくインフルエンザにかかり会社を早退した。食事も喉に通らない状態だったのが、夕方には少し持ち直した。夫に「今日の食事はどうするの?」とメールしたところ、「大丈夫、外で食べて帰るから」という返事。結局、一人で食べて帰ってきた。

如是我聞（2011・5）

乱世の言葉

陰徳を積む

◉3・11ハイジャック

その日は所用があって銀座に向かうタクシーの中にいた。突然、右に揺れ、左に揺れる。運転手さんは血相を変え、長いことやっているがこんなことは初めてだ、停めさせてくれ、と言う。いや大丈夫、目的地まで着けてください、と私。スッチーで空を飛んでいたので、大きな揺れや雷の衝撃などにはいたって強い。用をすませ、お茶を飲み、さあタクシーをと探すが、まったく捕まらない。人の良さそうな若者が乗ったワゴン車を停めるまでが、1時間（友人に〝ハイジャック〟と言われた）。品川まで行くというから三田で降ろしてもらい、3時間。ちょうど空いたタクシーを見つけたので乗せてもらったら、「お客さん、乗っても動きませんよ」と変なことを言う。それでも近道などを教えて調子のいい時もあったが、渋滞でほどんど動かない。喉が渇き、お腹が空いたのでコンビニに寄ると、ポテトチップスとお茶ぐらいしか買う物がない。勤務中は食べられないというので、あとでどこかで休んで食べて、と渡す。家にようやく着いたのが午前の2時半。延々9時間ほぼ同じ姿勢でいたので、エコノミー症候群になるのが恐かった。携帯は通じず、電車も動かず、都の施設も開かず、動かないタクシーが最後の居場所というのは、いかにも都市での被災の姿だった。

◉ツナミと共に忘却の彼方?

地震で得した人々。

自分の年金の切り換えを忘れたサラリーマンのぼんやり主婦。結局、自分の財布から払わなくてもよくなりそう。

その年金の追納を課長通達ですませた細川大臣。[144] その責任感のなさこそ〝政治主導〟か。

前原外相に続き、外国人からの献金問題が指摘された菅首相。この人ほど地震で得した人はいない。

◉都市と地方

買い占めベストテン。

1位懐中電灯、2位電池、3位水のペットボトル、4位コメ、5位パン、6位カップ麺、7位卵、8位もやし、9位トイレットペーパー、10位ガソリン（あくまで私見）。この中でまだ理屈が合っているのは3位までで、あとはパニくっているとしか思えない。

一方で、被災地に燃料や食品が行き渡らない。

地方にいる礼節の人々と、都市の強欲卑劣な人との対比が、これほど鮮やかだったことはない。

◉静かにやれ

義援金を100億円出した経営者、2億円出したタレント、今年稼ぐ賞金を差し出すという若者ゴルファー。いずれも、私はこれだけやりましたという自己宣伝臭が強すぎはしないか。日本には「陰徳を積む」といういい言葉があったではないか。

よく日本のODAは金額と実績の割に評価が低いのはアピールするのが下手だからだ、と言われたが、本来、われわれはそういう国民性だったはずである。アフリカあたりでは、他国と比べて肌理の細かいODAをする日本への評価は高いそうである。

やはり見る人は見ているのである。義援金も支援もひっそり、やれることをやればいいのではないか。

◉今年の流行語大賞

想定外という言葉が踊っている。東電の対応を見るかぎり、彼らにだけはこの言葉は使わせたくない。

まだ大丈夫、人体に影響なし、と言ってるうちにレベル7のチェルノブイリ級である。それにまだまだ先が見えない。われわれの方が想定外である。

これからどんな顔をして新規原発の説明をするのだろう。大金や甘言でねじ伏せることもできなくなるだろう。そりゃそうである。一生、自分の土地に住めなくなるかもしれないのだもの。

◉復興説

ノーと言えないムードに乗って復興税が言われる。子ども手当てや戸別補償などムダなものをカットしたり、不要不急のものを回すべきで、簡単に増税を言ってほしくない。経済成長の足かせになる。

◉乱世の言葉

細川護熙元首相がいいことを言っている(朝日新聞4月13日)。賢者の風格である。

彼は「正念場内閣を作れ」と言う。自ら退場する気持ちでやらないと、大連立などできない、と。菅首相には自分の保身しか見えない。

「自分が可愛いうちは切腹はできませんよ」

乱世を処するに、これに勝る言葉はないのではないか。

如是我聞(2011・7)

怒号と謝罪
快感とはほど遠い

◉リアルが山積み

東北の人々が忍耐強いがゆえに言いたいことも言わずにいると思うのか、識者のなかに「何でも言いたいことを言ってください」「もっと甘えてください」と言う人がいるが、違和感が拭えない。まるで相手を子どもだとでも思っているのではないだろうか。あるいは、判断能力の落ちた老人か何か、だと。

避難所では男性の目があって洗濯物も干せない、着替えの場所もない、などごく当たり前の、リアルなことが山盛りのはずである。仮設住宅のこと、生命保険のこと、二重ローンのこと、自動車のこと……何かそういうものに蓋をするような善意の発言に、実は現地の人がいちばん苛ついているのではないだろうか。

●KY嫌い

自粛してはの声もあったが、恒例の我が社主催のゴルフコンペを催した。

ある大学の先生が、学生たちに「飲み会でもやろう」と声をかけたら、何を不謹慎な、と冷たい反応だったという。空気を読んで、判断を停止して、一斉に同じ方向になびく感じが、とてつもなくイヤである。元気なところは元気にやる、それが被災地の人の奮起につながると思うが、いかがだろう。

●こだまでしょうか?

ウソと言ったら、
ペテンと言う。
辞職と言ったら止めないと言う。
これってこだまでしょうか。[145]

●瑣事を愛せよ

新聞の1週間の視聴率ランキングを見ると、「サザエさん」がいつも上位にいる。気になって番組を見るのだが、震災のあとだけに余計にその淡々とした日常の描写が心に染みてくる。

芥川龍之介の『侏儒の言葉』に「人生を幸福にするためには、日常の瑣事を愛さねばならぬ」というのがある。まさにサザエさんの世界を支えているのは、その思想である。実は芥川の言葉は次のように続くのだが。「瑣事を愛するものは瑣事に苦しまねばならぬ」。これはサザエさんの関知しないことかもしれない。

◉言ってほしかった！

東電の社長たちが避難所で「土下座をしろ」と言われ、それに従った映像をニュースで見た。

何か苦いものが口の中に残る。またこの光景か、と思うからである。どうしても謝らざるをえない状況で相手に屈辱を舐めさせる、そのやり方がフェアでない気がするのである。

これは別に東電に肩入れしているのではない。被害者の立場に立ってみろ、というのも分かる。しかし、怒号と謝罪で建設的な方向に向かうのか、と思う。

「会社としての責任は明確に公表します。必要な賠償があれば応じます。それが私の責任の取り方です。安っぽい政治家のような土下座はしません」

……と言ってほしかったなあ。

◉昔の証文

博打といえば、酒と女がセットである。日活アクション映画の話ではない。被災地復興案として、またぞろカジノを持ち出す向きがあるのである。

かのラスベガスが凋落を防ぐために家族で楽しめるように方向転換し、好況を取り戻したというが、ニユースを見るとまた陰りが見え始めている。

しかし、実際に行って見れば分かるが、ラスベガスもマカオも夜の女がそこかしこに立って、客引きに余念がない。どだい博打に健全化など不似合いなのだ。

思い切って売春防止法から管理法に踏み込めるのか？　それに日本にはパチンコという立派なカジノがあるではないか。

如是我聞（2011・9）

●買い出し部隊

我が夫はこの4月に大学を早期退職し、神戸でスパコン「京《けい》」[146]を扱う仕事に就いた（最近、世界一になった）。週末に帰ってきては、カートに食料、飲料を押し込んで帰る、通い夫状態である。

宅配で送ろうにも、適当な時間にいないから受け取れない、と変な理屈を言う。宅配時間は指定できる、と言っても聞かない。

きっとカートでごろごろ引きずっていく買い出しの感覚が、快感なのかもしれない。そうとしか考えられないのである。

私は私で絵を見に行ったついでに日本橋三越のデパ地下へ。京都はれまのじゃこ、漬け物、野菜を買って、買い物袋を提げて地下鉄でご帰還である。夫と違って快感とはほど遠い買い出しである。

なでしこ讃

領土問題

●信念の持ち方

母校の大学の学生にあるテーマで話をしたあと、質疑応答があった。就職とも関連した話だったので、「リクルートルックは着るべきか」などという具体的な質問もあった。印象に残ったのは、「信念ってどうすれば持てますか」である。一瞬、言葉に詰まったが、「ウソをつかないと決めたら、それをずっと守るのよ」と答えた。「でも常識って変わりますよね」と別の学生が言う。「信義智禮って知ってる?」と言うと、みんなポカンとしている。素直ないい子たちだと思う。でも、オバサンは日本の将来がちょっと心配になりました。

◉素直におめでとう

なでしこジャパン優勝[147]おめでとう、と素直に喜んだ。普通な感じの子が、貧乏にもめげずけなげに頑張っている姿に感動する。

ところが、例によってと言うべきか、なでしこなどと男にこびる名前がいやらしいとか、記者会見で「結婚する気はありますか」と訊くのは女性差別ではないか、と言う識者がいる。なでしこはシャレだと思えばいいし、マスコミの程度の低さを笑えばいいだけの話である。なにもまなじりを決する話ではない。慶事に水を差すのは野暮である。

◉進化の停止

新幹線に乗っていつも思うのは、なぜトイレは男女同じで、手ふきのペーパーがなく、ウォシュレットではないのか、ということである。あそこだけずっと進化が止まったままのような気がする。近づいても蓋が開く必要はないけれど。

◉竹島の実効支配

自民党議員3名が韓国で入国を拒否された。[148] 竹島問題で事が大きくなるのを韓国政府が避けたからだという。テレビで映像を見ると、竹島にはヘリポートもあり、観光地となっている。中国、ソ連も既成事実を積み上げて、自国領土であることをアピールしている。では、そこに日本が乗り込んで、同じことをやったらどうなるのか。[149]

彼らは領土問題などない、という立場である。こういう国と対話路線などありえない。どこか歴史をきちんと検証して白黒つける司法的な場はないものか。

韓流ブーム？　国境問題の前では何だかそらぞらしい。

◉未だに闇

東電ＯＬの容疑者とは別のＤＮＡが見つかったというニュースが流れ、往時へと記憶が飛んだ。[150] 事件後、すぐに林真理子さんと円山町のその場所を見に行ったのだ。なんともみすぼらしいうち捨てられたような空きアパートである。

こんなところで……と絶句した。しかし、あとで野外でも商売をしていたのを知った。彼女が投げかけたものは、いまだに黒々とどこかにうずくまったままのような気がする。

◉旭節

ＮＨＫでマイト・ガイ小林旭が歌うわ、歌うわ、それは見事なショーであった。「旭の」と付いた歌が、次から次と披露され、あの天井から抜けていくような声に、もうくらくらである。

御年73歳、芸歴55年。太っているのも貫禄である。いいものを見たという充実感がある。スターが鬼籍に入るニュースばかりが続くが、小林旭は高齢社会の希望の星である。

◉歴史に待つ

とうとう居直り菅首相も退陣となり、民主党の代表戦[151]である。この号が出た時には、誰かが代表の座に着いていることになる。また短命で終わるのか、次の選挙の顔となることができるのか、誰がなっても剣が峰である。

フクシマもあれば、復興もある。世界経済の逼塞感もある。この日本がどこへ向かうべきなのか、われわれの見ている前で侃々諤々やってほしい。決まったら実行してほしい。引きこもらず、ポピュリズムに陥らず、やるべきことをやる。その評価を歴史に待つぐらいの覚悟が欲しい。

無理かなあ、人材不足では。

◉夜も安心

夜遅く帰宅してクーラーをつけようとしたら、突然、電源が落ちた。驚いてセコムの非常ボタンを必死に押すと、ものの10分もしないうちにお兄さんが現れた。

電源スイッチの在りかを訊かれたので、「クロゼットの中」と答えた。懐中電灯で探って、パッと灯りが点いた時は、ほろほろ泣きそうになった。長嶋さんの声が聞こえてきた。

「セコムがあって、よかったですね」

なんという年だろう

大臣の責任

如是我聞（２０１１・11）

◉これも補償？

今年はなんという年だろう、大震災に台風被害と続いている。こないだの台風で2時間の足止めを食い、やっと動いたので別の道に逃げ込んだら、そこは通行禁止。迂回に迂回して家に辿り着いた。

ふと思う。震災であれもこれも補償対象になっているが、台風はどうなのか。火山の噴火、山火事、雪崩、自然災害に変わりはないが……。

電車が動かず足止めを食った人も多い。まんが喫茶や居酒屋などに避難した人もいるだろう。彼らもまた補償対象か。

◉怠け者治療法

生活保護を受ける人が２０３万人もいる。昭和26年の水準だという。その年は、浅草で米兵暴行事件が起き、日米同盟が結ばれ、マッカーサーがＧＨＱ最高司令官を解任されている。まだまだ戦後が色濃い時代である。なんでそんな時代と一緒なの？

確かに有効求人倍率[152]は芳しくないが、働けるのに働かない人がいる。

だいぶ前に、作家の野坂昭如氏が収入ができて初めて納税し、これで一人前になったと喜んだ、と書いていた。

その気持ちこそ大事だと思う。怠け者をその気にさせる良薬はないものか。

◉経済は？

知人が明治記念公園の反原発集会に個人参加した。主催者発表で6万人強の人出である。しかし、原発即中止のシュプレヒコールに声を合わせることはできなかったという。経済を考えれば不可能だからである。

「脱原発」と声を大きくするのも大事かもしれないが、いたずらな要求は現実的ではない。まずは発送電の分離など、やれるところから始めたらどうか。

◉年寄りビジネス

墓石、墓地分譲、高級介護マンションの案内の電話がひんぱんにかかってくる。相手はこっちの歳を知ってかけてきている。

個人情報保護などないに等しい。

長寿サプリメントの勧誘もある。他のメーカーとどこが違うか、懇切丁寧に教えてくれる。ネットビジネスと違う味があるのだろう。話し相手欲しさの年寄りには願ってもないことだ。コロッと買ってしまいかねない。

◉法務大臣の責任

失言大臣が後を絶たないが、それよりも問題なのは、死刑反対の法務大臣である。

死刑が嫌なら、就任を断ればいいだけのことである。名利を求めたなら、その線で粛々と任務を進めたらいい。

死刑囚が121人。明日かもしれないし、3年後かもしれない、というのでは、辛いことだろうと思う。

◉権力者の末路

〝中東の春〟が思いがけない影響を世界に与えている。NYなどで格差反対のデモ[153]、パレスチナが国連に国家としての加盟を申請、どれも中東の熱い風に煽られたからである。

カダフィを見て思うのだが、なぜ革命家が専制を敷いて、蓄財の魔と化してしまうのか。権力を握れば、人のやることはすべて一緒か。

チェ・ゲバラがいまだに人々に愛されるのは、権力の元を去ったからであろう。民衆の鼻が利いている。

◉メディアよ、奮起せよ

小沢一郎氏が検察審査会の第1回公判に出廷後、記者会見に臨み、サービスで立って質疑応答をした。ある記者が「国会での説明責任があるのでは?」と尋ねたところ、君は三権分立の意味を知らないのか、と言われ、二の矢を放たずに終わった。

小沢氏お得意の論法である。なぜ事前に策を練っておかないのか。「政倫審を作ったのは、あなた自身ですよね」ぐらいは言ってほしい。あれだから政治家にバカにされるのである。

◉交渉事

韓国がアメリカとFTAを結んで、日本の経済界は青くなった。これでTPP不参加となったら、日本はどんどんシュリンクする。

参加をしておいて、後で抜けたらどうか、などという姑息な意見もある。最初から逃げ腰なのである。

すべては交渉事である。保護すべきものは堂々とそう主張し、取るものは取る。

融和総理にはちと難しい課題か。154

恋人のいない若者たち

同じ隘路に

如是我聞（２０１２・１）

◉老いの自覚

昨年ほど自分が歳かもしれないと実感したことはなかった。疲れが出やすくなったのである。ある40代の社長と朝から営業に回り、夜は宴会、翌日は一日中ゴルフ。これが効いて、しばらくしたら大風邪を引いて、声が出なくなった。

司馬遼太郎さんが、クルマから降りる時に手を出されて、老いを感じたと前に書いたが、私の場合は体力の減退で老いを悟ることになった。

◉営業力＝パワー

渥美清さんの評伝（大下英治『知られざる渥美清』）を読むと、こんなエピソードが紹介されている。浅草時代の話、渥美さんが舞台に出ると、ドカンドカンと受ける。芸人仲間もソデで見るぐらいの抜群の面白さだったという。それが、今日はどうもウケない。いつもと変わりがないはず、と本人は思う。仲間が、顔色が悪い、病院で診てもらったらどうか、と言うので診察に行くと、そのまま重症の肺結核で即入院。この生死の定めぬ経験が後年の渥美さんの核になる。

私は営業も一緒だと思う。同じセールスでも、パワーがあれば通じることも、減退すれば通じない。渥美さんは仕事を絞り、ムダな付き合いをしないことで、人生の後半を乗りきろうとした。その姿勢に学ぶことが多い。

◉別世界

ハワイへ行って歩いていると、歩幅の狭い私の方が腰高の外人を追い越していく。せっかくのリゾート地に来ても、東京の癖が抜けないのである。

携帯にメールが届く、電話が入る。どこにいても仕事モードが追いかけてくる。

ホテルの窓から見えるのは、あくまで青い海とビーチで日光浴をする人々。

携帯が背後で鳴っている。出ようか出まいか、強い日差しに目を細めながら考えている。

◉英語でごまかすな

宋文洲さんがブログで面白いことを書いていた。なぜＴＰＰだＦＴＡだと横文字ばかり使うのか、と。環太平洋戦略的経済連携が長いなら環戦経、自由貿易地域なら自貿域とかなんとか、漢字にも省略の妙があるはず（省略語はby奥谷）。

コンプライアンスも「嘘つきは泥棒の始まり」でいいではないか、と宋さん（これも略して嘘ドロ）。訳の分からない横文字を使っているから、オリンパスや大王製紙のような問題が起きる[155]、という指摘には深く頷いたものである。

先人たちが、economy を経済と訳し、liberty を自由と訳した苦労と工夫を日本人は忘れ、同時に自立の精神も忘れたか。

◉音声自動券売機

私は駅に行くと、切符の買い方が分からず、必ず駅員に訊くことになる。後ろの人を待たせて、路線図とにらめっこするのが悪いからである。

これは私のたっての希望なのだが、券売機に音声で行き先を告げると、自動的に路線を表示する仕組みを作ってほしい。値段と時間を見て、好みのものをタッチすれば切符が出てくる——こんな機械が欲しい。

高齢社会になって、切符の買い方が分からず、家に引きこもる人が増えたら経済的にも損失である。どなたか真剣に考慮してもらえないものか。

◉方向違い

ＪＡＬのエグゼクティブクラスに乗って残念な経験をした。リクライニングがまともに動かないのである。それに加えて、機内食のおいしくないこと。

同社は喜ばしくも黒字を達成しそうだという。いろいろとサービスの質を落とした結果だと思われる。向いている方向が逆ではないのかと思う。もっとお客を歓待する新サービスを考案し、それで黒字を達成するのが筋ではないか。今のままではかつてと同じ隘路に入り込む、と思うのは私ばかりではないだろう。

◉絶句

高校生の男子43・6％、女子58・4％が将来なりたい職業がないと答えている。それに18～34歳の男性61％、女性50％が交際相手がいず、そのうち男性28％、女性23％が交際を望んでいない、という調査もある。

身近な若者男子に交際相手を訊いたら、いない、と言う。風俗は？　と訊くと、家で男友達と飲んだ方がいい、との返事。

私は天を仰いだまま絶句。

どの地震予知を信じるか
自立と自律

如是我聞（２０１２・３）

◉騒ぎすぎ

マグニチュード7以上の地震が首都圏を襲う確率は、

東大→4年以内に70％
京大→5年以内に28％
政府→30年以内に70％

さあ、どれが当たるでしょうか。不謹慎だが、そう言いたくなるバラつき方である。

吉村昭[156]氏の『関東大震災』を読むと、当時、地震予知の在り方で厳しい論争があったことが知れる。かたや民心に要らぬ不安を与えるべきではないと抑制的な姿勢をとり、かたや差し迫る危険は公表すべきと主張する。前者は学界の主導的立場の人間で、後者はその弟子筋にあたる。歴史は後者に軍配を上げるが、さて、今回はどうか。

しかし、4年以内に70％の時の備えと、5年以内に28％の時の備えって、どこをどうすれば違ってくるのだろう。それも含めて教えてほしい。

◉最低生活保障金

１９５５年以降に生まれた人が受け取る年金は、払った分を下回ると発表があった。何を今さらと思う。

年金事業の管理費が年に750億円だという。年金事業を賄うための人件費や事務費を併せた額ということだろうが、膨大なものである。

そもそも年金は右肩上がりの経済と人口増をもとに設計されたもので、大本の前提が崩れている。今までの払い込み分はすべて本人に返却し、公的年金をなくす。そして年収50万円以下の人に最低生活保障金7万円を支給する。財源は税で、生活保護は抜本的に見直す。社会保障の一体改革など、すでに崩壊した家に修繕を施すようなものではないか。

◉壮年党を

石原都知事は国政へ返り咲き、首相を目指すお積もりらしい。私は今、必要なのは老人党ではなく、壮年党だと思う。30〜40代で生きのいい人間がまとまって出てこないものか。

地盤、看板、カバンがないと出てこれないというのが問題である。

イギリスのように政治家として一人前になるまでは、地元から選挙に出てはいけない、というルールを作るべきではないか。そうすれば、スタートは機会均等になり、若手も出やすくなるし、政策を鍛えることにもつながるだろう。ここをひとつ変えるだけで、大分政治の風景が違ってくる。

◉政治改革私案

民主党の政治改革案では、衆院議員の定数削減は、小選挙区で5減、比例区で80減を提案している。これでいくと、1票の格差は合憲内の1・789倍になるらしい。

私は、中選挙区に戻してはどうかと思っている。小選挙区にしたら政権交替が起きやすいというのも嘘だし、政党間の戦いになるからより政策論議が深まるというのも嘘だった。民意の多様化を思えば、中選挙区の方がより相応しい制度ではないかと思う。

民主主義が選挙で成り立っているとすれば、1票に格差があるというのは許せない。合憲だから合格というのも安易である。限りなく平等な1票に近づける必死の努力が欲しい。

●サギ商法

馴染みの呉服屋が店を閉めるので格安で買ってほしい、と何度か電話を寄越した。結局、半値ぐらいで本綴れの帯を購入した。しばらく忙しく封も切らずにいたが、少し落ち着いて桐箱の中を覗いてみた。どうもおかしい。京都の昵懇の店で真贋を訊くと、和製ではないとの返事。

先方は、返金はできない、と言い張る。しまいに「どこ製であろうと着物に合えばいいではないか」と言う。

埒が開かないと思い、法的に訴えると言うと、すぐに代金が振り込まれてきた。今年、私は「万事良し」の占いなのだが、最初から躓いた。いや、あれは年末の買い物だから大丈夫、と妙な安心をした。

●倫理の欠如

私的な感慨かもしれないが、最近、自立の字を見るより自律を見かけることの方が多い気がする。後者には自分を律するという倫理的なニュアンスがある。それを欠いているために、かえってその文字が登場する機会が増えているのかもしれない。

たとえば、大王製紙やオリンパスに自律はあったろうか。検事調書を捏造する検察[157]にそれはあったろうか。週刊誌は人身攻撃をし、あとで過っていたとお詫び記事を書くが、その小ささに自律はあったろうか。

権利だけを主張する若者には？

「命がけ」の軽さよ
回復の可能性

如是我聞（2012・5）

◉命がけと言うな

野田首相は消費税法案に「命をかける」と言う。その「命」とは何の意味なのか分からない。法案が通ったあかつきには解散で民意を問う、と言っている。それが「命がけ」なのか？　では、通らなかったらどうするのか？　議員を辞める？

出処進退を明確にしないで、言葉だけで「命をかける」と言われても鼻白むばかりである。賭け事は先に賭け金を見せなければゲームにならない。

幕末の志士は脱藩したり、退路を断って事に当たった。それに比べて野田首相の「命がけ」の軽さよ。

◉Too late!

北朝鮮のミサイル[158]は見事ゴミとなって散った。1発で同国の1年の輸出額の半分に当たる高い花火である。

みんなホッとしたが、一番ホッとしたのは、誰あろう田中防衛大臣ではなかろうか。

それにしても、安全宣言の広報が遅い。韓国の2時間遅れである。危機意識の違いと言ってしまえば、それまでだが、どこかでその遅れを回復できる可能性はあるのか？

◉道州制、その前に

府と市が一緒になったり、県と県が一緒になったりすると、どうして政治が良くなるのか分からない。ムダを省きたければ、お互いで協議をすればいいだけの話である。こっちは公民館つくる予定だけど、そっちはどう? でいいのではないだろうか。

それにモノが大きくなれば、政治家の見識や政治力もより大きなものが求められるはずだ。今の地方議員にそんなことを期待できるのだろうか?

◉変節の人

サンデル教授が竹中平蔵氏、猪瀬直樹氏、それに世界の学生を相手に白熱授業を行った。教授は竹中氏に、「移民を受け入れると格差が生まれるが、どう思うか」と尋ねた。あろうことか、竹中氏は「格差はよくない。不公平は日本に合わない」との返事。教授も驚き、「日本で新自由主義者の一番の学者がそんなことを言うのは不思議だ」

学生の一人が真っ当なことを言った。市場主義は契約が基本、それを交わして不利益を被っても仕方がない、と。

竹中先生、一体どうなさったのでしょう? かつて倒産もありうると大手銀行を震え上がらせた御仁が、競争に付きものの格差を否定するなんて。

◉着物とテロ

ワシントンのナショナルギャラリーの若沖展[159]に行ってきた。絢爛豪華という言葉が口を突いて出る。宮中の門外不出の作品が展示され、異能の画家の全貌に触れることができた。

しかし、その前にあった不愉快なことに触れないわけにいかない。ニューヨークからワシントン行きの飛行機に乗るのに足止めを食い、別室に連れて行かれ、着物を脱がされたのである。白人の警備員は大目に見ようと言うが、ヒスパニックと黒人の警備員が言うことを聞かない。疑いの目を向ければ、確かに着物は何重にも着込むので、武器秘匿の可能性がないとは言えない。しかし、X線写真に金属探知機もOKだし、私の目的も言ってある。

雇用対策の色が濃厚である。オバマの再選のために、何でこんな目に遭わないといけないのか?

◉NYの新商売

ニューヨークは確かに景気がいい。珍しく空港のタクシー乗り場に長蛇の列ができ、なかなか順番が来ない。

5番街に自転車タクシー(bicycle taxie:ベトナムのリキシャみたいなもの)が登場したが、誰も乗ろうとしない。「タクシーと同じ値段か」と聞くと「そうだ」との返事。ところが目的地で4倍の値段をふっかけられた。もちろん交渉に強く臨んだが、敵も一歩も引かない。交渉時間もチャージされると言われ、さすがの私も矛を収めた。

今度行った時は、きっとあの商売は消えてなくなっているだろう。

◉妙に緊張

私はある工学系大学の理事をやっている関係で、新入学生2300名の入学式に来賓として出席した。別に挨拶するわけでもないのに、妙な緊張感を覚えた。全員注視の中を演壇に向かうせいもあるが、学生の模範であらねばならない、といった意識がどこかで働いているようなのである。

新入生代表挨拶は女性、在校生代表挨拶も女性。彼女たちの方が堂々としていた。時代は確実に女性の時代へと移りつつある。

如是我聞（２０１２・７）

瓦礫処理

安いには理由がある

●高速バス事故

かつて牛肉偽装[160]が発覚して当該社長が、「安い肉には理由がある」と名言を残したが、高速バス事故を見て、奇しくもその言葉を思い出した。

金沢から東京ディズニーランドへ３５００円で人を運ぶ。電車の4分の1の格安料金だ。

試しに知人（50代後半）が東京から仙台へ格安高速バスを利用した。夜中に発って朝6時過ぎに着く便で3千円ぐらい。これが新幹線だと1時間半で1万円ぐらい。しかし、実体験した知人曰く、「体は疲れるし、朝は早いし、次からは電車だね」。まして命の危険まであるとすれば……と思うのだが、国は行政指導だけで対処しようとしている。バス会社からの補償は期待できないだろう……。これこそ究極の自己責任か。

●会計責任

無罪と思ったら控訴されて、豪腕・小沢氏の落胆・怒り・恨み、いかばかりかと思う。日々、国家・国民のことを憂えて、足許の億単位の金の動きさえ関知しないというのに……。

今度の控訴で、司法にも勇気がある、と感じた向きもいる。もちろん、やり過ぎだとの意見もある。

どっちにしろ、政治資金規正法の穴はきちんと繕わないといけないだろう。法改正して、会計の責任はすべて議員にある、とすべきである。

◉先が心配

日本航空が再上場するという。これで税金が無駄遣いにならずにすんだわけだ。新社長のコメントは、次のようなものだった。

「社員に喜びを与える会社にしたい」

たいへん結構なことだが、その前に0円になった旧株主と5千数百億円をパーにされた金融機関にお詫びのひと言があってしかるべきではないだろうか。1万数千人の大リストラもやり、すべて身軽になってスタートしたのだから、業績が上向くのも当然である。

もともと儲かる仕組みだったのを、あそこまで悪くした会社である。新社長の言葉に、大丈夫かな？と心配になった。

◉政治の出番

瓦礫処理の問題で復興が思うように進まないという。他県が受け入れないからである。

それでは、福島原発10キロ圏内の土地を買い上げ、そこを瓦礫処分場にしてはどうか。元住民には「もうここには住めません」と正直に言うしかない。

それを言うのが政治家の役目である。

原子力規制委員会から首相権限を薄めることになったが、いざという時に学者や役人が責任をとれるわけがない。

これは防衛大臣も同じである。もしオスプレイ配備となれば、民間大臣では荷が重すぎるのではないか。

一方で、尖閣諸島を買ってしまえという威勢のいい政治家もいる。寄付金の集まりも思いの外いいという。しかし、である。

一度、行動に出れば、相手も引くわけにはいかなくなる。ここは政治的な深慮遠謀、駆け引き、才覚が要る場面ではないか。

◉偽りの2つ星

京都でミシュラン[161]の2つ星の料理屋へ連れて行ってもらったところ、出てくるものすべておいしくない。

週刊誌によれば、調査員の数が少ないし、そもそもサラリーが安いので、いい人材が集まらない、という事情があるらしい。

問題は、その評価に引きずられて、まずいものも旨いと思ってしまうことである。

ただひとつ言えるのは、一品がまずければほかもまずい、ということである。

◉着物と季節

桜が散るとハナミズキの季節が来て、次がショウブ、アジサイ、テッセン。着物は袷から単衣に替わり、朝顔が咲く頃には絽の着物が似合うようになる。ススキ、キキョウと秋がやってくると、元にサイクルが戻って単衣を着ることになる。

たとえば、今年は忙しくてショウブ柄の着物を着る機会がなかった。60歳で買って、70歳まで生きても、それぞれの花の着物はせいぜい3、4回着るだけだろう。

着物と季節は切り離しがたい関係にあるが、これから着られる回数を数えると余計にその関連が密接に思われる。

私はサクラの柄の着物をここ数年着ていない。本当に桜の期間は短い。来年こそは着ようと思うのだ。

如是我聞（２０１２・９）

集団的ヒステリー体質なんで女性を？

◉オスプレイ[162]博物館を！

オスプレイはだいぶ前から日本配備が決まっていたらしい。事前協議の対象でもないので、文句のつけようがない。

米軍は事故は操縦ミスと言うが、大きな事故がいくつか起きている。操縦士にかなりのプレッシャーの機種ではないか。

日米安保の関係でどうしても買わざるをえないというなら、実戦配備せずに、オスプレイ博物館でも作って、保存したらどうか。

◉守りのシニア

日本の経済の動向をシニア世代が握っている。個人金融資産１５００兆円のうち65歳以上が６割を占めている。

彼らは老後にかなりの不安を抱えている。買い物を控え、車を売り、免許を返上し、ゴルフ会員権も手放し、趣味は散歩と読書。１００円ショップも繁盛し、上顧客だという。

こういう高齢者が増えると、経済は不活発になる。彼らが財布の紐を緩める妙案はないものか。

◉詐欺タクシー

翌日、品川から新幹線に乗る予定だったので、あるタクシー会社に当日の迎えを頼んだところ、チャージ代８００円だという。

やってきた運転手は、私の行き先を知らないという。近くにいたので呼び出しがかかっただけだという。品川に行くのに四苦八苦で、結局、新幹線に乗り遅れた。

こういうのを明らかに詐欺という。もちろん、乗車代（チャージ代込み）は払わなかった。

◉若者党

いずれ公的年金は崩壊するのだから、すべて個人年金に移行させたらどうか、それにはまず60歳以上の高額納税者が払い込んだお金を戻してはどうか、とあるお役人に尋ねたところ、その貯えがない、との返事。呆れてものが言えないとはこのことである。

国民は騙されて払い損になる。若い世代ほどそれが顕著だ。老人党ならぬ若者党を旗揚げし、年金を大テーマに政策論争を仕掛けてはどうか。

◉沸騰アセアン

夏休みにシンガポールへ。ビルの屋上に船が載っかったホテルに宿泊。船がプールになっている。従業員に出身を聞くと吉林省だ、インドだ、マレーシアだという。ひるがえって日本の雇用の鎖国を思う。

港を見ると船でいっぱい、空港も飛行機がいっぱい。30分も車を走らせればマレーシア、２時間でインドネシア。この国は、そしてアセアンは熱く沸騰している。

◉現実的な選択

主催者側発表20万人、警視庁発表1万数千人、一体この差は何なのか。

日本ってこんなにいい加減な国だったかしら？

反原発の運動がうねりとなっている、というが参加者に聞くと、相変わらず組合、団体中心で、個人は隅に追いやられるという。いわゆる〝大衆動員〟である。

週刊誌の調査では、再稼働賛成42％、反対58％となっている（週刊文春8月9日号）。毎日新聞の7月28・29日の調査は、賛成49％、反対45％である。日本中が反原発に燃えているということはない。

活断層の上にあるものは廃炉という選択になるだろうが、あとは寿命が来たら新型に切り換えるなどで、自然エネルギーとの共存を図ることになるのではないか。

それが現実的な選択というものではないだろうか。私は拙速を恐れる。

◉社会勉強

夫が高校時代の友人と神戸でゴルフをやり、夜は大阪は北新地のマダムやホステスさんと一緒に食事だったそうだ。

彼、いわく。

「なんで女性を呼ぶ必要があるのか」

男性社会ではゴルフのあとに女性を呼んで遊ぶことがある。

「社会勉強をさせてもらって、いいじゃない」と言っても、釈然としない表情だった。

如是我聞（２０１２・11）

官製デモ
ラストがおかしい？

◉やるなら徹底的に

夫が暴漢に襲われた時に、その指図をした人間に電話をかけ、「やるならケチなまねをしないで殺したらどうなの」と言えるかどうか。

三木武夫元首相の婦人三木睦子さんが亡くなられた。享年95歳だった。

佐藤栄作元首相の国民葬で夫が暴漢に殴られた。睦子さんは、首謀者と目される愛国党総裁赤尾敏に電話し、先のように言ったという。その気迫に押され、赤尾は「この次はそうします」と答えたという。

自民党の大物政治家が密会するのに、三木邸がよく使われたという。睦子夫人の人柄のなせる技である。女傑という言葉を思い出す。またひとつ世の中が寂しくなった。

◉新しい時代の詐欺

チラシが入っていた廃棄物処理業者に、冷蔵庫やちょっとした電化製品で見積もりを出させると20何万円だという。べらぼうなので別の業者を呼ぶと1万5千円に下がった。

その業者が、悪質な詐欺が流行っていると教えてくれた。荷物を運び出してから見積もりを出す手口で、なんと270万円！　というケースもあるという。今さら元に戻してくれとも言い出しにくく、渋々払ってしまう人もいるらしい。高齢者を狙っているらしい。

家に不用の物が溜まり、身ぎれいに死にたいと思うところに悪徳業者が入り込む隙がある。見積もりはお先に、が鉄則である。

●どうなっているの？ 163

今回の反日デモに違和感を持つ中国人も多い、という。デパートに乱入し、略奪する人間を見て呆れている。

しかも、官製という説が有力である。規模も小さく、参加者は１００都市で数万人。香港で7月1日に起きた反政府デモには40万人が参加している。

日本旅行は身の危険があるからキャンセルと聞くと、そんなバカな……と思う。向こうでは、日本の一部過激な人間の行動が繰り返し放送され、それが普通のことだと思われているらしい（こっちでデパート乱入ばかりやるのと同じである）。

上も下も、情報のすれ違いが今回の騒動の主因ではないか。

●助成金カット

これは一体本気なのか、ジョークなのか。橋下徹大阪市長は文楽を見て、「曽根崎心中」のラストがおかしいとおっしゃったそうである。その脚本は昭和30年代に作られたとも述べたそうである。きっと近松は墓場の陰で泣いているだろう。

ついには人形遣いが顔を出すのは変だ、とも宣わった。どうやらジョークではないらしい。

この人が国政政党の党首にならんとしている。歌舞伎の白塗りも大見得も気にくわん、と言い出しかねない。

何も助成金カットでそこまで言わなくても……。

●奇跡の一夜

「ミリオンダラー・カルテット」[164]というミュージカルが評判である。東京公演が見られなかったので大阪のオリックス劇場で見たが、身震いするほどの出来である。

１９５６年12月4日、サンレコードの一室でエルヴィス・プレスリー、カール・パーキンス、ジェリー・リー・ルイス、ジョニー・キャッシュの4人の伝説のロッカーのセッションが始まる。元の音源を復元する4人のそっくりさん。いつしかその夜のまさに渦中にいるような気持ちになっていく。ゴージャスである。

●快挙

つい最近、iPS細胞[165]から卵子をつくり、精子と合体させてマウスを誕生させたという記事を読んでびっくりしたばかりなのに、iPS細胞の産みの親である京大の山中伸弥教授が今年のノーベル賞医学生理学賞に決まったというニュースが流れ、さらに驚いた。50歳の受賞とは、実に若い。

受賞には実力と運のほかに、長寿も必要といわれていただけに、本当に快挙である。それだけ世の中のニーズの高い研究ということなのだろう。

教授は「日の丸のおかげ」と言うが、欧米の研究者とは桁違いに少ない研究費に、職員の就職探しまでしなくてはならないのは〝お寒い状況〟と言うしかない。

北極、南極
暴走大臣に一理あり?

如是我聞（２０１３・１）

◉多すぎる国公立大学

前文科相[166]が、私立3大学の新設見送りを表明し、すぐに撤回した。しかし、擁護派もいて、少子化で生徒数が減るのに、展望のない大学が多すぎる、という。

しかし、そもそもなぜ私学の経営判断に文科省が口をはさむのか分からない。大学としての基準を満たしていれば、それ以上、とやかく言う必要はないはずだ。

それよりも広島県に5つ、静岡県に4つも国公立大学がある。こっちの方が問題だと思うが、いかがだろうか。

◉職人大学を

ある大学の中国人留学生がゼロになったという。当該政府の引き締めらしい。ある大学は留学生数ナンバーワンだそうだ。ベトナムやタイやミャンマーから学生を受け入れている。こういう特色のある学校が、これから生き残る。

私は職人大学はできないか、と考える。フィンランドにはその種のものがあるらしい。パティシエでも指物師でも、一流の、食いっぱぐれのない人材を育てるのだ。

◉ブレまくり

維新の橋下氏は、今回の選挙結果[167]に臍《ほぞ》を噛んだことと思う。ほぼローカル政党のような有り様である。

その最大の元凶は、石原軍団を迎えて髪を七三に分けたことである。確かプロ野球で、巨人に移籍してヒゲを剃った選手[168]がいたが、アイデンティティをそう易々と捨てる人物は、信用が置けない。それが一般の人の嗅覚である。

強い者に弱いでは、中央で政治なんてできない。

●大胆な構想を

14党もの政党、1504人もの候補者――それなのに政治に向けるこちらの気分は冷めたままだった。どうせ公約ですから、いや公約でもありませんから、と言われれば、勝手にやってよね、という気になる。卒原発[169]、脱原発に「ながら原発」――コストと便益とリスクを秤にかけて、原発と自然エネはどっちが賢い選択なのか。どの政党もまともなことをいわない。

話題のシェールガスについて触れる政党がひとつもないのは、どうしてか。安いし、CO_2の排出も少ないという。日本の将来がかかった話である。大胆な構想の政党を求む。

●華のある人

昨年もいろいろな人が点鬼簿に記載されることとなった。山田五十鈴、森光子、大滝秀治、小沢昭一、樋口廣太郎、丸谷才一、そして中村勘三郎。華のある役者で、踊りも達者。新しい歌舞伎座ができようというのに、ぽっかりと黒い穴が空いたままだ。

斯界の外から多くの才能を呼び込んだ功績が大きい。私は新作より埋もれた名作を掘り起こして、血を通わせたほうがよかったのではないか、などと思ったりする。冥福を祈るばかりである。

●朝にズバッと

朝のみのもんた氏の番組で、第三極の話題に、「言ってみれば北極、南極みたいなものだ」とみのさん。政治部の若手記者が言い放つ、「みのさん、そんなバカなこと、言わないほうがいいですよ」

一瞬ひるんだ様子がありありで、その後も心なしか元気がなかった。正論を言う勇気がすがすがしい。

その日、私は、朝から気分が爽快だった。

◉いじめっ子

いじめは日本だけの現象ではなくて、アメリカにもフランスにもある。フランスではサルコジ前大統領が重要政策課題に挙げていたという。昔はなかったという人がいるが、経験した人もいる。

評論家の中には、もう犯罪として警察がかかわるレベルに達しているのではないか、という人がいる。執拗に自殺にまで追い込むのであれば、確かに殺人と同じだろう。

もっと大きく見れば、日本に安全、安心、安定が無くなったと言える。天災に年金破綻にグローバル化が、いじめっこである。

如是我聞（2013・3）

名人と凡人
聖職者などいない

◉名人と凡人の違い

大間のマグロの初セリで1億円[170]が出たというのでちょっとした騒ぎになったが、BSでその漁師の様子を描いたドキュメントをやっていた。

名人と凡人が出てくるのだが、その差は歴然。かたや豪邸に住み、かたやガタピシの侘び住まいである。船も違えば、装備も違う。レーダーも感度のいい最新鋭を装置する方が、やはり強い。

しかし、最後は度胸と根性と勘がものをいう世界らしい。赤銅色の顔をした漁師たちが、荒波を蹴立てて漁へ繰り出していく。漁師の一人が言っていた。「お金の多寡ではない。挑戦することが夢だ」と。築地の喧燥が遠い出来事のようだ。

◉男尊女卑

北朝鮮のニュースといえば、声を張って、いかつくまくし立てる中年オバサンを思いつくが、今回の核実験[171]では中年男性が声を張り上げて〝快挙〟を報じていた。

戦争や安全保障関係は男性と決まっているのかもしれない。儒教国の習慣か。

アメリカでは北朝鮮と取引する金融機関を市場から締め出す案などが考えられているようだが、日本は北へお金を運ぶ人間をどう阻止するかが一番の課題だ。

◉幼い日本人

体罰をめぐるニュースで感じるのは、〝幼さ〟ということである。教える側も、教えられる側も、個人として自立していない。

埼玉県の職員である川内有輝さんは自主トレ、自己管理で、先の別府大分毎日マラソンで優勝した。彼のような選手をどう育てるか。それを考えれば、自ずと体罰をめぐる答えが出てくるのではないか。

◉死語

教職員が退職金が減るのを避けようと、生徒の卒業式を待たずに退職した。[172]それを世間は責めたわけだが、早期に辞める辞めないで150万円の差は大きい。

天下りを繰り返したある学長がテレビで、「聖職者はそんなことは、すべきではない」と発言した。その言葉をそっくり本人に返したい。聖職、公僕など死語である。

◉なにそれ？

ある大臣[173]が帽子とコートで決めているように見えたが、どこかチグハグである。いいもの着ていても無理がある。

背の低い日本人に帽子は似合わないのである。ファッションの国際化は遠いなあと思わざるをえなかった。

◉再就職先

証券・金融商品あっせん相談センター[174]（特定非営利活動法人）に斡旋を依頼した。

机の前に二人の男、一人はヤメ裁（辞め裁判長）で、もう一人は事務員。私の相談事にすぐに「和解」を勧めてきた。

私は納得がいかないので、裁判に持ち込むつもりだと言うと、事務員が見事なセリフを吐いたのである。

「この方をどなたと心得る」

私がはぁと引き下がるとでも思ったのだろう。「ただの弁護士さんでしょ」と言うと、真っ赤な顔で両者が睨みつけてきた。

消費者保護など名ばかりである。この組織は司法業界の再就職先になっている。

◉これも国際化

乱射事件が起きても、アメリカでは銃規制が進まない。テロ集団を急襲して人質が死んでも、国家の意思だからどうしようもない。

日本人にとって〝人命尊重〟が錦の御旗だが、世界に出ると決してそうではないことが分かる。

その感覚に気付くこと――それも国際化ではないか。

◉アナログのツイッター

この如是我聞を「まるでツイッターのよう」と評した人がいる。そういえば、そうかもしれない。なるべくホットなものにしようと、ギリギリまで新ネタを探している。アナログのツイッターというのも、風変わりでいいかもしれない。

如是我聞（2013・5）

社会性トレーニング

レンコンのせい？

◉3本目の矢は飛ぶか

安倍政権は日銀法を変えるぞと日銀を脅し、民間企業に「給料を上げろ」「消費税還元セールをするな」と口出しをする。これは一体どういう神経なのだろう。

アベノミクスの3本目の矢は「成長戦略」らしいが、これと目を付けた産業に「成長しろ」とねじ込むつもりだろうか。

アメリカのシェールガス・オイル発掘は、まるで現代版ゴールド・ラッシュのよう。一攫千金の男たちが集まり、金脈当てに鎬を削る。土地持ちにも成功報酬が入るらしい。

インセンティブが付けば、産業は起きるのである。

◉新産業の芽

何をもって成長の芽とするか、私なりに考えてみた。

たとえば、長野県は長寿1位で、医療費も格段にかからない優秀県だそうだ。その予防医学の仕組みを全国津々浦々に広げるだけで相当な医療費の節約になるはずだ。医療産業の裾野は広い。知恵の絞りどころだ。

また、農業は大規模集約化、6次産業化[175]、ライフスタイル農業（貸し農園など）の3つで10兆円という説がある。

何もジョブスの登場を待つまでもない。自分の知恵で既存のものを改良するだけで新産業が起きる。

◉ズレまくり

元環境大臣の女性議員[176]が自動車会社ルノーの社外取締役になるそうだ。報酬は貰わないし、会議もテレビ電話でやるから問題はないと言う。

しかし、社外取締役は一私企業の株主の代表である。

何か基本的にズレている。国会議員とは何ぞやともう一度確認してほしい。

◉大人の劇場

歌舞伎座のお披露目に行ってきた。檜の舞台が真新しく、広々として見えた。席もゆったりし、ロビーも余裕がある。日本にもようやく伝統文化のための本格的な劇場ができたかという感慨がある。あとは看板役者がどう育つか、脇に厚みをもたせるかだが、きっと危機を乗り越えるだろうと思う。

私の学生の頃、大阪の新歌舞伎座は閑古鳥が鳴いていたものだ。それを思えば、力が湧いてくる。

◉花粉症対策

スギ花粉の猛威に私もとうとう国民病の仲間入りである。目薬を差していないと、目の端が切れて痛くなってくる。鼻水、くしゃみも止まらない。

レンコンが効くという人がいる。長く地中にあったものは身体にいいんだそうだ。

京料理のお店で、レンコンに卵を詰めて、さらっと揚げたものをいただいたが、得も言われぬ味わい。そのときばかりは目も鼻も快調だった。レンコンのせい？　あるいは、食欲のせい？

◉リハビリテーション

こないだ新橋から横浜に行くのに、京浜東北線は次の浜松町でないと乗れないと知った（前は新橋でもＯＫ）。井の頭線の下北沢の駅が地下に移動した。

なるべく外に出て、社会性トレーニングをしておかないと、取り残されてしまう危険性がある。

チラシが家に入っていたので思いついたのが、団体旅行である。何しろ京都ブライトンホテル２泊３日で交通費込み１９、８００円の季節外れのスペシャル値段である。

みんなと一緒の行動ができない質《たち》だからこそ、一度は経験してみるべき……と思ったのである（いずれその顛末は、ここでご報告したい）。

これも自分のリハビリだと思えばいいのである。

◉駅弁太り

今、東京駅は全国の駅弁が集まって、大変なことになっている。ある人は「深川めし[177]」を、別の人は「東京海苔弁当」を第一に挙げる。

夫は多い時は週に3度は東西を往復する。朝に駅弁を食べ、夜にそれを食べると、週に計6個。私は〝駅弁太り〟と言っている。

そう言うと、「ゴルフに行かなきゃ」と神妙になる。

明るい未来

参議院は生活保障?

如是我聞（2013・7）

◉タラレバ

猪瀬都知事がイスタンブール批判[178]したことを咎められ、「誤解を与えたとしたら申し訳ない」と言った。橋下大阪市長が旧日本軍の慰安婦必要発言[179]を咎められ、「誤解で傷ついた方がいらっしゃるなら大変申し訳ない」と言った。

タラレバの話だから、別に謝罪しているわけではない。これは使える表現である。「もし不快な気持ちにさせたとすれば、申し訳ない」で、すべてをすますことができる。（笑）

◉2つの質問

ちょっと前にニューヨークへ行ってきた。五番街は中国人の団体が騒がしい。道路も混んでいて、スムーズにタクシーが流れない。

人気のレストランは夜の8時、9時に次々と客がやってくる。好景気の実感がある。

ニューヨーカーから2つの苦言が呈された。「サーベランスを叩き過ぎだ。あれでは外部からの投資が入ってこない」がひとつ、もうひとつは「なんで女性に産め、産めと言うのか。移民を考えた方が得策ではないか」……鎖国の後遺症が今でも続いている。

◉また掛け声倒れ?

これは日本の経営者から指摘されたことだ。「女性管理職をと言われるが、戦力になるか疑問だ」。アベノミクスの成長戦略を念頭に置いたものである。現時点ではノーと言うしかない。能力に疑問符が付く。女が働けば男の雇用を奪うことになる。出産、子育てと仕事は両立するのか。

アメリカではウーマン・リブの影響で離婚が増え、その女性たちが職場に進出したという。

根本的な変革がないかぎり、女性登用はまた掛け声だけに終わってしまうのではないだろうか。たとえば、ライフスタイルに合わせて労働時間を伸縮させたり、職場と教育機関との往来がしやすい、などの変革である。

◉現実が正解

フィリピンから日本に看護師を入れようとしているが、試験が難しい、就職しても定着しない、などの問題が指摘されている。

ところが、新聞によると、中国人の方が合格率が高く、就職するケースも多いのだそうだ。同じ漢字圏ということもあるし、現地に試験対策用の塾もあるのだそうだ。

経済でも何でも頭で考えたようにはいかず、現実の方が正解を見出していることがよくある。これもそのケースである。

◉英語は後か、先か？

小学校から英語が必修[180]になるそうだが、私の周りは賛成派が多い。日本語の基礎をつくってから英語に進むべきだ、という反対派もいるが少数派である。

知り合いのフランス人はスペイン語、ドイツ語、英語をこなし、中国語、日本語もペラペラである。「どれも覚え方は一緒だ」と謎のようなことを言う。

先の少数派は、日本語でディベートができなければ英語でもできない、と主張する。言われてみればそういう気もするが、今度、その語学の達人に当否を訊いてみることにしよう。

◉プロモーター必要論

銀座に焼き物を見に行って、気に入ったので購入。作陶家は40代、千葉の山奥に電気のない暮らしで、ヤギ、ブタ、ヒツジを飼っているという。いくら才能があっても、それをプロモートする人間がいない。若い起業家に会う機会を積極的に持とうとしているのは、才能ある彼らに飛躍の機会を与えられたら、と思うからである。

日本には希望以外は何でもある、などと言うが、プロモーター、インキュベーター、メディエーターがいない。

◉生活保障？

参議院議員の任期は6年と長い。生活保障として魅力的、と言って出馬した人がいる。

私は目の前が真っ暗になった。「それは違うでしょ」と言ってはみたものの、明るい未来に目がいった相手にはまったく通じなかった。

如是我聞（2013・9）

石は磨いても石

国民の血税

◉夫と妻の風景

牛丼の吉野家で並盛り280円をほぼ5分で完食する夫、かたや高級ホテルの3500円ランチを友だちと談笑しながら、時間をかけて悠々と召し上がる奥様たち。どう考えても、これっておかしい。日本の男たちはまるで優しい羊のよう。私はホテルランチの光景を見るにつけ、深く溜め息をつく。この国にフェミニズムが根付かなかったのもよく分かる。

◉ある政治家の意見

政界を引退した古賀誠氏は父親の顔も覚えていないという。2歳の時にレイテ島で亡くなっているからである。彼は日本遺族会[181]の会長も務めたが、A級戦犯に罪はないが、無辜の民を何百万人も死なせた責任があるだろうという。天皇も参拝できるように靖国神社から分祀すべきだと主張する。

私は彼の意見は至極真っ当なものだと思う。敗戦記念の番組が数多あるなか、いちばん心に残った言葉である。

◉血税意識

ノーベル物理学賞の小柴昌俊先生は実験に多額の国民の血税を使っていることを、いつも意識していたという。それがために競争相手の半分の予算で16倍の感度のカミオカンデ[182]が誕生した。

震災復興予算の名で沖縄の国道を整備した役人は、ぜひ小柴先生の話を真剣に聞いて、性根を入れ替えてほしい。同じく血税を海外ブランドの制服などに使い、5億円の損失を出した被災者雇用事業のNPOの連中とそれを見逃した役人も、小柴先生に叱り飛ばしてもらいたい。

◉グローバル化

中国沿岸部の人件費高騰や反日暴動などを受けて、日本企業がインドネシアに逃げ出している。教育レベルも高く、政治的に安定しているという。

一方、中国企業も国内の高い人件費を嫌って北海道・旭川に進出しているという。まさか？　と思うが本当の話である。これから日本の地方の道路サイドには中国名の看板がずらり並ぶことになるのではないか。

より安い労働力、経済環境を求めて世界を駆けめぐる。それを称してグローバル化という。

◉景気のいい話

先日、シンガポールからマレーシアへ足を伸ばした。ビジネス絡みの視察である。シンガポールは人口500万で、さらに190万増やす予定だという。

マレーシアのジョホールはスマートシティの開発中。資本は外資が主で、マンション、病院、学校などに2兆円規模の投資である。

景気のいい話ばかり聞いて日本に戻ると、こっちもデフレ脱却が騒がれていた。しかし、円安効果のある部分しか景気は良くない。鼻先のニンジンで終わらなければいいが。

◉読書の感想

フェイスブックCOOシェリル・サンドバーグのベストセラー啓蒙書『Lean in』を読んだ。あまりこの種の本を読まないのだが、少しは女性の考え方が進歩しているかと思ったが、30年経っても組織の中で生きるのは変わりばえしない。

著者は確かに華やかな経歴だが、女性にはまだガラスの天井がある、と言う。アメリカでもまだその程度なのか……女性の社会進出は遅々として進まない。

●理系女子

ＩＴ関連の人と話をしていると、単純なプログラムを書けるレベルでいいから人が欲しい、と言う。ここで理系女子の出番である。せっかくのニーズがあるのだから、遠慮は要らない。どんどんしかるべきポジションに就くべきだ。

国も理系女子育成に本腰を入れるべきだ。10年あれば、高校生を3回、理系大学に送り込むことができる。チャンスを逃すべきではない。

●人材論

どこかにいい人材はいないかな、と嘆くと、ある方が「石は磨いても石」と名言を吐いた。では磨けば光る玉はいずこにやある？「それもまた覚束ない」とまた名言。

如是我聞（２０１３・11）

食べて、寝て、話す　アナログ生活

●生存可能性

東京オリンピックが7年後、リニアが名古屋に着くのが14年後、大阪が30年後、その頃はまだ生きているだろうか、などと60歳になるまで考えたこともなかった。それが妙に実感があるから困るのである。老いは気付かぬうちにひたひたと身を浸している。

●幼児化

こんなに台風が続けざまに、やってくるのも珍しい。現場でレポーターが吹き飛ばされそうになっているのは、日本の風物詩である。

しかしテレビで、企業に社員向けの台風対策を聞いているのには唖然とした。子どもじゃないんだから、そんなの放っておけ、である。

幼児化も、極まれり、である。

◉学力と実力

テレビのクイズ番組で有名大卒タレントチームと銘打って、東大、京大出身の俳優などが記憶力の優劣を競っている。せっかく学力の世界を捨て実力の世界に入ったのに、なんと浅はかなことか。

三國連太郎は中学中退、三船敏郎、小津安二郎（高校受験2回失敗）は中卒、溝口健二は小卒である。

学歴が生き残りの芸とは情けない。

◉おもてなし後

次の東京オリンピックのメイン会場は国立競技場を解体し8万人収容に変えるという。この人口減で高齢社会の日本に、高度成長の幻を再興してどうなるのだろう（専門家からデザイン変更の案も出ている）[183]。晴海埠頭に作られる選手村は1万8千人収容で、オリンピック終了後は国際交流プラザにするそうである。それも、特養老人ホームに充てた方が、どれだけ役立つことか。

〝おもてなし〟が騒がれるが、もてなした後のことも考えなければ、ただの無駄使いである。

◉4姉妹

長寿で話題になった金さん、銀さんの娘4人は、長女が100歳、次が96歳、さらに93歳に91歳。それぞれ別々に住んでいて、長女以外の3人は毎朝、ラジオ体操に出かける。お寺参りでは97段の階段も上り下りする。

長女の家に集まって、縁側でぺちゃぺちゃしゃべくるのが楽しみだという。食べて、寝て、話す——実にシンプルなお婆ちゃんたちである。そして魅力的である。

俗っぽさを削ぎ落としていったらこうなった、というたたずまいの4姉妹である。

●予約を入れる

サービス業に関して2題。

ある人気日本料理屋さんに予約を入れようとしたところ2時間で切り上げてくれと言われた。夕方から深夜零時までやっている店だから、客を3回転させていることになる。

そんなに急かされて食べる気になれないので、予約を諦めた。

知人がネットである有名旅館の予約をしたら満室だったという。「電話でなら取れるわよ」とアドバイスすると、その通りだったと喜んでいた。

ネットは万能ではない。

基本的にアナログで生活していると、いろいろなものが見える。

●往時のアメリカ

映画に関して2題。

最近またヘップバーン・ブームがあるらしい。彼女主演の「麗しのサブリナ[184]」でハンフリー・ボガートが自動車電話をかけるシーンがある。これは1954年の作品である。

私は後年になって観たわけだが、なんて進んでいるのかと驚いたことを覚えている。

マリリン・モンロー主演「七年目の浮気」[185]で、モンローが「暑いわ」と言うと、サッと冷房が入れられるシーンがある。それが中流サラリーマン家庭なのである。これは1955年につくられている。

アメリカという国がいかに先進的で豊かだったかということである。そのアメリカが今債務問題で右往左往しているというのだから、隔世の感がある。

如是我聞（2014・1）

アナカン
ディベート4勝52敗

◉食するとは?

硬い牛肉に脂肪を注入するのも、枝肉を集めて成形するのも、業界ではごく当たり前のことらしい。芝エビについては、中華の世界で30年働いて、一度もその姿を見たことがない、という料理人がいる。

ところで、料理を味わうのは、何のためだろう。嵐のような報道のなかで、あるレストランに出かけ、ふとそんなことを考えた。

そこは旬の、新鮮な野菜がとてもおいしい。それを口にしただけで、とても幸せな気持ちが広がる。作り手も、受け手も、まったくそのことを忘れてはいないか。

◉ピント外れ

ある結婚式でのこと。官僚がスピーチに立った。あろうことか、とくとくと行政政策を話し続けた。めでたい式はめでたい話で盛り上げるのが筋である。

センスがないというよりは、自分の世界がすべてだと勘違いしているのである。

井の中の蛙、という言葉が浮かんできた。

◉リスクテイクのドラマ

昨年のテレビドラマは「倍返し」に「じぇじぇ[186]」である。前者は女性の登場人物がほとんどいないビジネス物で、演出家は売れないと思って作っていたらしい。後者も、脚本家は民放で低視聴率続きだったらしく、その起用には疑問符の付くような人選だったらしい。それが蓋を開けてみたら、大人気となった。マーケティングでやれるのはせいぜい小ヒットか中ヒット。社会現象になるには、人の予想を超えなくてはならない。

日本人はリスクテイクをしないという。いや半沢があるぞ、あまちゃんがあるぞ、と言いたい。

◉アナカン

回転寿司で目の前で握ってほしい、と頼む子どもがいると聞いて、アナカンのことを思い出した。Uncompanied の略で、飛行機で一人で旅する子どものことである。「一人で寂しくない？」とある子に聞くと、「こないだも一人でロンドンに行ったモン」との返事。

食えない子って、いつでもいるものである。

◉温泉に浸かる

たまたま時間が空いたので、急ぎ箱根に一泊旅行に出かけた。夕方5時半に着いて6時には夕食を始めた。やることもないので『鬼龍院花子の生涯[187]』を9時から11時半まで見続けた。翌朝は10時に宿を出て、家で着替えをして2時の新幹線で京都に向かい、仕事をひとつこなした。そういえば、旅館で2回お風呂に入ったな、と遠い記憶をまさぐるように思い出すばかり。

◉気合い

今年の英語ディベート世界大会で1勝7敗だった宇都宮高校。実は日本代表は7回出場して4勝52敗と、圧倒的に負けが込んでいる。英語以前の「議論で負かす」という気概が弱い。

思い出すのは10年前のNYでの出来事。地下鉄の切符を買うと、お釣りが違っている。厳しく注意すると、渋々出し直した。係がチョロまかすのである。

NYのあるホテルでのこと。14時のチェックインのはずが2時間待て、と言う。話がおかしいと談じ込むと、同じ値段でクラスが上の部屋に換えてくれ、シャンパンとフルーツまで運んできた。あとで来た夫にも、大サービスがあった。そんなに私が恐かったのか。

こういう人間が育たないとディベートで勝ち星を上げるのは難しい。

◉コンビニエンス

よくコンビニで見かけるのは、公共料金の振り込みなどをしている人たちだ。

私は、銀行の自動振り込みの方が手間が省けていいと思うのだが、果たしてああいう人たちは、なぜにああいう面倒なことをしているのか。

給料が自動振り込みに切り替わった頃、袋で貰うと実感が違う、と言う男性諸氏がいたとか。

支払うにもひと手間かけた方が、その気がするのだろうか。

翻訳文化

大学から猥雑さが消えた

如是我聞（２０１４・３）

◉料理の勘

年の暮れに知人４人を呼んで夕方６時から夜の２時まで、えんえん料理を作り続けた。後で腰が痛くなった。

それでしみじみ感じたのは、料理はいつもやっていないと、勘が鈍るということ。段取りが悪いし、味が一度で決まらない。

定年後に料理を始める男性たちがいるようだが、よほど大変だろうと思う。料理が身につくのに時間がかかるからである。それまでの辛抱が続くかどうか。

ついコンビニへ、となりそうな気がする。

◉ファミリー車両

新幹線の指定で後ろに泣きじゃくる子どもが来たら、地獄である。車内で仕事でもしようとすると最悪。昔はあまりその種の声が聞こえなかったのは、親のあやしの技術が上等だったからか。

ひとつ提案である。朝の通勤電車に女性車両のあるごとく、子どもの多い季節にはファミリー車両を用意してもらいたい。これで親も安心して子を泣かすことができる。

◉見慣れぬ風景

今、大学に行くと構内が妙にすっきりしている。立て看（板）のない大学はこざっぱりとして見える。

なぜあの情念たっぷりな、独特な簡略文字は消え去ったのか？　聞くところによると、言いたいことはネットに載せるのが手っ取り早いからだそうだ。

街から流行歌が消えたごとく、大学から猥雑さが消えていく。

◉並ぶ心理

テレビでよく行列のできる繁盛店といったミニ特集をやっている。こないだは市場の中にある牛すじカレーを目当てに20人は並んでいる店を扱っていた。

ある人から、行列に並ぶ人の心理が変わったという説を聞いた。

以前は、並んでいる自分を人に見せる意識が強かったが、今は並んだ幸せ感を味わう内向型に変わったという。

これが当たっているかどうか分からないが、そう言えばみんな手元のスマホを見つめている。そこには他者の目などないのは確か。

◉ポケットマネーで

ある著名作家が自分の妻の美術館を作ろうとしている。[188] スペースは自前で区に提供するが、運営は自らが関与する組織が区から受託するという。

いろいろな美術館が管理コストが嵩んで、閉鎖を余儀なくされている。愛する妻のためにここは全部ポケットマネーですませてはどうか。

◉定型を抜け出せない

ＩＴ企業に面談に行くと、ガラス張りのミーティングルームに通され、決まってペットボトルが出される。あまりの定型に嫌みのひとつも言いたくなる。

「ベンチャーだからって、ノー文化でいいの?!」

◉リケジョの未来

もう今年一番のニュースは決まったようなものだ。

早稲田出身、弱冠30歳の、お婆ちゃんの割烹着を着た、デートの最中でも実験のことを考える、理化学研究所の女子が、画期的な万能細胞を見つけた[189]！

今までのリケジョのイメージは、ビン底メガネにひっつめ髪の、色気なしだったのが、なんと可愛らしく魅力的なことか。

私には女子が大挙して理系に進む未来が見える！

◉消えゆく字幕

今や映画の字幕を追えない層が広がっているという。だから、吹き替え版が多くなっている。

劇場では一度に最大20字、1行は10字ほどに限られているそうだ。自然と意訳が多くなる。

『カサブランカ』[190]の「君の瞳に乾杯！」は名訳の声が高い。原文はHere's looking at you, kid!「君を見つめることに乾杯！」あたりが直訳だが、翻訳文化は日本の大事な文化。

道徳授業より国語力アップ授業を充実させてはどうか。

35歳定年説

如是我聞（2014・5）

カラオケ指南

◉バランスが悪い

前号で、手放しで小保方晴子さんを褒めたことを謝らないといけない。それにしても、である。世界を騒がす大発明が、コピペでこけるなんて。

原発再稼働、憲法改正とビッグイシューがあるなかで、３００名の記者が彼女の弁明を聞きに行ったというのも異常である。

どこかバランスが崩れている。政権にすれば、しめしめとほくそ笑んでいることだろう。

◉突っ立ち頭

政治家のお金の感覚はわれわれとはまったく違うことは分かっているが、貸す方も8億返ってくることなど期待していなかったという。[191] 言ってみれば、どっちもどっちである。

今さら言うなと言われそうだが、そう機会もないので言うが、私は渡辺喜美氏の、あの髪の毛びんびん立ち頭にどうも違和感があった。今や62歳の男である。髪の毛で自己主張する歳でもないだろうに。

土下座で謝ったというが、突っ立ち頭が泣きはしなかったか。

◉筋論

ある事件[192]をきっかけに夜間保育がまったく足りないという関連ニュースがたくさん流された。

その記事の意義は認めるが、子どもを見ず知らずの男に、それも遠く離れたところに預けてしまう母親の非には触れようとしない。

そこを責めても生産性がないということなのか。バカ親が引き起こした事件であることは確かである。言うべきことは先に言って、それから政策論に入るのが筋ではないか。

◉セカンドステージを

政府が外国人労働者を受け入れる方向で検討を始めるらしい。特に人手不足が言われるのが建築現場、介護現場である。家事・育児補助なども考えられているようだ。遅きに失した感がある。

ひとつ心配なのは、公共工事で減らした人員を補充するだけの発想では、あとが恐いということである。いずれ公共工事は下火になるはず。

その後の彼らのセカンドステージを、期間限定の政策としても、用意しなくてはならない。

◉35歳定年説

面白い説を聞いた。老人ケアホーム職員35歳定年説である。ご年配の、特に女性は、身の世話をしてくれるのは若い男性がいいらしい。世間相場より若干高めにするが、その歳で止めてもらう。若者とすれば貯金ができて、まだ別の仕事にチャレンジできる歳である。なり手も次々出てくるだろう。

人材マーケットは双方がプラスになればいいことで、正社員、終身雇用だけが正義ではない。

なるほど、傾聴に値する説である。

◉独自採用のすすめ

人気企業一社に応募者数万人――となれば線引きをしているのではないか、と考えるのが普通である。申し込みと同時に「満席」となる日大と、まだ空きのある上智大の例が新聞に出ていたが、これは昔から行われていたことである。

今はネットだから、無機質に選別できるが、もうこういう欺瞞は止めて、東大しか採りません、野球部出身者だけ採ります、などと企業側が欲しい人材を明確にすれば学生も変な幻想を抱かなくてすむ。

◉通販機器に再生の機会を

足裏マッサージ器、ステッパー、美顔マッサージ器、ヘッドマサージ器、さてこれらの共通点は？　私が通販で買って、2、3度使って放ってあるものだ。そういう人が日本全国にたくさんいるはずだ。

この使わなくなった物をサイトに集めて、またセールスする中古通販機器マーケットでも作ってみたらどうだろう。何しろ、リサイクルになる。

◉カラオケ指南

私は夫に「酒よ」「そして、神戸」「津軽海峡冬景色」をレクチャーしている。YouTubeでメロディーを流すのである。今カラオケ屋は一人カラオケを呼び物にしている。カラオケ大会の秘密練習用らしい。我が家はなんと安上がりなカラオケ道場だこと。

如是我聞（2014・7）

長嘆息する なりすまし派

◉プロに厳しく

サッカーの下馬評はいつもながら当てにならない。[193]期待値が目を曇らせるのか、業界に馴れ合いの気があって酷なことは言えないのか。

本田圭佑がイタリア移籍後、現地マスコミの痛烈な批判に驚いた旨の発言をしているが、たとえばオペラ。パブァロッティがミラノ・スカラ座でのドン・カルロス初演。息継ぎに失敗して1音間違っただけでブーイングの嵐だという。それほどプロに対して厳しい。

やり過ぎの感もあるが、それが本当のプロを育てているとも言えるのである。ただみんなで浮かれているだけのフィーバーには、私は肌合いが合わない。

◉加齢の言葉

フレイルという単語があるそうで、引くとfrailで「壊れやすい、もろい」というのが字義だが、健康と病気の間を言う言葉らしい。いわば加齢で、筋力が落ちた、体重が減った、歩くのが遅くなった、耳が遠くなった……そういうのを総称するらしい。

かつて『老人力』[194]という本がベストセラーになったことがあったが、これだけ老いがリアルになると、プラス方向で考えるのが難しい。だから、frailなどという単語が顔を出してくるのである。

◉プロさえ騙す人たち

小保方、佐村河内、片山（遠隔操作ウイルス）[195]、これらの共通点はなにか？

答え「なりすまし」。小保方さんは天才科学者、佐村河内は大作曲家、片山は冤罪被告のなりすましである。これだけ続くと、いずれ大繁殖して、なりすまし派といわれる一団が形成されるかもしれない。しかし簡単なようで意外と入会は難しい。プロさえ騙す、それなりの専門性は必要だからである。

◉こっちも殺る

ある雑誌で、安倍首相は日本人が殺されることばかり言うが、こっちも殺すことになると正直に言え、と主張している。これは真っ当すぎるほどの意見である。

絵図を使って、日本人が巻き込まれるケースだけを強調するのは、ほとんど詐欺の手口である。人の命がかかっているのだから、もっと冷静な論議をお願いしたい。

◉アナログ販売

今さらながら、とも思うが、ものを売るには五感刺激が効くそうである。パン屋は作りたての匂いを流し、花屋は季節の香りを歩道へと流す。われわれはパブロフの犬[196]よろしく、ぴんと反応する。サブリミナルなぞなにするものぞ、である。

実演販売なども見直されているらしい。ものを売るプロたちのあの鮮やかな口上と手際は、見とれて時間の経つのを忘れてしまう。

アナログ・カンバック、けっこうなことである。

◉ミニスカと自我

これはある人の意見なのだが、女が一人前になれないのは制服のせいだと言うのである。

高校に入ってミニスカになると、当然、異性の視線を意識しだす。すると、自我の確立など後回しになる。

では、ミニスカを履かなかったら、将来、どんな女に育つのかは聞き忘れた。

◉midnight in N.Y.

夜中にアメリカのマクドナルドに入って、店員が少年だったのにはびっくりした。あれは一体どういうことで可能になっているのか。課外授業の一環? 労基法が緩い? 貧困家庭の子を救う活動? いろいろな疑問が頭をよぎる。

どなたかこのへんの事情に詳しい方がいたら、内実を教えてほしい。

しかし、年端もいかない子が苦界に売られたことなど、それほど昔のことではない。子どもという存在は徐々に発見されたものだというのは、よく分かる話である。

●雑巾がけ

茶室の雑巾がけをした。汗が滴り落ち、息が上がり、膝ががくがくする。1週間に1回はこれをやることになる。

家事って本当に重労働だったんだ、と長嘆息をする。

如是我聞（2014・9）

最高裁がおかしい

生活密着型家電

●危険ドラッグ対策

脱法ドラッグが危険ドラッグに名が変わり、怪しい製品だとなれば、営業の一時停止措置がとられるようになった。

前は違法審査にひと月以上かかりネックになっていた。売った業者に結果責任を問うアイデアも出ている。政府、自治体、なかなか今回はスピードが速い。

●法治、未だし

中国の食品は比較的安全な方なのだと言う専門家がいるが、そんなばかな、と思う。

床に落ちた肉をラインに戻したり、腐った肉を使ったり、まるで無法状態の映像[197]を見れば、にわかには信じがたい。

しかし、日本だって清廉潔白な顔ができるわけでもない。

相手は、ようやく政権中枢の腐敗に手を付け始めた国である。末端に法治が届くには、まだまだ時間がかかる。

それくらいの気持ちでいた方が、イライラしないですむ。

◉2つの判決

最高裁の2つの判決が腑に落ちない。ひとつは沖縄返還にまつわる密約[198]、もうひとつは朝鮮総連ビル売却[199]の執行停止である。

密約があったことは分かっている。ただ、機密文書はすでに破棄して存在しないから不開示という行政側の主張を是とした。実際にはあるのだが、それをないとごまかすのは簡単なことである。そうはさせないように抑止力を働かせるのが、司法の役目ではないか。

一方、総連ビル問題は、拉致問題と絡んで、極めて政治的な判断となった。これって司法のやることかしら？

◉選択肢あり

テレビを見ていたら、格安航空機会社[200]には、安全性を徹底させないといけない、とあるコメンテーターが主張していた。その通りにしたら、格安を売り物にしていた経営が成り立たないだろう。

もし心配なら、選択肢があるのだから、正規値段の航空会社にすべきなのである。この人、一体何を論じているのだろう？ 今や安全はお金で買う時代である。

◉連夜のイベント

大阪天神まつり[201]に行き（金曜）、取って返して明治座の五木ひろしのコンサートに出かけ（土曜）、翌日は高橋真理子を聴きに行った（日曜）。

天神まつりは普通は船に乗って遊ぶのだが、外は暑いからホテルで花火を眺めた。五木ひろしは毎回、趣向が違っていて、堪能させられる。高橋真理子はしゃべくりばかりで、歌も単調で、期待はずれだった。

プロで何十年、第一線にいても、芸の力はこれだけ違うのか、と思う。

◉学童保育

女性が働きに出れば、保育園、そして学童保育が必要になってくる。特に子どもにとって、小学校に上がってからの行き場がない。

昔であれば、兄弟姉妹に事欠かないし、隣近所も我が家みたいなものだった。

そこに行けば、必ず仲間がいる、お兄ちゃんお姉ちゃんもいる。そういった溜まり場ができないものか。

◉目もとエステ

パナソニックの目もとエステというのが重宝している。目に当てると、マッサージになり、体の疲れまで取れる。季節によっては加湿器も欠かせない。同社には睡眠家電[202]というカテゴリーがあるようだ。

こういう生活密着型の、こまごましたものを買っているだけで、結構な値段になる。

値崩れ激しいテレビなどに比べれば、寿命も長いのではないか。

◉観光立国

またバリ島に行ってきた。これで7回目である。実にのんびりした島で、心身共にリラックスして帰ってくる。マッサージに、買い物に食事、どこでもサービスする人がみな、笑顔がすばらしい。

もしかしたら、この笑顔を見に来ているのかもしれない、と思ったりする。若手労働力不足の日本、観光立国はどこから手をつける?

壊せるか、130万円の壁
セクハラ区長・校長

如是我聞(2014・11)

◉カジノ? ご冗談を

カジノ誘致で経済効果と聞くと、安易だなと思う。アイデアのない政治家に限って、そういうことを言い出す。

元兵庫県知事坂本勝は、テラ銭で県政はやりたくないと、その種のものを締めだした。立派な見識である。

賭け事に酒と女が付いてこそ歓楽の都である。どう規制したって、三位一体となるのは目に見えている。それでもやります、安心してください、と胸を張れる政治家はいるだろうか。

◉モテることが大事?

大阪市は民間人の公募区長・校長でセクハラなどで辞めていくケースが続いた。校長に関しては来年度は採用基準を厳しくするようだが、なぜセクハラなのかと思う。

女にモテることが男の価値だと思うなら、他にいくらでも手はあるはず。

困ったことに、女にも同じ価値観の者が多いから、相身互いで、事態は一向に解決しないというわけである。

◉どうも苦手

「アンと花子」[203] の脚本家中園ミホさんが美輪明宏氏との対談で、戦前の重苦しい空気を書く時に、昨今のことが思い出されて、とても書きづらかったとおっしゃっていた。

モンゴメリーの「アン」シリーズは女子の登竜門みたいなものだが、どうも私は苦手である。小学生の頃から新聞を読むのが好きだったのだから、分かっていただけるかと思う。

でも、中園さんの気持ちはよく分かる。

◉ありきたりな政策

政府の目玉政策の地方創生（これってどういう意味？）や女性活用は、誰でも思いつくもので、だから、インパクトに欠ける。

たとえば、送電線を増やして再生エネルギーを送れば、完全に原発依存から抜け出せる。

労働力不足で女性を狩り出そうというなら、１３０万円の壁[204]をなくすことだ。それこそ政治家の力量が厳しく問われる。

◉地政学の復活

イスラム国へ学生を誘ったイスラム法専門学者は、「私戦予備・陰謀」という容疑で家宅捜索を受けたという。

今、世界の安全保障はかつての地政学の世界に戻ったという意見があるそうだ。イスラム国はまさにそれで、英仏が引いた理不尽な国境線を越えようというわけである。

場合によって、そんなホットな所に自衛隊が出かけることもある——安倍さんの積極的平和主義ってゾッとする。

●まず文科省から

スーパーグローバル大学37校が発表された。トップ型13校、牽引型24校。失礼ながら、意外な顔ぶれがある。長岡技術大に豊橋技術大、京都工芸繊維大に会津大などだ。

文科省はまだ大学を増やすつもりらしいが、質が問われる時代に何をばかなことを、と思う。

まず文科省からグローバル化することを提案したい。

●機能別雇用

最近、ワークシェアリングという言葉を聞かなくなった。われわれには時短にして仕事を分けるという発想がないようだ。

しかし、介護士を例にとってみよう。日本では何から何まで一人でやるが、海外では機能別に仕事が分かれている。身のまわりの世話をする人もいれば、健康に気を配る人がいるといった具合だ。

北野武監督がハリウッドで灰皿を片付けようとしたら、専門の係がいるから余計なことをするな、と言われたという。こういう機能別ワークシェアリングであれば、われわれも受け入れやすいのではないか。

なにしろ雇用の幅が広がるのは間違いない。

●お茶の先生

月に3回、10人ほどにお茶を教えている。京都で買い求めた器や掛け軸などが、今になって生きてきている。何事も積み上げなのだと感じている。

それにしても足腰が丈夫でないと、お茶の師匠は務まらない。毎回、稽古終了後マッサージが必要になる。

格差と差別
新幹線を世界遺産に

如是我聞（２０１５・１）

◉１００年の知恵

百年河清を待つ、という言葉がある。濁った川も１００年経てば、澄んでこようというのである。香港も１００年ですよ、と同地出身の知人が言った。尖閣だってそのつもりでいますよ、とも。日本人は短気で、先が読めないと、しゃにむに突っ込んでしまう癖がある。それでは中国に敵わないと言いたいらしい。

でも、１００年待って出てくる知恵ってどんな知恵？　せっかちな私はすぐに聞きたくなる。

◉さようなら、高倉健さん

健さんが亡くなった。享年83歳、生涯２０５本の映画に出た。初めてドーランを塗った時、自分を恥じて泣いた人である。縁ある人に手紙、贈り物、墓参を欠かさなかった人である。家族の死に目に遭えなかった。プロだから捨てるものがあると言った。凛々しい役を通したが、本当ははしゃぐ人だったらしい。スクリーンで素っ頓狂な声を挙げていたあなたはもういない。

◉世界遺産へ

新幹線は50周年。1年12万本を走らせて、1列車36秒しか遅延がないそうだ。なんとすごい乗り物とシステムだろう。

東海道新幹線のどこの区間だったか、坂になっていてスピードが出すぎるらしい。新人は申し送りでそれを習って注意をするそうだ。

日本の最高の技術とソフトを世界遺産に申請してはどうか。

◉沖縄の人

その方は小学生の頃に、いわゆる戦争体験者の話を聞き、ずっと忘れることができないと言う。青酸カリは水を混ぜると白濁して牛乳のよう。それを元気になるよ、と渡して家族を死なせてしまった人の話だったらしい。転戦に足手まといということだったのだ。

沖縄にはそういう負い目を負った世代がまだ生きている。本土とは違う歴史が流れていると思わずにいられない。

◉コント復活?

たまたま平日の夜にテレビをつけたら、志村けんがコントをやっていた（ＮＨＫの「となりのシムラ」）。これが、たたみかけるようにギャグを繰り出して、すこぶる面白いのである。

ひところ深夜にやっていたが、これがちっとも笑えなかった。

伝説のザ・ドリフターズ「8時だョ！　全員集合」は、アドリブも徹底的に練習したといわれる。子どもに大人気だったが、子ども相手にコントを作ったことはない、と長さんは言っていた。

さて、志村けん復活で、コントも復活なるか。

◉後妻業

女性は血や陰惨な様子を嫌うから、人を殺めるのに薬物を使うのだと聞いたことがある。

今度の筧千佐子容疑者[205]も、前の木島佳苗も寂しい年寄り狙いだが、まさか〝後妻業〟というのがあるのは知らなかった。

裏を返せば、まじめな話、年配者の結婚市場は有望である。

それにしても、保険って意外と簡単に下りるのね。そっちが不思議である。

●格差と差別

週刊誌の中吊りに、大学同期の一人がすき家、一人がみずほ銀行に入り、給料に開きが出たのは格差だ、とうたっていた。

それなら、すき家に行かずに、みずほ銀行に行けばよかったのに、と思う。

格差といえば、全部、すんでしまうような風潮は間違っている。格差は生きている以上は多かれ少なかれ存在するもので、問題は差別である。競争もさせてもらえないというのは理不尽である。

●料理

体長30センチほどの金目鯛をいただいた。3枚に下ろし、煮付けにした。関東ではあめ炊きのようにごく辛く、甘くするが、関西風に薄味にした。

料理をしながら季節を感じる。なんという喜びか。

如是我聞（2015・3）

新手の詐欺

お蔵が深い

●責任と自由

ＩＳＩＬ（イスラム国）で二人の日本人が殺された。そのうちの一人、後藤健二[206]さんは「すべて自己責任です」と言っていた。しかし、マスコミを含めて自己責任論を言わないのはなぜか。

そのあとに一人の写真家がパスポートを召し上げられた。これは国家がかまい過ぎである。

個人の自由を言うのであれば、責任もそこに備わっていなくてはならない。危険を承知で行くのであれば、それくらいの覚悟は必要で、国の関与は最小限であるべきでは？

◉進化する詐欺

振り込め詐欺の被害額が７、８年前であれば70億円、それが昨年で５００億円以上になるという。私から見ればほとんど理性の人といっていい人が、あわや引っかかりそうになった。人間とはなんと不確かなものだろうか。

今はＡＴＭではなく宅配でお金を届けさせる手口に変わりつつあるらしい。監視カメラを逃れる新手のやり口である。

私は自分に掛かってきたら、どうしようとシミュレーションしている。でも、子どもがいないから、はなから騙されないか。

◉沈黙は金

戦後70年談話をどうするか、で議論がある。[207]首相は過去の文言にとらわれず、〝未来志向〟でと考えているらしい。

どうせ、過去に向き合わぬ者は偽善者である、などと批判が出ることだろう。今何を言ってもわだかまりの種になるのであれば、要らぬことは言わずに黙っている――それもひとつの知恵である。

●意外な観光資源

円安のおかげで昨年は外国人観光客が2兆円超ものお金を落としてくれた。年間2千万人も射程距離にある（約1341万人）。

かなり日本のことを調べて、意外なところにまで足を運んでいるらしい。日本人のホスピタリティの高さは評判が高い。

われわれ日本人が当たり前として見過ごしがちなものにも焦点が当たりつつある。たとえば、なだらかな山とよく整備されたミニチュアのような棚田。

観光資源は京都や秋葉原だけにあるのではない。

●線引きはどこ？

フランスでマホメッドを諷刺した雑誌社が襲われて[208]、「私はシャルリ」が合い言葉となった。

私は、もし天皇が手ひどく揶揄されたらどうだろう、と考える。日本人の感情として許せない、と思うだろう（テロはしないだろうが）。

フランスにはフランスの伝統がある。それを是としながらも、相手の尊厳を傷つける表現は、やはり行き過ぎではないか、と考える。しかも、国内にそれを信奉する人が同朋としているのだから。

ヘイトスピーチとの線引きはどこにあるのだろうか、とつい考えてしまう。

●職人の生きる道

青森の「干し梅」[209]というお菓子を取り寄せて、人に差し上げることが多い。深い味わいのお菓子で、みなさんに喜ばれる。

あるいは、京都・森嘉のお豆腐[210]も取り寄せる。これは小さい頃から親しんできたものである。テレビを見ていたら、古い製法でつくる和歌山の羊羹（外皮が砂糖で白い！）業者が、「儲かりまっか？」と聞かれて、「おかげさまで」と満面の笑みをこぼしたのが印象的だった。

独自なものをつくっていればビジネスが成り立つ。おそらく職人さんの生きる道はこっちにあるのだろう。

◉最高の褒め言葉

お茶席で心に残る言葉を聞いた。

銘品の茶器ばかりが出てくると、こちらも疲れてくる。

そこで、たまに何と言うこともないものが出てくると、ほっとする。

「お蔵が深い」

もし人物評で言われたとしたら、最高の褒め言葉かもしれない。非凡だが、時として平凡にもなれるということだからである。

如是我聞（２０１５・５）

忘れるなら貰うな

腹腔鏡手術

◉補助金漬け

政治家が、不当な政治献金ではないかと指摘されて、記憶にないと答える。私は、忘れるぐらいなら貰うな、と思う。

国の補助金の対象企業から献金されていたが、その幅の広さにはびっくりする。精糖、小麦の備蓄、物流、木材加工……何でもありである。政治家の数だけ補助金があると言っては大げさか。国に活力が無くなっていくのもよく分かる。

◉殺人医師

群馬に続いて千葉で腹腔鏡手術で死者が続出している。群馬大は40代、千葉県がんセンターは50代の医師。前者は同手術を始めて1年で4人が死亡し、手術後100日以内に8人が死んでいる。後者は11人が手術直後に亡くなっている。

手術後数カ月経って死亡となると、素人には因果関係が分からない。関係者が黙っていれば、外に洩れることもない。

人を殺して、また同じことを繰り返す神経が分からない。神をも恐れぬ所業という言葉が浮かんでくる。

◉加害者は被害者

川崎で中学1年の子[211]が主犯18歳の子を含む3人に殺された事件は、その後も反響が続いている。彼の死を悼む人々が、殺害現場に花束を献げる映像が流されている。

加害の青年もかつてはいじめを受ける側だったという。

背景に貧困を指摘する声もある。私は連続射殺事件の永山則夫（逮捕時19歳）を思い出す。彼は貧困ゆえの「無知の涙[212]」を呪ったが、川崎の加害者たちは今何を思っているだろう。

◉勝負なし

統一選後半の89市長選で3割が無投票だという。政党の「相乗り」と、共産党の議員選挙への集中が理由だという。

直接選ばれる日本の首長の権限には大きなものがある。そんな権力者を楽に勝たせて、恐くはないのだろうか。

条例で任期最長6年、そして無報酬(兼業可)としたらどうか。

◉恥の共有

中国から大挙して花見客がやってきたというのでニュースになっていたが、今年3月だけで約26万8千人、昨年同月の2・5倍だという。枝を折るなどのマナーの悪さが報告されている。

しかし、かつて日本人も、パリのブランドショップでまとめ買いして店員の眉を曇らせたものである。

あるいは、ソウル便の帰りはスルメの臭いが立ち込め、卑猥な言葉が飛び交ったものである。スチュワーデスの私を指して、「姉ちゃん、昨日のあの子とそっくりだわ」と買春を大っぴらに語るおじさんたち。

40年経って、日本人もどうにかまともになったのである。中国人もやがて成熟した顔を見せるようになるだろう。実際に、送り出す側でマナー教育も始めているという。

我ら、恥多き先輩として、温かく見守っていきたいものである。

◉サザエさんの凄さ

週に1回、新聞にテレビの視聴率ランキングが載る。それを眺めるのが習慣になっている。

常連は「サザエさん」に「笑点」である。どちらも上位に食い込んでいることが多い。

サザエさんの脚本を2千話以上書いている雪室俊一氏は「イクラちゃん」「花沢さん」の名付け親でもある。著書で「ふつうほど難しいものはない」と言っている。

ハリウッドが特撮とドンパチ（暴力映画）になって、どんどん映画が面白くなくなっている。

「ふつう」であることの凄さを、もう一度、見直す必要があるのではないか。

◉ある確信

ＩＴ音痴の私でもかつてフェイスブックやツイッターをやろうとしたことがあった。しかし、早々と止めてしまった。阿呆らしくなったのである。

最近、いい年のおじさんが目の前の料理の写真を撮っているのを見かけるようになった。タブレットでマンガに必死のおじさんもいる。

さてＩＴはわれわれを成長させるのか、はたまたその逆か？

如是我聞（２０１５・７）

ドローン
死してなお慕われる

◉空き家と避難民

全国で空き家が増えて、住宅全体に占める割合が13・5％、２０３０年に3分の1に達するという。私は口永良部島の避難民を見て、仮設など建てずに、空き家を拠出してはどうかと考えた。少なくともかつて人が住んでいた温かみがあるのではないか。

日本はどこでいつ火山が爆発するか分からない。東京崩壊も言われる。空き家を潰すだけでは勿体ない。

◉ドローン少年

少年が三社祭でドローン[213]を飛ばすと予告しただけで威力業務妨害に問われた。「ドローンの危険性あり」と張り紙を出させるなど催事者側に負担をかけたからという。いかにも苦しい理由付けである。警察、公安の面子が潰された、という思いから強く出たのだろう。なにせ官邸屋上に2週間も〝テロの武器[214]〟が鎮座していたのだから。

◉スーパー家電

中国人が日本の炊飯器を2つも、3つも買っていく。あれだけ何でも物まねする彼らが、なぜ自国で生産しないのか。素人考えだが、きっと日本製のそれは彼らの追いつけないほどの進化を遂げているのだ。向こうにはもっと低価格帯の中国製炊飯器があるそうである。日本のそれは、ブランドとして買われているということか。驚くなかれ、先頃、12万円の新製品が発売された!

◉ひばりの作品

美空ひばり没後27年、テレビ出演の映像をＤＶＤ化[215]したものが売りに出された。デジタル処理をしてクリアな映像になっているらしい。日比谷公会堂でそのお披露目イベント「78回ひばり生誕祭」があって、2千人のファンが参加したと報じていた。

亡くなって久しいのに、なお慕われるひばりも凄いが、息子の加藤和也氏も母のイメージを保つことに注力している。これこそひばり最良の作品だったのでは。

◉業者保護?

ちょっとおかしいと思うことがある。新築の家を1年、2年経って売却する場合、付いていた住宅性能保証は当然、買い手に移行すると思うのが自然である。

しかし、現行では売り手が工務店に話し、工務店が了承しないかぎり、保証は立ち消えになってしまう。

工務店側からすれば、保証がなくなれば、何か事故があっても宛てがいをする義務がなくなる。

しかし、売り手、買い手の便宜を考えていない。作った側の責任を考えれば、不当な仕組みといわざるをえない。

◉超前向き思考

ジャパネットたかたの元社長高田明氏がテレビで印象的なことをしゃべっていた。１千のうち３００しか売れない時は、また７００を売るチャンスが貰えたと考える、という。

社員を競争させて、結果が出たら、すぐ元に戻させたという。遺恨があるといけないからだ。

66歳、ほぼ私と近い。大いに元気を貰った。

◉またしてもカジノにＮｏ！

観光立国フランスに「最も美しい村運動」がある。人口２千人以下で歴史的建造物や自然遺産が２つ以上などの条件をクリアした１５６の村が認定されている。

その倍率たるや１９２倍！　６年ごとに見直しもある。

おらが町や村にカジノを誘致、などと浅はかなことは言わない。日本の地方創生にも大いに参考になる。

◉民意を問う

憲法審査会で３人の学者が政府の安全保障法案を違憲と断じた。憲法研究者１７３人も反対を表明した（６月３日時点）[216]。アメリカではジャパノロジストが４００人以上集って、安倍首相の歴史見直し姿勢に疑義を呈している。

　これだけ専門家が集まっても、今の政府は聴く耳を持たないらしい。それなら正々堂々と民意を問うてみたらどうだろう。海外に出かけて戦争をする覚悟はありますか、と。

第2部 会いたかった人、話したかったこと

対論 2003.1～2015.7

＊対談者の肩書はすべて対談時のものを使用した。
当時と変更のある場合には、巻末の『対論の履歴』に記載した。

対論(2004・11)

DIALOGUE——「新しい中世」の課題

VS

東京大学教授、東洋文化研究所所長
田中明彦
TANAKA Akihiko

〈たなか・あきひこ〉

1954年、埼玉県生まれ。77年、東京大学教養学部卒、81年マサチューセッツ工科大学大学院博士課程修了。東京大学教養学部助手を経て、84年助教授、90年同大学東洋文化研究所助教授、98年教授。02年所長。著書に『新しい「中世」』『ワードポリティクス』などがある。

◉小泉外交の評価

O　ずっと海外に行ってらっしゃったとか。

T　韓国、台湾に行ってきました。東アジアの現状分析みたいなものですね。台湾は政治向きの話で、総統選挙のあと、中国との関係がどうなるかという話でした。

O　ちなみに小泉首相の外交手腕については、どういう評価をなさっていますか。

T　イラクへの自衛隊派遣は賛否両論あるけれども、少なくとも小泉さんの決断で日米関係は悪くない。たとえば、BSEの問題でも、アメリカは非常に低姿勢ですよね。10年前なら、すごい大キャンペーンを張って日本はアンフェアだとか言ったでしょうね。やっぱり小泉政権だから遠慮しているところがあるんです。

それから、北朝鮮の問題でも、北朝鮮が生存を認めた5人は全員無事日本にいるし、その人たちの家族も全員日本にいるんですよ。これは、小泉政権の具体的な成果ですね。

◉新しい中世の相貌

O　では、本題に入らせていただきますが、先生は「新しい中世」という概念を提唱なさってますね。

9・11のテロ以降世界は変わったと言われるわけですが、その概念と9・11以降のいろいろな出来事はどう関係づけられるのでしょうか。

T　私が新しい中世というようなことを言い出したのは、8年位前なんですけれども、近代化あるいは産業化が進み、グローバル化が進展し、あわせて民主主義が拡がっていくと、国と国との関係がより複雑になっていくのではないかと思うんですね。

いちばん最初に国と国との関係に大きな挑戦状を突きつけたのは、多国籍企業の活動です。かつて日米経済摩擦というのがありましたが、今や日本の企業対アメリカの企業という単純なものではなくなりました。さらに企業以外にもグローバルに展開するNGOもありますね。これが90年代に進行したことです。

ただ、国を越えて活動するのは何も企業だとか良いことをするNGOばかりではなくて、悪いことをする存在も当然出てくる。インターネットはNGOの活動を容易にするけれどテロリストの役にも立つわけです。ですから国家とは違ういろいろな存在が出てくるけれども、社会秩序をおかしくするような者もいろいろ出てくる。そういうことを90年代の半ば頃考えていたんです。

近代以前の国際関係は必ずしも国対国でやってるわけではない。王様同士の関係であったり、ベニスのように王様のいない街があったり、ハンザ同盟などという商業都市の連合があったり、それからもっと普遍的な存在としてローマカトリック教会がある、というように多元的ですね。それから中世の軍隊は、傭兵が多いんですね。そういうのが中世だというふうにすると、どうも最近の国際関係がやや中世のような感じになってきたのではないかということで、新しい中世ということを言い始めたんです。

それで、9・11を見ると、やっぱり恐れていたことがその通りになったということですね。国際的なテロ集団が、1日で何千人も人を殺すという話になると、これは安全保障といっても、国と国の関係だけを考えていればすむ時代ではないということですね。

O　今までの国家という概念も変形していくんでしょうね。

T　そうですね、もちろん国家がなくなってしまうことはないと思うんです。現在の世の中で国家なしで自分の安全を守れるのは、驚くべき金持ちくらいですよ。自家用飛行機を持っていて、いざとなればどこにでも行けるわけです。しかし、ほとんどの人にとって、最低限の安全は国家しか守ってくれませんから、国家が消滅することはない。

近代は、大規模破壊といえば、他所の国に対して備えればすんだわけです。この場合、周りを見渡せば、危険が予測できました。日本なら中国やロシアの軍事力を見て、相手があれだけ持っているなら、こっちはこれだけ備えよう、ですんだわけです。近代は、大規模破壊には軍隊を、どこから来るか分からない小規模な破壊には警察を作って対処したんですが、現代の問題は、大規模破壊をする存在がどこにいるか分からないということですね。

◉安全保障のシステム構築を

O　特に日本の場合はセキュリティーに関してはまったく無防備の状況ですよね。

T　まあ、日本の場合、島国という有利な点があって、それから人種的にかなり均一だということがあるから、安全保障面で神経質になる必要がなかったと言えると思いますけど、それにしてもあまりにも何もやってきませんでした。

O　安穏に来てしまった。

T　今後の安全保障面でいうと、つかまえどころのない新しい脅威に対して備えつつ、しかも北朝鮮などの目に見える脅威にも備えないといけないという、なかなか難しい状況になってきてますね。

小泉政権は外交面でよくやっていると思うんですが、これだけ複雑になってくると、システムを作っていくことが大事だと思うんです。

中でもとりわけ重要なのは、情報だと思うんですよ。相手がよく分からないからこそ、できる限り情報を集めて、不意打ちを食らわないようにしておかなくてはなりません。

O　具体的には、どのあたりにシステムの不備があるんでしょうか。

T　たとえば、去年の12月に閣議決定で弾道ミサイル防衛システムの導入を決めました。おおむね北朝鮮の弾道ミサイルが対象です。

弾道ミサイルは発射して着弾するまで10分もかからない。その間に誰かが打ち落とす命令を下さないといけない。今の法律体系でいうと、防衛出動の命令は閣議決定によることになっている。

O　閣僚を集めている時間がない。

T　確かに何の予測もなしに、ある日突然北朝鮮がミサイルを打つ確率は高くない。情報衛星で見ていれば、おおよその動きは分かるわけです。

しかし、実際にミサイルが発射されたらどうするかは決めておかなくてはならない。そういう事態になったら、自動的にやります、とあらかじめ閣議決定しておく必要があるでしょう。こんなこともまだ決まっていないいんです。

O　法律改正は要らないんですね。

T　多分変える必要はないんじゃないかと思いますね。閣議である種の規則を決めておくわけです。こういう時は総理一任とかですね。

O　なんかうそ寒くなるような話ですね。

T　弾道ミサイル防衛の実際のスイッチを管理している自衛隊の人にしてみると、どうしたらいいのか分からない。

この何年間かで有事法制はかなり整備されたので、前に比べればだいぶ良くはなってはいますけど、それでも今後まだまだ詰めなければいけないことがたくさんあります。

重要な情報が総理の下に瞬時に集まるというようなシステムもこれから一生懸命になって作っていかないといけませんね。

O　そういった意味では、アメリカと雲泥の差があるんでしょうね。

T　それはそうですよね、アメリカはこの何十年間、いつ何時ソ連が全面核攻撃をしかけてきても大丈夫なようにと考えてやってきたわけですからね。

O　日本はアメリカの傘の下にいてのんびりしていた部分がありますね。

T　そうですね、アメリカの抑止力は非常に有効だという前提の下で日本のシステムができていました。あるいは、単純にラッキーだったという説もありますけどね。いずれにしろ、危機管理の仕組みを整備する時代になったことは確かです。

●日本が弱い言葉による政治

O　先生は、ワードポリティクスということもおっしゃっておいでですが、安全保障を補完するものと考えていらっしゃいますか。

T　ええ、今の国際関係において、軍事的なものだけで一国の立場が良くなったり悪くなったりするということはないと思うんですよ。中国と台湾でやり合っているのは、まさにワードポリティクスですね。口で言い合って、互いの立場を何とかしようとしているわけです。日中の歴史認識問題も、ワードポリティクスなんですよね。

日本はあまり上手とは言えません。たとえば小泉さんの靖国参拝は、欧米などのメディアが見た時に、中国の言い分の方が通りがいい。

一般的に言うと、外交を進める時に自分の立場を多く説明しなければ分かってもらえないという状況を作るのはよくありません。

靖国の問題は外交問題でもあるし、国内問題でもあるわけですが、これを2レベルゲームズと言います。相手の国と交渉し、しかも国内勢力とも関係するので、ゲームが2つあるというわけです。

小泉さんは中国ともやらなきゃいけないし国民ともやらなきゃいけない。両方使い分けられれば問題ないのですが、それは無理なんですね。

●リーダーシップはとれるか

O　最後に日本は東アジアでリーダーシップをとれる国になれるんでしょうか。

T　素質は私はあると思うんですよ。失われた10年と言いながら、東アジアで経済的に日本ほど実力がある国はどこにもないわけです。

それから日本とASEANとの関係も、この20、30年の間でそれなりに培ってきた遺産がありますから、これを生かしていくというのは十分あると思います。

ただリーダーシップをとるには、短期的なコストの負担を他の国以上に負う用意がないとうまくいかなくなりますね。

具体的な話でいうと、自由貿易を進めるかどうかという時に、日本が農業産品の関税引き下げをしなければいけないとか、あるいは人の移動サービスということでいえば、人材を外国から受け入れるよう規制を緩和しないといけません。

これは国内の政治的な問題でもあるわけで、短期的にはいろいろなコストがかかる。それを払って前に進んで、長期的な利益を得るということができるかどうかですね。これは政治家の才能なり能力にかかっていると思っています。

O　やはり政治のレベルが外交のレベルですね。

DIALOGUE

対談（2006・8）

DIALOGUE——美術館が街をイキイキさせる

VS

金沢21世紀美術館館長
蓑豊
MINO Yutaka

〈みの・ゆたか〉

1941年、金沢市生まれ。父親は茶道具を扱う著名な古美術商。慶應大学文学部哲学科卒。

東京・日本橋の古美術商「壷中居（こちゅうきょ）」で丁稚奉公を3年半。本物を見る目を養う。

77年、米・ハーバード大で博士号取得。85年、シカゴ美術館中国・日本美術部長。88年、同館東洋部長。96年、大阪市立美術館館長。01年、全国美術館会議会長（現在3期目）。04年、金沢21世紀美術館館長。05年より市助役を兼ねる。

◉子どもと一緒に成長する美術館

O　私、子どもの頃、美術館を持つのが夢だったんですよ。

M　僕は古本屋になりたかったの。

O　古本屋さんも蓑さんもひとつの美術館ですもんね。

　ところで、蓑さんのところの美術館は大変評判で、市内の小中学校の生徒4万人全員を招待したり、1年目の来館者が158万人、その経済効果もすごいと聞いています。

　その先駆的な動きがほかに波及するのか、今日はそのへんを中心にお聞きしたいと思っています。

　今度、東京では六本木に国立新美術館できますが、はたしてああいうのでいいのかなと思いますが。

M　コレクションなしで、箱ばっかり造ってもしょうがない。美術館本来の姿じゃないですよ。

O　日本には相変わらず魅力的な美術館ができませんね。

M　今度どこかに書こうと思うんだけど、1870年、明治5年に東京に国立博物館ができました。ちょうどその頃に、アメリカの三大美術館、メトロポリタン、シカゴ、ボストンの各美術館ができた。でも、アメリカの場合は、美術館を教育機関として造ったのね。たとえば、シカゴはアートスクールと一緒にできていったわけ。

ところが、日本の場合は博覧会用として造り、今でも同じことをやっている。

子どもと一緒に成長する美術館というのが、ぼくのひとつの大きなミッションです。大阪の市立美術館は70年の歴史があって変えるのはなかなか大変、金沢は誰も手をつけてないところだったから、柔軟性があります。美術館で子どもにいいセンス、感性を教えるんです。

O　金沢によく行きますけど、文化的な街にしては美術館がないなと思っていたんです。成巽閣《せいそんかく》や兼六園だけじゃ面白くない。

M　だからみんな泊まらなかった。今、金沢はホテルブームです。この21世紀美術館で遊んで、買い物、食事と、すべて揃っている。

O　私、着物を作りに行きます。

M　加賀友禅のいい着物がある。今、富山、福井の人が来るの。今までは京都に行ってたのが、金沢に来るようになった。

O　経済効果がすごい。

M　1年目は建物を建てたので328億円。2年目以降は、毎年、市に100億を落としてくれる計算です。
チケットの半券があると、外で食事や買い物をして戻ってこれるんです。もちろんサービスもある。商店街からそういう要請があったので、始めたんです。

O　ほんとに最新の美術館ですね。

M　ほかはみんなバブルで造ってましたが、中核都市としては金沢がいちばん遅かったんです。それがよかったんです。私を待っていてくれたんです。

◉情熱の人がいない

O　日本の美術館の問題点は?

M　日本の館長さんたちはまず美術館に対して情熱がない。学者さんが館長になると、自分の勉強以外興味がないから、オフィスで自分の原稿を書くだけです。

O　東京都写真美術館が、前は閑古鳥が鳴いていたのが、様変わりして。

M　資生堂の福原（義春）さんが来られて変わった。46万人入ったという。リーダーが違うと、こうも違う、

DIALOGUE

という好例ですね。
　日本の美術館は、入り口から立派な階段があって、恭《うやうや》しく入るものだというのがある。
O　上野の平成館なんて……。
M　ひどいね。
O　巨大な階段とシャンデリア。
M　金沢はガラス張りで、四方から入れます。
O　改築したニューヨークのMOMAも、すごく楽しいですよね。
M　美術館は作品を見せるところなので、シンプルが一番。だけど建物を見せようとしている。
　金沢に作家さんが来ると、「ここで創りたい気持ちになる」と言いますね。
O　展示物が映えるように造られている。
M　学芸と建築家がコラボレーションしたからですよ。日本の場合、建物は建築家主導、中身は企画会社が数社あって、そこに頼めばいいようになっている。
　役所は右へならえでしょ。だから、日本全国、どこでも一緒なの。
O　役所はリスクはとらない。
M　金沢の子どもたちを招待した時に、事故があったら誰が責任を持つのかというわけですね。すぐそういう意見が出る。では、何もやらないのか、ということです。
　結局、500から600本くらいの関連記事が出て、大成功でした。
O　一度行ってよければ、もう一度となりますね。
M　口コミが大事。「あんなとこ行っちゃ駄目よ」と言われたら終わりですから。特に大阪なんて、最後の最後に人が来る。お金を出す価値があるかどうか見極めてから来るわけですよ。すると口コミが大きい。東京は先に行って、あとが続かない。
　それと、美術館は、何も特別なことがなくても人が来るようじゃないとだめ。今、金沢は土日で5、6千人は来ています。今年ももうじき90万でしょ（7月末時点）。オープンして1年9カ月で250万人近い。

　あの旭山動物園といつも競争しているの。あっちはグッズもあるし、悔しいと思って。
O　金沢も売り出すとか。
M　そうね。小菅園長はすごい努力をしてますよ。珍獣なんか一切いないんだから。一度潰れかかって、そのまま前の動物であれだけ集客できたんです。
O　ヒョウを上から見せたりとか、斬新ですものね。
M　旭川の人口は30万人くらいでしょ。大阪の天王寺動物園が抜かれたわけですが、大阪は３００万都市ですよ。
O　やっぱり情熱と工夫次第。
M　もうひとつ、郊外に美術館を造ったでしょ、あれが日本の美術館をダメにしたの。
O　わざわざバスに乗って行かない。まして高齢化だから。
M　1時間に1本、2時間に1本のバスでは行かない。それより東京から金沢に来た方が楽じゃない？
　ＭＯＭＡなんてね、ホテルの目の前でしょ。やっぱり現代美術ですから、アクションが周りにないと。

◉さまざまな試み

O　展覧会以外の試みもなさっているとか。
M　この間、外務省と国際交流基金の国際会議を市でやったんです。

DIALOGUE

去年、1回目をメキシコでやって、2回目は日本だから、金沢でやらせてくださいと。メキシコでは宮殿を使ってすごくかっこよかった。

　金沢には中村酒造という酒造会社があって、その中村家の古い屋敷が市に寄贈されて、中村記念美術館になっている。お茶道具が全部ある。ちょうど兼六園の下にあるんですけど、そこでやったら面白いなと思って。参加者は20人近く。

　テーブルと椅子は市内の老舗料亭で貸してもらって。花瓶は中村記念美術館に九谷焼とかたくさんありますから、館蔵品に日本の野花をふんだんに生けました。ちゃんと後ろにブースを作って、同時通訳を入れて、とても評判がよかった。次の日は、美術館のホールでやって、一般の人も入れました。
O　プロデュース業ですね。
　アメリカとの違いは、日本にそういうプロデューサーがいないということですか。
M　そうですね。今度、大阪でも面白いことをやるんです。建築家の安藤忠雄さん、古い付き合いなんですが、大阪市は大変だから、安藤さん助けてよ、って。

それで、夜、2人でトークショーして、スペインのギター入れて、かっこいい食事して、それで絵の鑑賞もしようと。一人1万円ですでに300人が集まっています。

O　それは来るでしょうね。次々と新しい企画を考えておられますが、それは小さい頃から?

M　そうですね。それよりもアメリカに26年いますからね。

それと、僕、松永安左エ門さんにすごく可愛がられたの。

O　耳庵さん。壷中居の時代に?

M　いやいや、うちの父がよく知っていて。松永さんがよく言ってたのが、いちばんいい時がいちばん危険なんだよ、と。その時に寝たら駄目だよと。次のことを考えてないと、もう誰か来るからね、と。

O　いいお話ですね。

M　次のことをいつも考えてます。どうしたら人が来るか。やっぱり三面記事に出るぐらいじゃないとだめですからね。新聞の文化欄ではインパクトがない。

でも、そろそろお金を集める側ではなくて、出す側に回りたい。

いつもワイフに、あなたは人と上手く付き合えるし、お金はすごく集めるけど、自分の懐には全然入らないって言われる。

O　だから余計集まるんですよ。

M　そうか。自分に集まっちゃダメなんだな。みんなポルシェに乗ったりフェラーリ乗ったりしているでしょ、僕、ああいうの大嫌いなの。やっぱりポンコツ乗らないとダメ。

O　あの人可哀相ねと言われるくらいじゃないとね。

M　だけど、シカゴの館長にね、言ったの。ボストン出身の人はお金にシビアだけど、日本では安いホテルに泊まっちゃダメですよと。人の家に泊まればタダと言うから、オークラか帝国ホテルにしてくださいと。寄付を貰いに行って「お送りします、どちらまでですか」「何とか神楽坂」なんて変なホテルの名前を言ったら、信用をなくしますよ、と。それは贅沢じゃないんです。

東京では、僕は青山のプレジデントがねぐらだから。

O　便利ですしね。外国人の女性客が多いんですよね。

M　僕が来てからだと思う。

O　それはちょっと。（笑い）

DIALOGUE

対論（2009・7）

DIALOGUE VS 安藤忠雄

——安藤流、不況の打開策

建築家
安藤忠雄
ANDOU Tadao

〈あんどう・ただお〉

1941年、大阪生まれ。建築家、文化功労者。独学で建築を学び、69年に事務所を設立。イェール大学、コロンビア大学、ハーバード大の客員教授を務め、97年〜03年東大教授、現在は東大名誉教授。作品に〈住吉の長屋〉〈セビリア万博日本政府館〉〈光の教会〉〈フォートワース現代美術館〉など多数。79年に〈住吉の長屋〉日本建築学会賞、02年に米国建築家協会（AIA）金メダルほか受賞歴多数。著書に『建築を語る』『連戦連敗』（いずれも東京大学出版会）『建築家 安藤忠雄』（新潮社）などがある。

◉自分で仕事をつくる

A　今日の話のテーマはどうします？　日本はもう終わったという話でもいいですよ。不況をどう脱出するかというのでもいいですよ。

O　では安藤流「不況脱出策」を伝授していただこうかしら。

A　こういうご時世だから、やはり元気になる話をしましょう。さっきも新聞の取材を受けたんですが、日本は今不況じゃないですか。不況でほんとに困っている。

O　みんな先行きが暗い、と心が沈んでいる。

A　50年代は日本に来た多くの外国人が、日本は必ず復活すると言いました。なぜなら、大人がよく働くと。子どもたちの目も輝いている。今日本に来る外国人は、日本は必ず没落すると言う。なぜなら大人は働かない、おまけに子どもの目は死んでいると。どうするんだというわけです。

私は2006年から東京のオリンピック招致にかかわっていますが、最初はオリンピックに否定的な人が多かったのが、ここに来てオリンピック頑張ろうと言ってますね。オリンピックをやると経済が良くなると思っておられるようですが、その一方で、オリンピックに対する理念がないんです。経済発展のためにオリンピックするというのは、地球のことを考えなければならない時代にそぐわない、そう思うんですね。

今回は、64年の東京五輪のような開発をしないで、できるだけ古いものを再利用しようと考えています。新しいのはメインスタジアムなど必要最小限にして臨海部につくる。資源やエネルギーの無駄遣いをしない、できれば自然エネルギーだけでまかなう循環型の都市とオリンピックのモデルを提示することを考えたんですね。

その流れで今、東京湾にあるゴミの山を海の森にしませんか、と一人千円の募金で50万人集めることをやっています。

1年半ぐらいで32万人分が集まりました。これはなんとかなるだろうと感触をつかめています。苗木は市民の募金でまかない、メンテナンスは東京都でやるというシステムです。

もう植樹を始めているんですが、このあいだはノーベル賞の小柴さんが来られまして、この話は面白いので、自分も駆けつけて来たと。次の時代の子どもたちに意義があるとおっしゃる。命のある森をつくることで自然を取り戻すだけでなしに、自然とのかかわりに関心をもつ子どもたちを育てることができる、と。

都市に対する関心とともに、東京湾、そして海をもっときれいにしよう。海から皇居を通って明治神宮まで、緑をネットワークすることで風の道となり、美しい東京づくりができるのではないかと思うんです。それに参加するということで千円募金はいいと、小柴さんは言っておられた。

もっと広める工夫はないかと考えていたところ、ローソンの社長である新浪さんが、ローソンには環境募金箱があるから、年に3カ月は海の森の募金箱として協力すると言ってくれたんです。様々な人たちの助けも借りながら頑張っていこうと思っています。

DIALOGUE

◉もうレールはない

O　先生のご本を読むと、お婆ちゃん子だったと書かれてますね。

A　そのとおりで、祖母から、物を大切にする、時間を守る、それと人に迷惑をかけない、ということを厳しくしつけられました。それ以外はあまり教えてもらわなかったですね。

私は中学2年の時に自分の家を、平屋建てを二階建てに増築した時に、大工さんが一心不乱に働いている姿を見て感動して、これはなかなか面白い仕事だと思ったわけですが、家庭の経済的な理由と、学力を含めて、大学進学は難しいというので断念して、自分なりに頑張ると。懸命に仕事に打ち込む大工さんから、一心不乱にやればなんとかなると学び、開き直って始めたんです。

普通、学歴がない、社会基盤のない人間に仕事させてくれる機会は少ないわけですが、大阪というところはチャンスを与えてくれる土地柄ですね。20～30坪の小さい家ですけども、頼んでくれた人がいて、仕事をしながら勉強することができたんです。私も無我夢中であちこちに空き地があると、こういうのを建てませんかなどと話を持ちかけたりしていました。

これが私の原点で、仕事は自分でつくるものだと思っています。今までは待っていたら仕事が来ると、そう考えてきたきらいがある。仕事がないのなら、仕事はつくるものだと思えばいいんで、つくれなければ自分のせいなんです。

そこをどう立て直すかということを考えなくてはならない。自分で仕事をつくろうとすると目が輝くんですよ。

年功序列や終身雇用に乗るために一流大学へ行き、一流大学に入る、そういうレールが敷かれていると思ってきたわけですが、もうレールなんかない、と目覚める必要があると思うんです。そろそろ日本人も目を覚まさないと。
O　まだ以前の夢の中にいる感じですね。
A　日本というのは、チャンスの少ない国だと思うんです。型にはまった社会になってしまった。日本の国で今評価が高いのは、経済ではなくて、何が売りかというと〝長生き〟なんです。
女性は男性より長生きですが、彼女たちの方が自由ですよ。映画、音楽、美術、いろいろと出かけて行くじゃないですか。それなのに女性が社会参画できない。そういう社会になってない。男性は40歳になったら会社のことしか考えない、好奇心もない。売上と利益しか頭にない。それで、定年になったら、ゴルフ以外は寝ている。

それを考えれば、男女の別なく90歳まで好奇心旺盛で生きていける都市をつくっていかねばならない。たとえば、アパートは廊下と部屋しかない。人が集うところがないから、対話がない。これほど寂しいことはないのですが、よく80歳ぐらいになっても顧問で会社に出てくる人がいますが、元気ですよ。行く場所があるからね。

私は大阪に事務所があって、東京で仕事してまた大阪に帰るわけですが、東京の人に、安藤さんにオリンピックの仕事してほしくないな、東京の仕事してほしくないな、と言われる。大阪の人には東京ばっかりと言われる。もう名古屋へ行こうか思います。(笑い)

これは余談ですが、大阪からパリ、ニューヨーク、ロンドンと、外国で今25カ所で仕事をしているんですが、日本は相変わらずアジアの中心的な国だと思っていますけど、中国、韓国、台湾から見れば遅れた国ニッポンになっているんですよ。

それが理解されていない。寝てばかりではなく、目を覚まさないといけない。

われわれは価値観を変えて、もう1回仕切り直しをする必要があると思いますね。

◉礼儀正しい家を

O　少し建築家の話を伺いたいのですが、建築家って勝手な人が多いように思うんですが。

A　私は建築の教育を受けなかったから、いちばん寂しかったのは建築の話をする仲間がいなかったことですね。もちろん先生もいないのですが。

自分で考えて、自分で答えを出していくわけですね。片一方で、話し相手のある人たちは自己中心的ですね。

O　唯我独尊タイプが多いですよ。

A　みんな自分がつくった建物を見て、ほれぼれしている。自己満足ばかりで、他人がどう見るかというのは考えない。

O　施主の言うことなんか聞かないでしょ。

A　30代くらいまではそういうこともあるかもしれませんけどね。私も若い頃は、相手がぜんぶ任せると言うから、ああそうですかと。依頼が来たら自分の思うとおりにやったらいいと本気で思ってました。
　私は40年近くこの仕事をやってきていますが、最初期につくった住吉の長屋というのは評判が悪かったんです。施主が1千万円の予算のなかで、冷房付けてほしいと言っても予算がないと。だから、中庭から風を入れると言うと、本人も納得し、私も納得したわけです。
　他人が見たら、なんで冷房つけないのですか、と言われますが、それはお金がないから付けなかっただけ。それでも本人は快適だから30何年住んでるわけでしょ。問題ないと。でも本人はプライドがあるから、冷暖房のことは建築家に聞いたけど断られたと言う。何を考えているんでしょうね。見栄張るな、と言いたい。（笑い）
　コシノヒロコさんの家もつくったんですが、寒い寒いと言ってますね。床暖房はあるんですから、床暖房すればいいんです。でも電気代がもったいないからしない。それで「安藤さんに頼んで格好はいいけど、これ寒い」って人に言うわけですよ。
　ただ、彼女はいいことを言いましたね。娘さんが大学生の時です。その娘さんが、寒いから暖房したいと言った。その時、コシノさんが大阪人だと思ったのは、「だめよ。あなた、家にお金入れてないでしょ。ちゃんと入れるようになってから暖房入れる」と。なかなかいい教育をしてるなと思った。だから、寒いのは私のせいじゃない。（笑い）
　家を見ても、この家は礼儀正しいな、ふしだらだな、と感じることがありますね。ぼくは礼儀正しい家をつくりたいと思ってますけどね。
O　今日は安藤流、縦横無尽のお話を伺えて私は大変ハッピーでした。

対論（2009・11）

DIALOGUE VS 工藤美代子

——中高年のクライシス

ノンフィクション作家長

工藤美代子

KUDO Miyoko

〈くどう・みよこ〉

1950年、生まれ。チェコスロヴァキア・カレル大学を経て73年からカナダに移住し、バンクーバーのブリティッシュ・コロンビア大卒業。91年『工藤写真館の昭和』で講談社ノンフィクション賞を受賞。93年帰国。ほかの著書に『ラフカディオ・ハーンの生涯』3部作、『われ巣鴨に出頭せず』『快楽』『炎情』などがある。

◉身の周りのふつうの出来事

O　工藤さんの最近のものを拝見すると、シニア世代に何か大きな変化が起きている、という気がします。今日は、シニア世代のクライシスというテーマでお話を伺おうと思っています。

K　そのことですが、週刊文春、週刊新潮と立て続けに姉夫婦の離婚が報じられました。IOCの副会長までやった猪谷千春が義兄で、78歳での離婚です。今から2年前に、ぼくはもう帰りません、と出て行ったんです。週刊誌は女性がいると書いてますが、そのへんは分かりません。ただ身の周りで本当に熟年離婚が増えているという実感があります。奥谷さんの周りはどうですか。

O　私の親しい友人が半年前に離婚。再婚して10年近くなるのかしら。彼女が62歳だから、今ならまだやり直せるというので離婚に踏み切ったみたい。

K　うちの姉が61歳でしょ。自分のよく知っている人が離婚する時代になったんですよ。

O　それも高齢になってね。

K　恐くなったから、うちは再婚同士で17年くらいになるんですが、なにか不満があったら言っておいてね、黙って出て行かないでねと。（笑い）

O　うちも再婚同士で4年目。もううっとうしいなあと。（笑い）
K　なんということをおっしゃるんですか。
O　相手も出張が多いので、どうにかやってこられる感じですね。
K　うちの主人は68歳で、去年から自宅を仕事場にしたので、3食一緒でしょ。向こうもストレスが溜まるわけです。実は今まで「行ってらっしゃい」と送り出したあと、またベッドに入って寝てたりしてたのが、全部ばれちゃったんですね。主人にすればびっくりなわけね。
O　うちは最初から食事はセルフサービスで、食器も洗って出かけて行く。
K　それは偉い。私も知り合いに言われたんですが、夫と犬は最初のしつけが肝腎だって。（笑い）
O　城山三郎さんの『そうか、もう君はいないのか』を読んで現実と比べると、愕然としてしまいますね。
K　結婚相談所のカウンセラーが言ってましたけど、片方が亡くなるといい思い出ばかり残る。死別の場合はいつまでも引きずるらしい。

今女性はみんな若いですよね。こないだ熟年離婚をテーマにした本を出したんですが、みなさんなまなましくセックスのことを書いてこられるんです。私なんか、もう卒業でしょと思うんですけど。女であることをやめない。長生きだし、経済的に豊かでしょ。それがお金持ちの話ではなくて、ごく一般的にある話です。
O　エイジレスですね。
K　女の残り時間に対する貪欲さが強いと思うんですね。
　読者の問い合わせでアダルトグッズはどこで手に入るかというので、秋葉原のラブ・メルシーという会社を取材したんですが、編集部に電話が殺到したんです。50代、60代の女性ってネットやらないでしょ、電話で聞いてくるんです。あとでラブ・メルシーから礼状が来ましたが、それだけ中高年の女性はセックスに積極的なんですよ。これってすごいと思いません？
O　エネルギーが余ってんだ。
K　子どもは手離れし、親を見送って、このまま性の喜びを知らないで死ぬのは絶対にいやだ、というわけですね。

O　恋をしたいのよね。

K　男の人を供給するセックス奉仕隊というのもあったんです。キム・ミョンガンという韓国人の方が主宰して、そこに申し込むと男の人を引き合わせてくれる。気に入ったら、関係を持ちます、という仕組みですね。

　それも本で紹介したら、もう問い合わせがすごかった。私の知らない裏のセックスの産業があって、調べていくと中高年の女性の需要があるのが分かる。前の私だったら、いやだとか思ったけど、そうは言えなくなった。

O　大岡越前のお母さんではないけど、女は灰になるまで、と。それだけ女性がパワーアップしていくと、男性も頑張らないとだめ。

K　60代、70代の男の人は元気で、30代、40代の方が草食系でだめ、というのはよく聞く。

O　30歳も離れた女性と結婚したりね。

K　なんでこのおじさん元気なの、というのが多い。財産目当てじゃないの、と言うと、それでいいじゃないか、と言うんです。財産目当てで優しくしてくれて何が悪いの、と言われると、言うことない。

O　どこかで若いのに鞍替えされるわよ、と言ったらウッとなるけどね。（笑い）

K　それおかしいですね。

●夫婦の在り方が変わる

O　女性にしろ男性にしろ、生き方が多様化してきたのは確か。

K　私がカナダに住んでいた30年前、熟年離婚がすごく多かったんです。60代で突然離婚して若い子と結婚するケースが目に付いたんですが、日本にも本格的に入ってきたなと。

O　離婚が重いものということはなくなって、人生のプロセスになってしまった。

　フランスのように夫婦という法的形式をとらなくなるかもね。それで、子どもが差別されることもないっていうね。

K　そうかもしれませんね。私は最初の結婚はすぐ別れて、2度目の結婚は長くて、今のが3回目。自分では3回目って言われるのは、いやなのね。

O　2回目も3回目も変わらないような気がするけど。

（笑い）
K　1回目は若いから強気だったけど、2回目は敗北感がありましたね。41歳で、20年近く一緒にいたわけですしね。
O　私は初婚は付き合って7年、結婚は7年。今度、20年ぶりで再婚。
K　何が決意させたんでしょ？
O　露骨な話ですけど、私の死後の処理をしてくれる人が欲しかったんです。すごく若い頃からの親友がいて、もしものとき最後は面倒みてやるよと言ってくれていたのが死んでしまったんです。たまたまこの人なら面倒みてくれるだろうという人と出会った。
K　人生の始末をどうつけるかというのがありますね。

◉恋と財力と美醜

K　奥谷さんにお会いしたらお聞きしようと思っていたんですが、自分では年取るほどに物欲が無くなるような気がするんです。若い頃ってあれも欲しいこれも欲しいと思ったんだけど、どうせ死ぬ時は持っていけないんだ、と思うと、かつては古伊万里とか好きだったんだけど、全然コレクションとか興味がなくなってしまった。
O　私はお茶をやっているので、まだ軸とか見ると欲しくなりますね。
K　それは若い証拠だわ。こないだも寂しいと思ったのは、若い頃は、年に一人か二人は素敵な男の人が出てきたでしょ。最近、それが全然出てこない。
O　どうしてだろう。ときめかない。
K　昔、作家の森瑤子さんが、「最近、つまんないわよね、どきどきしない」とおっしゃったのね。森さんは私の10歳上、当時52歳ぐらい。私は、「そうですね。ベッドに飛び込んでもいいと思う男は年に一人ぐらいしかいない」と言ったら、彼女は「えっ?! 年に一人もいないわよ」と言ったの。今となると、まったくそのとおりと思うわ。
O　仕事とかほかに関心があるからかしら。でも先輩達で恋している人もいるから。
K　読者のお手紙を貰うと、圧倒的ですよ。40歳の差を乗り越えて結ばれました、とかね。フェロモンがあるのかどうか知らないですけど、次々と恋に落ちる人もいる。
私は年下の男の人が決定的にだめなんですが、奥谷さん、どうですか。
O　私は平気ですね。
K　じゃあ選択肢が広い。（笑い）恋愛している読者は、年下の方とけっこう多いですね。
O　女性が72歳、男性が51歳というケースもある。電話がないと悩んだり。女性は夫を亡くし、男性は独身。女性は財産を取られてもいいと。電話をかけたら、すぐに出てきてほしい。
K　そういうのって、とても素敵だと思うんです。
O　美容体操やったり、ぎゅうぎゅうの補整下着を付けたり、エステは週3回行って。
K　そういうのって人生の張り合いになる。じゃあお金があってほかに何が楽しみがあるかっていったら、何もないですからね。
O　恋と財力の問題はどうですか。
K　関連があると思っていたんですが、ワンコイン不倫ってあるんです。倒産した会社の社長さんで、お金がない。奥様がカンカンになって電話をかけてきたんです。主人が女をつくった、と。たいへん失礼なんですが、ご主人は食事とかホテルに行くお金がないでしょ、と言ったら、工藤さん、世の中にお金のかからない女っているのよ、というわけ。ご主人のメールを全部見たと言うんです。彼女の事務所は夕方になるとみんないなくなる。ソファとかある。「なになにチャン、コンビニで今日はおにぎり3個買って来て、おかかがなければ何でもいいわ、それとペットボトルのお茶2本」——これで500円になるんです。ご主人は67歳ぐらい。
O　安上がりなわけね。ついラグジャリーになんて思うけど、違う人もいるのね。
K　お互いにお金を使うのがいやなのね。でも、情熱は一緒なんです。マンダリン・オリエンタルのスイートを取っているおじさんも、事務所でこそこそやっているおじさんも、情熱は一緒なわけです。
中高年で恋をするというのは、何か満たされていないんだと思うんです。心の空洞があって、それを満たしたい、というのがあるんじゃないでしょうか。
O　満たされない同士が、パッと合っちゃう。

K　美人、不美人、関係ないですね。

O　夏の火鉢みたいな人でも、ね。（笑い）

K　スポーツマンで大企業の社長にまでなられた方がいて、女性にもてるんです。その愛人だという人は、全然きれいでなくて、しかも5つくらい年上。ついこないだもホテルでセックスをしたと言うんです。言葉は悪いんですが、どうしてこの人とする気になるの、と。そこで分かったのは、男女は美醜ではない、ということですね。

O　家康は醜女ばかり集めたと言いますね。そういう女性は人に尽くすから。男が上に立つことができる。それに年上が多かったと言います。大企業の社長になろうかという人はストレスが強いから、自分のすべてを受け入れてくれるような女性がいい。年上で醜女なら、自分のマイナスまで出せる。

K　なるほどね。

O　銀座のママでも、もてる人はそんなに美人ではない。おかあさんタイプが多い。男性が甘えん坊だから。

K　もう貢がれる年ではないのは分かっているけど、貢ぐのもいやですね。

O　ツーペイぐらいでいいわ。（笑い）

K　熟年世代の性というテーマは、奥が深いというか、想像を絶するというか、分からないことばかり。

O　ときめいているということが、生きているという証拠かもしれませんね。

対論（2010・3）

DIALOGUE——これからの日米の動向

VS

東京大学
法学政治学研究科教授
藤原帰一
FUJIWARA Kiichi

〈ふじわら・きいち〉
1956年、東京都出身。75年麻布高校卒業、79年東京大学法学部卒業、84年同大学大学院博士課程単位取得満期退学。フルブライト奨学生としてイェール大学大学院に留学。東京大学社会科学研究所助教授などを経て、99年4月から現職。その間に、ジョンズホプキンス大学高等国際研究院客員教授などを歴任。07年より放送大学客員教授を兼ねる。著書に『デモクラシーの帝国』『平和のリアリズム』（岩波書店）『映画のなかのアメリカ』（朝日新聞社）などがある。

◉両民主党政権に課題山積

O　日米で新政権ができましたが、アメリカではこないだマサチューセッツ州の上院議員補欠選挙で民主党が負けました。オバマ政権の舵取りが難しくなったと思うんですが。

F　マサチューセッツは共和党の支持者がいるのかというようなところですからね。あれで風向きが変わりましたね。

オバマ政権が発足して最初に手を付けたのは、医療保険改革ですね。保険業界を相手に回す仕事ですから、政権に力がないとできないので最初にするわけですが、誤算だったのは、時間がかかりすぎたこと。遅くとも9月、10月に決着がついていればよかったんですが。

医療が決着して次が雇用という順番で臨むはずだったのが、両方やることになった。そのさなかにマサチューセッツの負けですからね。

O　日米関係がどうなっていくか、というのが気になるところですね。

F　まずアメリカが日本の民主党政権をどう見ているかというのがありますね。基地問題を別にしても、企業にアンフレンドリーだというイメージがある。新参者ですから、財界との繋がりがないに近い。財界には不信感が強いと言った方がいい。

O　だって組合の委員長が3人も閣僚になっている。

F　あれは、ネガティブな面だけじゃなくて、逆に組合を押さえる役回りに使える可能性もあります。

O　でも、今は社会主義化するような政策ばかりで、日本企業は海外に出て行ってしまう。

F　日航ですぐ京セラという話になるのも、経済界とのパイプの弱さを表しているわけですね。

民主党政権は役人に対する依存を減らそうとしていますが、もしそうなら、役人じゃない人、それもビジネスの代表を中に入れることです。役所による振り付けを相対化する役回りの経済人を入れるのが基本なんですが、それをやっていない。

O　できないんでしょ。

F　それが一番のアキレス腱かもしれない。

O　政治主導と言いながら、何も進んでいない。

F　私の立場を鮮明にしておくと、民主党政権に早く潰れろとは思っていないんです。

政権交替したあとに前より悪くなった、というのを93年に経験してるでしょ。今度またそれをやってしまうと、与党が自民党に固定化した政治以外に日本の選択肢がないことになる。政権交替で選択の幅が広がり、正常な競争が展開するのが望ましい。それだけに、今の民主党政権を前にすると、毎日、見ていられないというか、焦燥感を感じます。

民主党政権で根本的に間違っていたのは、政治主導のために3役、大臣、副大臣、政務官、を各省庁に送り込んだ。これは、民主党の実力者を各省庁の代弁者としてばらまいたことになる。その結果として、政治主導どころか官庁ごとにタテ割りを強化してしまったんです。中央の司令塔がない状態でそれをやってしまったわけです。

同情すべき面があったとすれば、8月の段階で予算の原案がほぼ出来上がっていたのに、予算編成を全部やり直そうとした。それで新政権を作るための土台作り、制度づくりがおろそかになった。

しかし、民主党政権が抱えている根本問題は、破綻した財政で福祉国家をやろうとしていることですから、この先はもっと厳しくなる。予算の付け替えだけですまないからです。

O　また赤字国債を発行する。

F　その金額も今回以上になる。半端じゃない規模になれば、日本政府の信用も問われるでしょう。程度で言うと、アメリカよりはるかに重病ですね。

オバマ政権の支持率が46、47％で、民主党政権より少し上くらい。最初70％前後というのも同じなんですが、オバマ政権は1年かかってこれですが、民主党政権はすとんと落ちた。

では民主党政権が終わるかといえば300議席ありますからね。参議院選で大負けしない、勝つ可能性さえあると見ています。自民の支持率が上がっていないんです。

アメリカは中間選挙を11月に控えていて、民主党が負けるのは確実で、どれだけ負けるかがポイントです。今、上下両院で多数を持っていますが、その多数を失うことになると、一気に苦しくなる。法案が通らなくなります。

94年にクリントン政権は上下両院を失っても生き延びるんですが、政策的には死に体ですね。医療保険改革とかみんなストップしたでしょ。いわば共和党的な政策をとって生き延びたんですが、オバマ政権もそっちの方になりかねない。

DIALOGUE

◉二重政府

O　普天間の問題はどうなるとお考えですか。

F　民主党政権はマニフェストに載せなかったとはいえ、もともと県外移設を選挙の最中に言っていた。その背後には対米関係における自立を求める立場があります。そして、沖縄の人にとっては初めて県外に移すという期待が生まれた。

この問題を最初にこじらせたのはアメリカの責任だと思います。キャンベル国務次官補を送り込み、次にゲーツ国防相が来て、従来の方針で行く、と要求したわけです。アメリカが強い要求をすれば、沖縄は反発する。こじれてしまって、問題の解決が難しくなりました。

民主党政権も、実にたくさんのミスを重ねてきました。この件で民主党政権でとれる合理的な選択があったとすれば、すぐの決着はできない、時間がかかる、ということですね。残念なことに国内に反対勢力がいるからと言い訳する、自民党がやってきたスタイルですね。社民党などがうるさいからうまくできないんだ、と言えばよかったんです。

O　5月でトラスト・ミーで決着つけると言ってしまった。

F　なんで5月が出てきたと思います。

O　何でしょ。

F　ぼくは5月と聞いて呆然としましたね。予算審議が一区切りつくのが5月。それ以降なら手が付けられるということです。

ぼくが編集者に原稿の〆切りを延ばしてもらうのに、学年末は採点や卒業判定があるから、と言うようなものですね。(笑い)

O　官房長官が要らぬことを言いましたね。

F　とにかく、民主党の人たちはマスメディアにしゃべりすぎです。向こうは辺野古での合意を持ち出して議論するのは分かっているんですから、何も言わなくていいんです。

いろいろな場面で勝手な政策を言っているので、この政権は求心力がない、指導力もない、となるわけです。

O　だから小沢さんがアメリカに行くことになった。

F　昨年の暮れまでは小沢さんに対して警戒心があったようですが、この政権で構想力を持っていて、いろいろな段取りをつけられるのは彼だということで寄ってきた。でも、小沢さんは内閣のなかにいないでしょ。二重政府になってしまう。幹事長では相手の政策要求に対応する資格がない。

O　小沢さんは自分の力を過信してませんか。

F　小泉さんと小沢さんは、自分で状況を見て、ここをこうすればどうなると考える孤独な人。(笑い)

鳩山さん、麻生さん、福田さん、安倍さん、みなさん友達がたくさんいて、幸せに生きている。一人でドライに戦略を練るどぎつさは、この人たちにはないでしょ。

●自衛隊との共同利用

O　普天間の解決策はどうお考えですか。

F　普天間という人口密集地で演習をやっているのが

一番の問題です。では、演習の場所を移せないか。この案件が10数年先延ばしになってきた間、普天間の設備更新もしていません。

在日米軍基地は、米軍専用の拠点がほとんどで、一方、ヨーロッパは米軍との共用です。今の状況では、沖縄の外に新しい拠点を作るのは無理ですし、グアムに移転するのは、海兵隊が沖縄から追い出されることですから、アメリカは死力を尽くして抵抗するでしょう。とすると、自衛隊との共同利用による演習という図面が出てくる。出口からいえばこのあたりで、演習地の移転と日米の共同利用で、まず焦眉の急である普天間の問題をクリアすることができる。

O　5月から交渉が始まるということですね。

F　5月などと言ったのは正気の沙汰ではない。ほんとにパニックで言ったのだと思います。

日本にとって有利な材料があるとすれば、貿易紛争と違って、アメリカに日本を圧迫する材料がないことです。雇用問題と違って議会が圧力をかける問題ではない。アメリカは原案通りやってくれないと困るとメッセージを送り続けながら、このまま動かなくなったらどうしようと心配する立場なんですね。

O　日本はのらりくらり時間稼ぎするしかない。

F　先の筋書き以外にない、と皆さんが納得するまで交渉が必要でしょうね。

ぼくは常時駐留なき安保という考え方は必ずしも理論的には反対ではない。ただ、それに持って行くためには、今、日本はアメリカの核抑止力に頼っているわけで、核に頼らなくても安定した国際関係をつくる必要があります。それには、中国、北朝鮮の問題を何とかしなくてはならない。民主党が常時駐留を言うのは、対米自立が先にあって出ている話で、安全保障から考えているわけではないんです。常時駐留を無くすのなら、その前提として、緊張の削減が不可欠なんです。

具体的には、中国に新世代兵器の配備を見送らせる、モラトリアムをやらせるということです。中国は軍拡が進んでしまった。アメリカには共和党政権のもとで8年間、中国の軍拡を見過ごしてしまったという反省がある。

人民解放軍に高いおもちゃをいくらでも買い与えていた状況を変えるような方向に行ってくれないと、中国と一緒にやれないよという環境をつくる。オバマ政権はこの件で深刻に動いて、中米関係が緊張するでしょう。何もグーグルや台湾関係だけで緊張しているのではないんです。とすると、日本はすぐ米中関係が緊張すると大変だとなるけど、その緊張を緩和するように交渉に動く、あるいは少なくともそういう道筋を作っていくことに日本が噛んでいくというなら分かる。東アジア共同体を言う前に、具体的な緊張があるわけですから、それをどうするかということです。

O　やれもなしない理想を言ってもしょうがない。

F　つまりプロセスがないわけです。

O　日米、どっちの民主党も多事多難。先生のお話で、なんとなく両方の現状と将来が見えた感じです。

対論（2011・1）

DIALOGUE VS 歌手 五木ひろし ITSUKI Hiroshi

——次の世代に歌をつないでいきたい

〈いつき・ひろし〉

1948年3月14日生まれ、福井県美浜町出身。64年「第15回コロムビア全国歌謡コンクール」で優勝し、プロ歌手となる。70年「全日本歌謡選手権」で10週勝ち抜きの栄冠を得る。翌年に「五木ひろし」として「よこはま・たそがれ」を発表。この曲の大ヒットにより、数多くの賞を受賞し、一躍ミリオンセラー歌手となる。NHK紅白歌合戦は、71年以来、連続40回出場。04年3月には、自身の構成演出による日生劇場ライブコンサートが評価され、文化庁より第54回芸術選奨文部科学大臣賞（大衆芸能部門）を受賞。07年11月に紫綬褒章を受章。ただいまシングル「おしろい花」が大ヒット中！

◉紅白出場最多の楽曲数

O　毎日、行き帰りの車の中で五木さんの歌を聴いているんですが、たくさんの恋をした人じゃないかという気がします。すごい情念を醸しながら、どこか客観的に見ているようなところもある。

I　なくはないと思います。やはり経験は大事だと思います。だけど、経験以上に日本語という言葉を伝えようと。その伝え方の五木流マニュアルがあるんです。みんなそれを知らないんです。この言葉を伝えるには、この歌い方がベストだというのがあるんです。これはぼくが独自に見つけたものです。

同じ歌を歌っても、いちばん違うのはそこなんです。表現の仕方というかね。ぼくはこれを割と早く気が付いたんです。女性が主人公の歌を歌う時は、そういうものがより一層大事になってきます。

O　だからなのですね、これはよっぽど恋愛の達人かと思わせるのわ。

I　そういう時代もありましたから、否定はしませんですけどね。（笑い）辛い経験をした方が、歌にはい

いはずですよ。（笑い）
O　それにしても、デビューして40年。どういう感想をお持ちですか。
I　数年売れない時があって、出遅れた感がありました。ですから『よこはま・たそがれ』からは全速力でした。早く追いつき、追い越そうとね。それで気が付いたら、10年経っていた、20年経っていたという感じですね。
40年のうち18年はひたすら走って、結婚後の22年は一日々々足を地に着けてやってきたという感じです。それからの一作々々がぼくにとって重みがあるんです。自分でプロデュースすることも、その頃から本格的にやり始めました。紅白歌合戦でぼくより多く出ているひとは二人いますけど、楽曲の数ではぼくがいちばん多くて36曲。その年にがんばってヒットがあったから紅白に出られると思うんです。ぼくが出た当初はそういうものでしたから。その思いが強かったので、おかげさまでその年の歌を数多く歌うことができたと思うんです。ぼくのこだわりというのは、そこにあるんです。
O　歌が次々とヒットし続けるというのは並大抵のことではないと思います。
I　ましてCDとかが売れにくい時代になっていますからね。そんななかでも昨年の「おしろい花」はこの8年で最も売れているんです。まだそこまでセールスできるというのが、自分で嬉しいんです。みんな苦しい苦しいと言っているなかで、いや、ぼくは10年前と枚数が変わりません、と言える。きちんと自分で方向性を考えてやりさえすれば、お客さんはついてきてくれるということだろうと思うんです。
O　こっちが売れそう、あっちが売れそうでは、だめということですね。
I　結局、ワンマンなんでしょうね。自分でひらめいて、自分で考えたことをやりたい。もちろん他人の意見を聞く耳は持ちますが、最終的に責任をもつのはぼくですから、自分のやりたいもので貫かせてくれと言っているんです。
O　ふだんあまり歌の練習はなさらないそうですね。
I　だらだらやるのが嫌いで、短期集中型なんです。劇場用モードに切り換える、となったら5日間でも1

週間でも自分の世界にどーっと入るんです。舞台の1ヵ月間はそのモードで行きますから、ほかのことは一切考えません。それこそまじめな規則正しい生活になります。公演中は6時半ぐらいに起きますからね。ウォーミングアップしていちばんいい状態で入っていくわけです。楽屋もぼくがいちばん早いので、周りも大変なんですけどね。

O　この間、サントリーホールでホセ・カレーラスも同じことを言ってました。この一日に集中してやらないと、体がもたないと。

I　ぼくも一昨年、聴きました。ぼくらが何がいちばん幸せかというと、その日にいちばんいい状態で歌えるということです。ほかのことで楽しんで、ステージが疎かになるようでしたら、何の意味もないんです。

●芝居は大先輩から

O　お芝居はどういう特訓を積んでらっしゃるんですか。

I　子どもの頃から歌と映画に触れてましたからね。それに初めて芝居をやる時に、いろいろな方と出会うことができたんです。長谷川一夫さん、大川橋蔵さんから萬屋錦之助さん、喜劇では三木のり平さん、股旅では島田省吾さん、辰巳柳太郎さん、そういう方々に演出していただいたり、ご指導を受けたんです。

O　それはすごい。

I　歌はどうにか自分で工夫ができますが、芝居は白紙で最初に教えてくださる方のものを盗もうと思ってました。歌舞伎座で公演した時に、先代の勘三郎先生の十八番のお祭りを踊るのに、先生の自宅で教えていただいたこともあります。

この間の明治座は藤山寛美さんの芝居ですが、ご本人がおいでにならないので、DVDを何十回も見て練習しました。

O　寛美さんの〝間〟を実に上手に演じてらっしゃったから、喜劇でもおやりになれるのではないか、と。

（笑い）

I　元来、喜劇が好きなんです。ぼくはよく歌はハーモニーとリズムだと言うんですが、まさに喜劇もそうなんです。ここはテンポアップ、ここはよりいいハーモニー、そして小節の間をどうするかというのは、とても喜劇に似ているんです。ぼくは音楽が芝居にとても生きていると思っています。

O　〝間〟がぴたっぴたっと決まっていくので、おかしくっておかしくって。

I　おかげさまで大好評で、明治座もあれだけ入ったのは久しぶりだとおっしゃってました。口コミで広がって、客が客を呼んだんですね。それがいちばん理想なんです。

O　寛美さんのが五木さんのものになってました。

I　最初、台本をいただいてDVDを見ると、まったく台詞が違っているんです。でも面白いんでね。それを自分で台本に書き込んで。

O　今風にアレンジしたり。

I　あまりにも大阪的なものは省いたり、全部自分でやって、本番にうまいこと入り込めたのでしめたと思いましたけどね。その日その日のアドリブも出てくるようになりました。

ぼくが想像する以上に受けましたね。東京でこのお芝居はどうかなというのがあったんですが、初日から大爆笑でした。ある人がぼくの芝居を見てから寛美さんのDVDを見て、これをやったんだと改めて感動したりね。

O　このお芝居、五木さんしかできないなと。

I　松竹さんもぼくなら寛美さんのは何でもやってくださいと許可が出るんですが、ほかの方には許可しないんですよ。心配なのは、ではぼくのあとは誰が継ぐの？　ということです。

O　芸事には継承の問題がありますね。

◉第2の五木ひろしを

I　ぼくたちは継承の世代なんですね。自分の歌を含めて、流行歌をどう受け継いでいくのか、ということですね。

昨年の12月から五木プロデュースの新人発掘オーディションをやっています。各地で予選会をやったり、テープ審査をしたりして、今年の秋に最終審査をやるんですが、第2の五木ひろしを世に送り出そうと。もうそういうところへ行かないといけないと思うんです。

時代が時代でしたから、ぼくはいろいろな人の歌を継承することができたわけですが、何もしないで放っておくと、ぼくらで終わってしまいます。

O　天才をもう一人作るのは至難の技でしょうね。

I　いやぼく程度の才能の人間はいくらでもいると思います。世に出てから目指すものの違いだと思うんです。ぼくは売れない時代があった分、目標を高めましたからね。せっかくヒットに巡り合わせてくれたのなら、とことん行くしかないし、やはりぼくにとってひばりさんという存在が大きかった。この人と肩を並べたい、できるなら追い越したいという目標があったのでやってこれたんです。ですから、次に来る人が五木を抜こうと思ってくれるなら、とてもいいことなんです。

今回、オーディションの課題曲を股旅にしたのは、歌が上手くないと絶対に歌えないからです。歌唱力がよく分かる。それにプラスしてオーラとか、何か特別なものを持っている人に出会えたらいいなと思っています。

O　では今年の課題は第2の五木ひろしを発掘したいということですね。

I　それと同時に大きなヒットを飛ばしたい。

O　30万枚？

I　そうです、それが目標ですね。

O　作詞、作曲で。

I　いえ、ぼくは作詞はできないんですよ。詞を自分で作って自分で歌ったら、くすぐったくなっちゃう。どこか客観的な部分を置いておかないとなりきれないですよ。

O　いろいろお出来になるから、何を次に打ち出すのかが難しい。

I　そうです、演歌なのか、ポップなのか、まったく新しいものなのか、いくつかの中から今年はこれでいこうと選んでいくわけです。それを定めていくまでが大変なんですけどね。

ただ、前作と同じことはしたくないんです。それがぼくが長続きできた秘訣だと思うんです。売れた歌を続ける方が楽なんです。でもそれが終わった時にどうするんだということです。いい時に早く違うイメージを作ろうと。それでコケてもやり直しが利くと思うんです。お客さんの希望をあえて裏切るんです。あなたの好きな曲はもうすぐやりますから、ちょっと待って

DIALOGUE

てくださいね、と。

O　最後にこれからの音楽ビジネスはどうなるとお思いですか?

I　レコードがCDになり、今やダウンロードの世界になっていますが、ライブというのは変えようがない。ましてや高齢化が進むということは、エンターテインメントの世界を楽しみたいという層が増えるということです。これはビッグビジネスですよ。

O　また楽しみな1年になりそうです。

対論（2012・5）

VS DIALOGUE——絶望の国の希望とは？

東大大学院博士課程
古市憲寿
FURUICHI Noritoshi

〈ふるいち・のりとし〉

85年、東京都生まれ。東大大学院総合文化研究科博士課程在籍。慶應大学SFC研究所訪問研究員（上席）。（有）ゼント執行役。03年、慶應大学SFCに進学。05年〜06年にかけて、ノルウェー国立大学オスロ大学へ交換留学。帰国後、北欧の育児政策について卒業論文を書く。07年、友人に誘われ（有）ゼントで働き始める。同時に、東大大学院へ進む。本田由紀の講座を履修し、若者と労働に興味を持つ。今は大学院で若者とコミュニティについて研究を進めるかたわら、ゼントでマーケティング、IT戦略立案にかかわっている。著書に『絶望の国の幸福な若者たち』『上野先生、勝手に死なれちゃ困ります』（上野千鶴子と共著）などがある。

◉北欧はユートピアではない

O　古市さんが社会学をやろうと思ったそもそものきっかけは？

F　慶應大のSFCで最初は建築模型を作ったり、コンピュータグラフィックスをやったり、いろいろなことをしていたんですが、たまたま小熊英二さんの授業を取り、社会学って面白いんだな、と思ったんです。小熊さんは日本の戦後思想が専門ですね。

O　若者と労働をテーマにしたのは？

F　学部の3、4年の時にノルウェーに留学したんですが、修士論文は北欧の育児政策について書き、大学院でも北欧をテーマにしようと思ったんです。ただ、上野千鶴子先生に「北欧は遠いわよ」と言われて、確かにそうだな、と。それで身近に若者がたくさんいるし、それをテーマにしようかなと。

O　高負担高福祉を認める感じ？

F　というより、北欧って日本ではユートピアみたいに語られるじゃないですか。実際にどうなんだろうとを行ってみたら、ただの田舎で、道路は舗装されていないし、モノは少ないし、娯楽もない。労働時間が短いから、自由時間が多くてそこそこ楽しく暮らせるけど、ユートピアからは遠い。

O　北欧は3時くらいから暗いものね。冬は寒いし、やることないもの。

F　食事がまずいので、チョコレートばかり食べてました。

O　ノルウェーで中華料理ぐらいは食べられるかと思ったけど、だめね。

F　外食という文化がまったくないんです。食事は家で食べるもの、というカルチャーですね。

O　食文化のないところは全体に文化もないという感じね。

F　ヨーロッパのはずれの国なんですよ。もちろんいいところはいっぱいあるとは思いますけど、ただみんなが憧れるのは違うなと。

O　福祉が万全といってもね。

F　医療費が安いといっても、ホームドクター制を採っていて、予約をしないと病院に行けないので、2週間先というのもざらですね。

O　日本には変な〝北欧伝説〟がある。

F　官僚組織がどんどん大きくなって、税金の無駄遣いが問題になっています。

O　テニスの選手でも、ある程度、稼ぐ人は国を出てしまうじゃない。若者に夢があるとは思えない。

F　ほんとにできる人はオックスフォードとか行っちゃいますね。

◉編集好き

O　社会学をやる素質って何かしら?

F　もともと子どもの頃からやっていることと変わらなくて、小さい時は宇宙開発とかサメが好きで、ひと通り図鑑を買ってもらって、それを自分用に編集したりしていました。自分にとって有益だと思われる情報をピックアップして、文章を引き写したり、絵を描いたりするわけです。

O　古市オリジナルね。(笑い)

F　たくさんの情報のなかからひとつのストーリーにするのは、昔から好きでしたね。

O　自分の視点で抉っていく。

F　そう、それが趣味みたいなものでしたね。だから本を書くのも、仕事という感覚ではないですね。それに自分に関心があることをや、自分が引き受けなければならないことをやっているので、別にストレスもありません。

O　新聞である大学の准教授が、就活のことに触れて、就職活動と自分探しがごっちゃになっている、と書いてたけど、それは古市さんにはなさそうね。それにしても未だに大企業に安心と安定を求める若者が多い。

F　おっしゃる通りですね。1970年の、大学生から見た人気企業ランキングというのがあるんですが、トップ20のうち半分ぐらいが潰れているんですね。長崎屋とかダイエーとか。

O　日本航空も入っていた。

F　求人倍率を見ると、大企業は二人に一人しか入れませんが、中小企業では4社で一人を取り合っている。それなのに、なぜ大企業信仰が根強いのか。

O　母親がテレビに出てる企業しか知らなくて、ここに入りなさい、と言う。

O　BtoCでモノを売っている会社しか知らないから、そこに集まりがちということはあるかもしれませんね。それに、サラリーマンである親の姿しか見ていないということもある。

会社を興すのでも、個人商店とかいろいろな在り方があるはずなのに、ホリエモンのように上場を目指すか、サラリーマンかという二者択一になっていて、これは何か違うなと思います。

O　就活で40社も50社も受けて落ち続けるのがいるけど、もっと自分の能力を冷静に見つめろと言いたいわ。

F　就活というのは、自分を売り込むいちばん簡単な営業じゃないですか。自分さえ売り込めないで、他人が作ったものを売り込めるはずもない。自分は向いてないとほかの道を探す方がいいと思いますね。

DIALOGUE

◉常識をひっくり返す

O　古市さんは、今の若者が内向きというのは違う、消費をしないというのも違う、社会的な関心も高い、自分を幸福だと思っている、と世の常識をひっくり返すようなことを書いてますが、周りの若者を見てそう感じますか？

F　ええ、それに統計的にも言えるのは、留学生の割合は増えていて、バブルの頃と比べると3倍くらい。アメリカだけでなく中国などに分散しているので、減っているように見えるんでしょうね。消費にしても、クルマは買わなくても、ファッションや通信などにはお金を使っています。

O　なぜクルマを買わないのか？

F　東京だと毎日タクシーに乗っても、維持費などを考えると、その方が安くつくぐらいですよね。あと駐車場も少ない。そういう意味では、合理的になったと言えるのではないかと思います。そもそもクルマを持ったからといってモテる時代でもない。

O　昔ならアルファ・ロメオに乗っていると、女の子が寄ってきたとかね。

F　それは、ちょっとバブルっぽい、と引かれちゃう部分がありますね。

O　自転車に乗っているのが多いけど。

F　多いですね。（笑い）

O　若者として一括りできたのは高度成長期の一億総中流化以後とのことですが、これからどうなると思いますか。

F　まだ若者の親の世代がそこそこ豊かなので、一括りで語れると思いますが、階層化が進めばそういうわけにはいかないでしょうね。階級社会化というのは80年代から進んでいて、子どもの学歴や職業は親のそれの影響をだいぶ受けると言われています。それを見ないふりをしてきたのが、ここにきてできなくなった。

O　それを格差社会がダメだと批判する向きがある。

F　日本はトップとの差が小さい社会ですよね。それに格差社会と言って慌てているのは、ちょっと不安な中流階級の人だろうと思います。自分が困っていると言えばいいのに、派遣村のような人々に言い換えている。アメリカのティーパーティーは、自分たち中流が危ない、という当事者運動だからいいんですが、日本は誰かほかの人が可哀相だという形で問題化してしまう。責任感がない感じがします。

O　私は派遣村の騒動以後、生活保護を安易に受ける人が増えて、日本人がだめになったという考えね。

F　湯浅（誠）さんは、ホームレスを派遣と呼び換えて、みんなの同情を呼んだのは運動家としてはすごいな、と思いますね。あと、生活受給者が増えたのは国民年金を払ってこなかった人が高齢化してきたからです。払い続けた人が6万円しか貰えないのに、生活保護は月に30万円貰えるというのはアンフェアだと思います。生活保護はまったく弾力性のない仕組みですね。

ヨーロッパではアクティベーションといって、生活保護に行く前に就労訓練などをするんですが、日本は何もしないで、生活保護になると急に手厚くなる。もっとグレーゾーンをどうにかする発想が必要ですね。それと日本人のモラルに頼ってきたところもあるので、もうそれはないものとして設計するしかない。昭和のうまく行きすぎたシステムに、今復讐されている状況だと思います。

◉むらむらする若者

O　本のなかで〝むらむらする若者たち〟という概念を出しているけど、その中身を説明してもらっていいですか。

F　友人といると気持ちがいい、といった村的なコミニテイに安住する若者がいて、その若者がまた、時々はボランティアもしたくなる、社会ともつながりたくなるという意味で、気持ちがむらむらする。両方をひっくるめて、〝むらむらする若者〟と表現しました。

O　階層化が進めば、その〝むらむら〟も解消されていくことになる？

F　ただ、階層化が極端に進めば、もう上を目指す意欲を失って、低い水準で満足してしまう人が増える、という可能性も考えられます。そして、優秀な人はどんどん海外に出て行くでしょうね。日本全体が老人だけの、まるで地方都市のような存在になってしまうかもしれません。

O　古市さんは政治家で期待するような人はいる？

F　逆に、グローバル大企業もありますし、国際的NGOもありますし、国というアクターの役割は小さくなっていくと思うんですね。最悪、日本という国がどうにかなってしまったら、自分たちの都合のいい場所に移動してしまえばいいと思っています。

O　国防意識はなくなっていく。

F　そうですね。これからは国単位ではなく都市ごとに競い合う世界になると思うんです。そこを守るのは、グローバルな警備会社のようなものじゃないでしょうか。中世は都市の時代で、そこを守るのは傭兵です。政治学者のなかにはこれからの社会は、新しい中世に向かっている、と言う人がいます。

O　古市さんの話を聞くと、日本の未来はあまり明るくなさそうね。

F　昔の仕組みに入っていけば、ある意味それは絶望だけど、そうじゃないチャンスもぼくたちはたくさん手にしていると思っています。大企業に入らないで友達と会社を興してもいいし、海外に行ってもいいし、いくらでも可能性は無限にありえると思うんですね。実際、自分たちの生活を守るための小さな会社を始めるような人が増えている。いわゆる小商いですね。

O　久しぶりにクレバーな若者と話をしたという感じです。絶望のなかの希望も感じられたお話でした。

対論(2012・9)

DIALOGUE——死に逝くひとへの化粧

VS

美容研究家・メイクアップアーティスト

小林照子

KOBAYASHI Teruko

〈こばやし・てるこ〉

(株)美・ファイン研究所所長、(株)フロムハンド代表取締役社長、[フロムハンド]メイクアップアカデミー校長、青山ビューティ学院高等部校長、JMAN(Japan Make-up Artist Network)理事、エンゼルメイク研究会副会長。

1935年生まれ。(株)コーセーにおいて長年、美容研究に携わり、その人らしさを生かした「ナチュラルメイク」を創出。女優から一般の女性まで何万人ものイメージづくりを手がけ、「魔法の手」を持つと評される。(株)コーセー取締役・総合美容研究所所長を退任後、(株)美・ファイン研究所を1991年に設立、独自理論で開発した「ハッピーメイク」がマスコミなどで話題となる。また、[フロムハンド]では、トータルビューティの本格的プロを養成し、数多くの卒業生を世に送り出している。死者への化粧「エンゼルメイク」をエンゼルメイク研究会を通して広めている。著書『人を美しくする魔法』ほか多数。

◉広がるエンゼルメイク

O　今「いかに死ぬか」というターミナルケアに関心が集まっているように思います。高齢社会になると、生き方ばかりか死に方も気になり始めるようです。
先生はご友人などに死に化粧をしてこられて、今までで数十人になるとのことですが、看護師さんの間にエンゼルメイクとして広がっているそうですね。

K　私が若い頃は、どうしても年上の人にメイクをすることになります。更年期を過ぎてうつ病になる人がいたり、身体を壊す人も出てきます。そういう人にメイクをするとケアの代わりになると気付いたのですが、さらに歳がいって次第に亡くなる方も出てきました。
私はお世話になった方には、最期にお化粧をして差し上げようと、そういう思いでずっとやってきました。ですので、知らない人に化粧をするということはありません。

それをどう普及させていこうかと考えていた時に、

看護師さんのOBが新聞を出すので座談会をしたら、看護師さんがいちばん困っているのが亡くなった人への化粧だと分かったんです。

乾いたり、冷たくなったりしていると、化粧が伸びません。当然、化粧品は体温がある人に合わせて作られているわけですね。死者に頬紅をすると固まったり、いろいろな失敗があるんですね。

医学では死は敗北で、ご臨終ですと言って医師と一緒に頭を下げますが、これでは非常に情けない、ちょっときれいにして差し上げたい、と思う看護師さんが多いんですね。

静岡の榛原総合病院がモニター病院になってくださったんですが、そこはいろいろな病棟があるので、共同研究に最適だったんですね。看護師さんと一緒に、黄疸には何を、傷には何を使ったらよかったとか報告し合って、データを溜めていったんです。

O　私は業者の方がしているものと思ってました。

K　そういう場合もありますが、看護師さんがなさることも多いんです。ただ、ハワイのおみやげの口紅で使っていないものとか、ちびた使い残しのもの、私物を持ってきたり、間に合わせのもので申し訳程度にやっていたんですね。

化粧法も訓練されていないわけですね。黄色い肌には黄色から始めるとかね。ある方のご主人は肝臓の病気だったので、顔色が茶色をすごく濃くしたような感じでした。そういう場合は、茶色は茶色から、と念じながらやっていくと、次第に肌色が乗るようになっていく。お爺ちゃんじゃない！　と近づかなかったお孫さんが、きれいな顔になると近づいて、「お爺ちゃん！」と言ったのが印象的でした。

いちばんいいのは、どんな病気で亡くなったかが分かっている人がやることです。

O　死に方で化粧の仕方が変わる。

K　そうなんです。８割の人が病院で亡くなるわけで、感染症などがあっても、守秘義務があって立ち入れない。としたら、エンゼルメイクは看護師さんに委ねる方がいい、と思ったんです。

今は全国で３３６の病院が導入していますし、エンゼルメイクを知らない看護師はモグリの可能性があります。（笑い）

最初、私たちが講習会、講演会を開くと、看護師さんたちは自腹で参加していました。彼女たちはとても勉強熱心ですね。それがだんだん認知されて、参加の費用などを出してくれる病院も現れてきました。

O　病院としては医療行為ではないからですね。

K　そうです。しかし、あそこは丁寧に看取ってくれると評判になれば、病院にとってもいい、ということがあると思うんです。

今はエンゼルメイクのためのセットができています。いい筆を使えば、下手でもかなりのことができるんです。道具は最高にいいものを選んで、あらゆる可能性を考えてファンデーションの色を用意して、それをセットにして、マーシュ・フィールドという会社に販売や流通をやっていただいております。

いい道具を持っていると、「お母さんもどうぞ、娘さんもどうぞ」と自信をもって言えるんだそうです。遺族も「こんな立派なのでやってくれるんですか」と言うそうです。

前は、遺族には外にちょっと出てもらって、その合間に化粧をしていたんですね。家族にとっても、いい看取りの時間になるわけです。

O　お母さんや娘さんがきれいになったら、それは嬉しいでしょうね。

K　自分もかかわったというのが大事。私は死体ではなく、生きている最期という捉え方をしています。いくらおしゃれな人でも、本人は化粧できないから、家族や看護師がやってあげる。私たちの提案するメイクは「生きているような」その人らしさです。

O　ほかの人がやらないと、すっぴんで死ぬしかなくなってしまう。

K　誰も見舞いに来ないで、と言っているうちに亡くなったら、遺された者は後悔しますよね。

●メイクで寿命が延びる

O　メイクには遺族の心も変える不思議な力があるんですね。

K　私がメイクをした人で、だめと言われてから最長10年生きた人がいます。69歳で亡くなったんですが、解剖したら、肺が全部石灰化していたと言います。生き切ったということでしょうね。「冬になると私はほとんど寝ていました」とおっしゃっていたので、何か呼吸器に問題があったんだと思います。

彼女は初めて来た時に眉が下がっていたので、いつも人の愚痴ばかり聞いているんでしょ、と言ったら、そうなんです、と。それで眉を上げてあげたら、やってくる人みんな愚痴を言わなくなったと言うんです。明るいことを言うようになった、と。眉毛を変えたことは誰も気付かないのに不思議だ、というので、その人はメイクの勉強を始めたんです。1年半、それも人のためにメイクをやりたいというので、不定期だけど通えるコースを作ったんです。その人、皆勤でした。

余命幾ばくもないということで、やりたいことをやらせようと家族も勧めたらしいのです。私は事情を知らなかったのですが、彼女が亡くなった後に息子さんが菓子折を持ってやってきて、実はこうで、と話してくれたんです。

O　メイクは本当に人間を変えてしまうんですね。

K　最期は人は手を見るようになるのよ、とある雑誌の取材者に言ったことがあります。手を見始めると死が近い。やはり最期は自己愛ですよ。自分が見る自分というのは、手がいちばん近い。鏡を持たないと顔は見えません。私は、子どもの頃から周りでそう言うのを聞いていました。

取材者はその時、叔母様が重体だと言いました。私が申し上げたのは、本人は鏡を持てない、だから手にマッサージして、爪にきれいな色を付けてあげなさい、と。

言われたとおり、その人は実践したところ、自分のことさえよく分からない叔母さんがとても喜んだそうです。そのネイルを付けたまま、2、3日後に亡くなったそうです。後で「本当に叔母孝行ができたんですよ」と涙ぐんでいました。

O　うちの母親も入院して、鏡があっても見なかったですね。私の手きれいでしょ、きれいでしょ、と言っていました。

K　病院にいると日焼けもしないから、白くなってね。痩せたりすると、蝋人形のようなきれいな手になります。そこに爪にきれいに塗ってあげると喜ぶ。結局、自分が大好きなんですよ、人間は。

◉母親の腕の中のように

O　オーストラリアの高齢者施設に行かれたことがおありだとか？

K　シドニーで高齢者の施設を拝見させてもらいましたが、車いすに乗っている人でも、ちゃんとハイヒールを履いてますね。ストッキングを履いてネックレスをしている。もちろん化粧もしています。

　昼間、ベッドには誰もいないんです。誰もいませんね？　と言うと、だって今寝る時間じゃありません。図書館にいます、レストランにいます、と。社会性を大事にしているんです。

O　日本は寝たきりをつくる。

K　最期まで社会人として生きるということが大事なんですね。それが張りになってくる。

O　先生はメイクが人に影響を及ぼす理由は何とお考えですか。

K　雑誌の企画でメイクをした女優さんにインタビューをしたことがあるんです。どういう気持ちでしたかと尋ねると、赤ちゃんの時にお母さんに抱かれておっぱいを吸っている記憶が蘇ったと言うんです。

O　いちばん安らかな記憶ね。

K　そういえば、私自身、そういう思いでメイクをやっていたなあと改めて思いました。きれいになりますように、と愛おしむ感じでやっています。この両腕と顎の三角形のなかに顔を包み込んで、ね。

　私は思春期と更年期が、自分に立ち返る本能の時だと考えているんです。これでよかったのかと考える時期です。その時に、メイクで優しく包み込んであげるのがいちばん利くと思っています。医療よりいいかもしれないと思うんです。

O　先生はもう40年……。

K　いいえ57年、私は77歳になります。20歳で始めましたから。

O　えーっ、若くてらっしゃる。

K　60周年記念をやんなくちゃね。（笑い）

対論（2013・5）

DIALOGUE VS 日下部五朗
――生まれ変わっても、また映画プロデューサーに

元東映プロデューサー
日下部五朗
KUSAKABE Gorou

〈くさかべ・ごろう〉

1934年、岐阜県生まれ。早稲田大学3年の時にジュリアン・デュヴィヴィエ監督『埋もれた青春』を観て、映画界へ進むことを決意。57年、時代劇全盛の東映へ入社。「アジアー」といわれた京都太秦撮影所で進行係、主任進行係を務め、入社6年目にしてプロデューサーに。「日本侠客伝」「緋牡丹博徒」など、数多くの任侠映画制作にたずさわる。その後は、「仁義なき戦い」を皮切りに実録路線を打ち上げ、さらに「柳生一族の陰謀」などの大作時代劇、「鬼龍院花子の生涯」や「極道の妻たち」などの女路線を手がけ、全キャリアにおいてヒットを飛ばし続けた。1983年、今村昌平監督「楢山節考」でカンヌ映画祭パルムドール賞を受賞。プロデューサーとして関わった映画は130本以上。著書に『シネマの極道』がある。

◉まさかの受賞

O　日下部さんは「楢山節考」でカンヌ映画祭パルムドール賞を受賞なさってますね。実は私も、元ギャガ・コミュニケーションズの藤村哲哉さんと一緒に、バイヤーとしてカンヌに行ったことがあります。連日、パーティ続きで大変でした。レッドカーペットも歩きました。（笑）

K　「楢山」の時は、監督も来ませんし、下馬評は大島渚監督の「戦場のメリークリスマス」が圧倒的でしたね。ひょっとすればという気持ちはありましたけど、まさか、ね。人前もはばからず、坂本スミ子さんと抱き合いました。

O　飛行機もエコノミーだったとか。

K　ええ（笑）。あのあと2回ほどカンヌに行ってますが、日によって何の用事もないことがあって、ニースやモナコにも出かけています。映画祭が5月ですから、ちょうどポピーが海沿いの道路脇に咲いていて、とてもきれいでした。

O　「楢山」のラストが長いのでカットされたそうで

すね。

K　巨匠ですからね、頑固ですよ。たとえば、積雪何メートルという信州の山奥で撮影したんですが、雪原に木を一本立てて、そこに鷹が来て停まって、さぁーっと兎を追って捕らえるシーンを撮りたいと言うんです。櫓《やぐら》を組んで俯瞰で撮るのに3日かけたんですが、それを一切使わない。イメージが違うと言うんです。

あるいは、マムシが子どもを産むシーンを撮りたいと言う。監督とは別の班がいつ生まれるか分からないのを狙ってずっとキャメラを向けているんですよ。そういう監督です。

カットしたのは、坂本スミ子のおりん婆さんを緒形拳さんが背負って山の中に上がっていく。それが延々と長いので、もたない、と。今村さんとやり合ったんです。結局、3分の2ぐらい切ったのかな。

本にも書きましたけど、私は自分がコントロールできない人は使わないんです。今村さんならギリギリ制御できると思ったので組んだんです。

DIALOGUE

◉警察に睨まれた

O　私は生まれが神戸ですが、子どもの頃、封切りの日に東映のスターが挨拶にやってきてました。山口組との関係もあったんでしょうね。

K　私は映画館も行きましたけど、田岡さんの家にも3、4回は行ってるんじゃないのかな。

うちは「山口組三代目」が爆発的にヒットして、配給収入の何割かを渡す契約だったので、警察から資金源として疑われたんです。億という金が渡りますから、それに目を付けられた。岡田（茂）社長が兵庫県警に引っ張られて、だいぶとっちめられたそうで、それで警察に恨み骨髄になって帰ってきて、「よし、おまえ、警察をぼろくそにする映画を作れ」となって、「県警対組織暴力」ができ上がったんです。（笑）

◉プロデューサーの条件

O　プロデューサーで大事なのは感性、通俗性、そしてスケベであること、とおっしゃってますね。

K　それに突破力が要りますね。映画のプロデューサーは自前でお金を見つけてこなきゃならない。何億という金を引っ張ってくるのは、至難の技です。ほとんど詐欺の世界ですからね。こういう投機的なものにお金を出すなんて普通はありえない。

テレビ会社であれば、ビデオを売ったり、放映もできますから、メリットがありますが、ほかの会社はそういう機動力はないですからね。

O　岡田茂さんは財界のパーティなどにも来られていて、ひときわ目立っていました。身体も大きいし、独特なムードがありました。まさか東大卒とは思いませんでした。

K　しゃべるのも好きだし、スケベだしね。東映の映画は、バイオレンスとエロチシズムなんですよ。みなさんが映画にいちばん興味をもつのは、それなんです。それをずっと大事にして守ってきたのが岡田茂。

ぼくは最初、俊藤浩滋という名プロデューサーに付きました。彼は神戸の大島組の若い衆で、とてもはしっこい、賢い人ですね。

俊藤さんは、これはという人をピシッと掴まえる。岡田さんもやられた口ですが、そのかわり俊藤さんも一生懸命働きましたからね。

O　「仁義なき戦い」が封切られて、もう40年になります。あれはドキュメントタッチの画期的な映画でした。

K　作家の飯干晃一さんが豊中に住んでらして、私と先輩の笠原和夫さん（脚本家）と二人で行きまして、その時に広島のやくざが手記を送ってきたけど、小説にして「週刊サンケイ」に連載すると言うんです。それを聞いて面白いと思って、原作をいただいたんです。

O　笠原さんの書かれた台詞は、シェークスピアのよう、と日下部さんはお書きですね。

K　あれは見事でした。

O　それとキャスティング、菅原文太さんに金子信雄さん。

K　文ちゃん、健さん、若山富三郎さん、みんな俊藤さんの支配下だったんです。そのうちの一人ぐらいは俊藤さんにお願いしても、あとは若手でいこうと。そうじゃないと、自分の映画にならないと思ったんです。みんな弾けるような若い役者で、監督の深作も素晴らしかったです。

でも、あれは原作者の了解を取るのに苦労しましたからね。関係者がいろいろと生きてましたから。でも、任侠映画がダメになって、これをやらないと突破口はないと思いましたから、5、6回、原作の美能さんに会いに行きました。

◉「鬼龍院花子」は二度蹴られた

O　次から次と企画が当たると、楽しくて仕方がなかったでしょうね。

K　一時、俺は神様じゃないかと思ったことがありますね。つい自惚れてね。でも振り返ると、仕事は、いい才能さえ集めれば、あとは寝とっても大丈夫だということですね。

O　時代が読めていないとダメでしょうね。「極妻」は、女性が男性と対等に渡り合っていて、時代を先取りしているなと思いました。

K　前に藤純子で緋牡丹シリーズがありましたが、ぼちぼち女性を主役にしたものを作ろうかなと。「鬼龍院花子」で岩下志麻さんとも知り合いましたからね。これがものすごくお金のかからない映画で、宣伝・広告費を入れて4億ぐらい。志麻さん以外、びっくりするような役者も使ってませんからね。

O　岩下さんは貫禄と品がある。

K　あの人は〝駆けずのお志麻〟と言われるほど、何があっても動じないんです。落ち着いていて、姉御の感じが合うんです。

O　「鬼龍院」の仲代達矢さんも、意外なキャスティングですね。

K　ぼくは関係してないんですが、「二百三高地」が大ヒットして、仲代さんが乃木将軍。東映では仲代さんはすごい評判だった。「鬼龍院」は2回、企画会議で「こんな暗いものはダメだ」と蹴られていたんですが、仲代さん、志麻さんと段取りをつけたうえで再度、岡田さんと一対一で話し合ったんです。「おまえ、コケたら首だぞ」と言うので、「ああ、かまいません」と言い返しました。

仲代さんを借り受けるのに俳優座の佐藤社長に頼み込んだら、その下の園田さんが夏目雅子のマネジャーだった関係で、彼女も出ることになったんです。そういう役者陣で任侠映画風文芸大作にしようと。

DIALOGUE

◉もし現役ならこんな映画を

O　監督になりたいとはお思いにならなかったですか。

K　それは思いましたね。外国の映画の名作でも、内田吐夢さん、今井正さん、溝口健二の映画を見ていても、いいなと思うじゃないですか。俺もやりたいなと。しかし、俺には無理だと、その中で自分の才能の限界に納得しましたし、現場で馬車馬のごとくこき使われているうちに、楽しくなってきたんですね。これはもうプロデューサーしかないと。やはり向き、不向きというのがありますよ。演出家というのはまた違った感覚がないとダメなんです。深作は、本当にこの野郎、いいかげんにしろと言いたくなるほど予算も日数もオーバーになるんだけど、作品ができ上がると、素晴らしいものを作っちゃう。それでまた彼のところに戻るんです。

O　今、映画をお作りになりたいとしたら、どんな映画でしょうか。

K　「スタンド・バイ・ミー」のようなものならどうかと思いますね。出てくるのは子どもだけですから、お金もかかりませんし、冒険と勇気と友情の話ですからね。それで心を打つ爽やかさがある。あとは、「マジソン郡の橋」、イーストウッドはジーパンとTシャツ一枚だし、奥さんも金がかからない服装で、あと橋と田舎があればできる。テーマは普遍性をもってますからね。

O　大人の恋。橋と家と役者が二人。（笑）

K　企画力というのはそういうことじゃないですか。何億注ぎ込むんではなくて、アイデアで勝負できる。そういう感性は、いろいろな映画を見たり、本を読んだりしているうちに、自然と身に付くものでしょうけどね。でも、ほんとにその企画で当たるのかと言われれば、考えてしまいますけどね。

O　これは当たるんだ、と思い込まないとダメ。

K　思い込んだら、次は人に思い込ませる。（笑）

O　今夜は久しぶりに「極妻」でも借りて観ようかしら。楽しいお話、ありがとうございました。

対論（2013・11）

DIALOGUE——百聞は「実験」に如かず

科学する子どもを育てよう

VS

学研科学創造研究所所長
湯本博文
YUMOTO Hirofumi

〈ゆもと・ひろふみ〉
1953年生まれ。早稲田大学卒業後、（株）学習研究社入社。学年別科学雑誌「○年の科学」シリーズの企画・編集に携わり、「1年のかがく」、「4年の科学」、「5年の科学」の編集長を歴任後、「大人の科学」シリーズの開発を担当した。現在、学研科学創造研究所所長及び板橋区立教育科学館名誉館長。また、科学イベントや講演、TV番組の企画・出演など幅広く活動中。「学研のエジソン」と言われる。

◉自前で考え、自分で作る

O　私たちが小さい頃、女の子向けの雑誌に付録が付いてました。

Y　どんな付録でした？

O　美智子さまのご成婚の時は馬車風のブローチね。

Y　昔は付録全盛でしたからね。

O　湯本さんは数々の「科学の付録」のアイデアを考えてこられたんですよね。

Y　編集長になるとやらせてもらえるんです。6年間で開発したのが約80点。会社に飾ってあるのは、ほんの一部です。自分の考えたものは家で大事に保管していますけどね。

「○年の科学」は1963年に創刊。私が読者になったのが65年で、小学校6年生でした。毎月、雑誌が届くのが本当に楽しみでした。

水を入れるとレンズになる水レンズなんて驚きでしたね。アルコールランプや試験管などが届くと、自分の部屋が実験室になったみたいでね。

貧しい時代でしたから、親が遊ぶものを買ってくれないわけです。それなら、自分で作るしかないと……。

当時はいろいろなものがタダで集められたんですね。戸車をどこかから4つ手に入れて、みかん箱でゴーカートを作ったりね。
O　男の子ってやってたわ。
Y　ロープで引っ張って町内を走り回る。（笑）
O　お父様は科学者？
Y　父は工務店をやってましたから、工具類は揃ってました。
とにかく自分で工夫して考えるのが好きでね。もちろん失敗も多いんですけどね。6年生の時には、エレキギターを作りました。
O　ベンチャーズブームね。
Y　モーターを分解して、ピックアップを作り、磁石の周りにボビンでコイルを巻く。あれ電磁誘導なんですね。ブーンと弾くと発電して、それを音に変えている。とても科学的な楽器です。
図面は、加山雄三のポスターを参考にしました。彼は身長が173センチ（当時の記憶）で、それからギターのサイズを割り出して、原寸の図を書きました。エレキの弦は高いので、とりあえずピアノ線で実験。友だちのアンプに繋げたら、ものすごくいい音がしてね。それですっかり満足したので、いまだに弾けないんです。（笑）
あとスロットレーシングカー。車は既製品ですが、廃材でコースを造りスロット（溝）の両側にアルミホイルを貼って通電させると、見事走りました。曲線に切る道具がないので、カーブは多角形に。だからそこでカカカンと音がするんです。（笑）
O　図書館などで下調べをする？
Y　全部自分で思いつくんです。何でも分解するのが好きでしたからね。父から壊れた時計を貰うと、すぐ分解。元に戻せないけど、何となく構造が分かった気になる。本当に時間が経つのを忘れました。
O　親は勉強しろとは言わない？
Y　父は、遊びに来た友だちには「勉強したか」と言うのですが、私には言わなかったですね。
O　間接的なのね。
Y　私は、勉強は先生が教えてくれている授業中に覚えるもので、家で勉強するのは先生に失礼だと。
O　家では自分の好きなことだけやればいいと。
Y　身勝手な子どもだったかもしれませんね。（笑）

◉誰もやらないことをやる

O　雑誌ではだいぶ画期的なことをやられたようですね。

Y　本誌で世界初の実験を子どもたちにやってもらいました。磁石の実験をやろうと考えた時に、ちょうどテレビで、消しゴム1個のサイズで人を持ち上げられる磁石が日本で発明されたとやっていた。これだ！と。

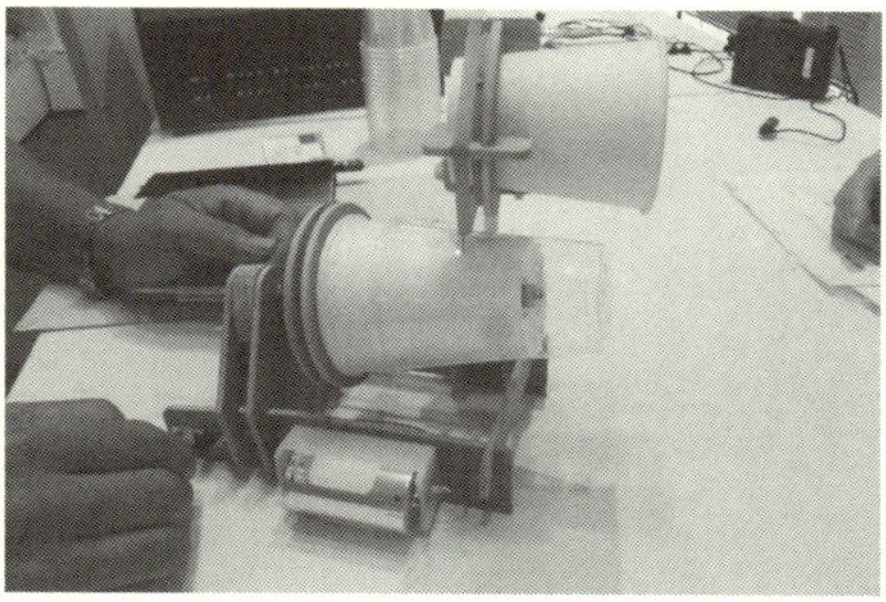

＜エジソン式コップ蓄音機＞
「大人の科学」シリーズの第一弾。縫い針を使って、スチロールコップに声を録音することができる。

さっそくメーカーに電話すると、危険だからと断られました。反発しているうちはいいけど、逆に吸引して指を挟んだら指が潰れますよと。

諦めきれず、某金属メーカーに電話したら、広報の人が面白がってくれてね。技術部長さんも、「これができたら世界初だよ」と言ってくれたのです。

たまたま群馬の方に検品ではねた磁石が保管してあるという。その磁石を大量に借りてリニアモータカーを作り、子どもを乗せて押すと、すーっと走ったのです。

この夏の実験イベントでは、約60人の子どもたちと有人ホバークラフトを10台作りました。空気で浮いているので摩擦ゼロ。子どもを乗せて1台のミニ四駆で引っ張ると、見事に走りだしたのです。これは世界初、誰もやってないぞ、と。

O　小柴昌俊さんが、科学とは人類の知らないことを知ることだとおっしゃいましたが……？

Y　ええ、同感です。誰もやっていないことをするのが、科学の一番の面白さです。どんな小さな発見でもワクワクします。

◉科学嫌いになるはずがない

O　今、湯本さん的な子どもって、たくさんいます？

Y　環境って大きいですね。今は何でも与えられてしまう。便利すぎて、ものが溢れてる。

O　子どもの好奇心が少なくなっている感じはありますか？

Y　ほんとは子どもの時に科学嫌いになるわけがないんです。だって、あんな面白い現象を見せてくれて、体験ができるんだから。それは人間の本能に近いものがあると思うんです。それが今体験できずにいます。

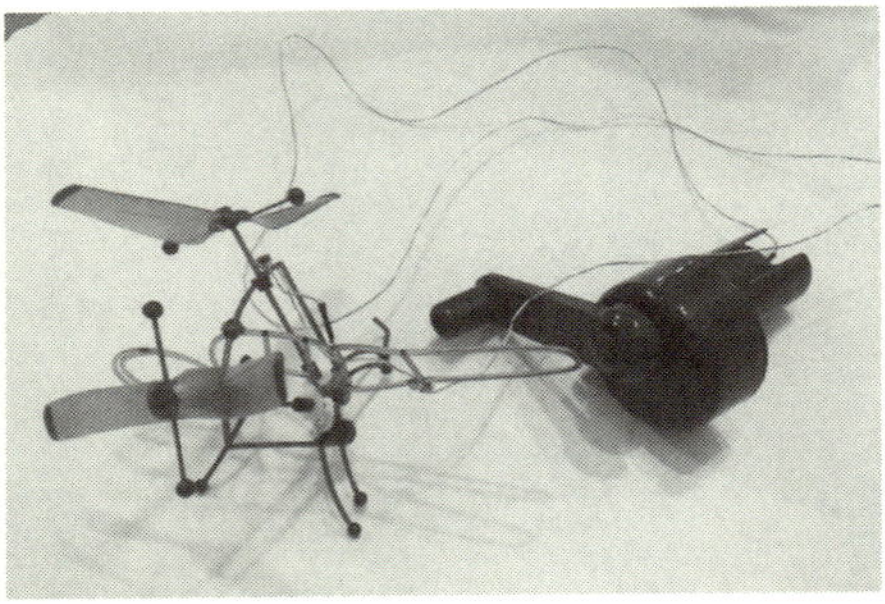

＜クロスコプターEX＞
「科学のタマゴ」シリーズの付録。手回し発電機の発電量で飛び方が変わる。体験した者を科学の世界に引き込む不思議な力がある。

理科教育はどんどん時間が減らされて、私たちの時の2分の1まで減り、ここに来て少し増えましたけど、そこまで減ると、実験・観察する時間もない。

あと専科の先生も減ってきたんです。理科が本当に好きな人、得意な人が教えるのと、不得意で、嫌いな人が教えるのって、全然違う。そういうのがいろいろ重なって、理科離れとか理科嫌いというのが生まれてきていると思うんです。

O　科学離れが進むと、日本の将来が大変ですね。

Y　支えていけないでしょうね。

鉄は熱い内に打て、というけど、小学校の時がいちばん大事だと思うんです。好奇心が旺盛だし、能力も高い。スポンジ状態だから。いちばんいい時に、ゆとりなんて与えたらいけないんです。辛くないんだし、吸収力があるんだから。

詰め込みはいけないけど、いろいろなことを体験させ、そのなかから自分で選択させるべきです。

O　あと国の明確な施策がない。

Y　20年くらい前、台湾に行ったんです。理系卒の方が給料がいいんですって。だから、優秀な人間は理系を目指す。国がそういう施策を打っている。賛否両論あるけど、はっきりして分かりやすい施策です。

O　日本は理工系が不人気。

Y　この春、実技や筆記テストで科学力を競う「科学の甲子園」にゲストで呼ばれました。全国47都道府県の予選を勝ち上がってきた優秀な高校生ばかりで、学校も超名門。

知恵や知識を絞り出して競い合う高校生を見ていて元気が出てきたのです。取り組む姿勢はもちろんのこと発想の豊かさに何度も驚かされました。日本もまだまだ捨てたものではない、と思いました。

私の出番はオープンセレモニーの実験講演。優秀な高校生に見せて白けられても困るなと、ちょっとビビったんです。時間はわずか14分。

それでやったのが、さっきのホバークラフト。会場が沸きましたね。あと自分の得意なコップ蓄音機。それがいちばん感動してくれたみたいです。

O　その子たちが将来、大学などでいい先生に出合えればいいけど。

Y　小学校時代の資料を探していて、担任の先生が作ってくれた「巣立ち」という、一人一冊のノートを見つけたんです。ガリ版刷りで全ページに印刷してある。そのノートに、光センサーの付いた回路図が書いてありました。こういう先生に教わったから、いい刺激を貰ったのかなと思いましたね。

卒業を控え、先生が自作のテープレコーダーでみんなの声を録音してくれたのです。先日40年ぶりのクラス会で、みんなで懐しく聴きました。

O　漢文を教えるのでも中国の歴史から語るような、幅のある先生に教わると違うと思いますね。

Y　ある意味、脱線する先生ね。（笑）専科の先生だと深いんで、それで脱線できる。小学校で全科を教えるというのは無理があるんです。

O　理系と文系ぐらいは分けるべきでしょうね。

Y　いちばん多感な時期に、人間的にも、学問的にも、いい手本を見せる必要があると思いますね。

O　では、湯本さんの開発した物を見せていただくことにしましょう。

対論（2015・5）

DIALOGUE VS

和歌山県立医科大学
保健看護学部講師

岡檀

OKA Mayumi

自殺率が日本で〝いちばん〟低い町の秘密

〈おか・まゆみ〉

和歌山県立医科大学保健看護学部講師、慶應義塾大学SFC研究所上席所員。同大学院健康マネジメント研究科博士課程修了。「日本の自殺希少地域における自殺予防因子の研究」で博士号を取得。コミュニティの特性が住民の精神衛生にもたらす影響について関心を持ち、フィールド調査やデータ解析を重ねてきており、その研究成果は学会やマスコミの注目を集めている。第1回日本社会精神医学会優秀論文賞受賞。著書に『生き心地の良い町』（講談社）がある。

◉田舎だけど都会的

R　岡さんは戦争被害者などへの聞き取りをなさっていて、それから大学院で、非常にユニークな徳島県海部町の調査に向かわれたわけですね。

O　もともとコミュニティが精神衛生にどういう影響を与えるかに関心がありました。その指標のひとつとして、地域の自殺率に注目したのが、研究のとっかかりでした。

R　海部町というのは、特異なロケーションの町ですね。

O　全国一自殺率が低いと分かったので、じゃあ行かないわけにはいかない、という感じでした。

R　東日本大震災以降、絆ということがしきりに言われるようになりましたが、海部町の場合、それとは違った因子が働いているようですね。

O　いじめや自殺が起きるのは絆が弱いからだと言われることが多いのですが、海部町の調査から分かったことは、絆が強ければいいというわけではない、ということです。もっと質的なものに目を向ける必要があります。

海部町は絆がわりとあっさりしているんです。併行して調査した自殺率が高い地域には、非常に緊密な絆があり、言葉を変えていえば身内には強く結束して、よそには排他的なところがありました。

R　その関係が負担になってくる。

O　絆が強すぎると、この人と同じにしなくちゃ排除されてしまうと自分の気持ちを殺すこともありえます。

R　町の成り立ちに秘密があるわけですね。

O　江戸時代に木材の集散地として急速に発展し、移住者がどっと入って来たという歴史と関係があるのではと考えています。そうなると家柄や出自はもはや関係ない、能力主義でいくわけですね。この人はコミュニティにどういう貢献をしてくれるのだろうという目で人を見る。

町の人ばかりか周辺の人も、海部町は田舎なんだけど都会的だと言います。人物本位の評価の仕方や、あっさりした付き合い方とかですね。

それから、多様性の重視。いろいろな人がいてもいい、いやむしろいたほうがいいんだ、という考えの人が多いです。

R　海部町の人は自己が確立されているのかしら。

DIALOGUE

O　そうだと思います。

R　だから相手を認めることができる。

O　赤い羽根募金が集まらないんですが、それは人と同じにしなくていいと思っているからで、ある意味、強いわけですよね。老人クラブの加入率も、周辺地域でいちばん低い。

R　環境が人間の考えなどに影響するというのは面白い視点ですね。

O　つい小さなユニットで考えがちですが、実は何世代も前からの歴史や自然環境が、知らず知らずのうちにものの考え方をつくる可能性はあると思っています。

R　今回の川崎の少年殺害事件でも、あれは人間関係が希薄な、典型的なコミュニティですね。

O　いろいろな人が集まっていても、互いにコネクトしていないことがあります。

その点、海部町では、町の治安ひとつにしても、合理的に計算して行動するところがある。よからぬことがあっても見て見ぬふりをしていると、いずれ自分たちまで巻き込まれる可能性が出てきますし、町全体が荒んできます。それでは困る、という損得勘定が働いている。

R　悪い芽は早く摘んでおかないと危害が自分に及ぶようになる。

O　おっしゃるとおりです。だから海部町では、迷惑は小さなうちにかけてくれ、と言います。いかに気軽にSOSを出させるか工夫をしています。

町には「朋輩組《ほうばいぐみ》」という互助組織がありますが、ほかの地域の組と違って、会則もなければ、入退会にまつわる取り決めもない。よそ者、新参者、女性も加入できます。それに参加しない場合は、「当屋《とうや》」という別の互助組織もあり、そのサポートも受けられます。多様で柔軟なかかわりを大切にしていると感じます。

いくつかの幸運な偶然が重なって海部町のような町ができたんだと思うのですが、ほんとにタイムマシンに乗って見てみたい気がします。

◉生きやすい町を

R　今、地方創生で経済のことばかり言ってますが、本当はそういう土壌の作り直しみたいなことが大事なのかもしれませんね。

O　地方創生とか組織論の興味から、話を聞きにきてくださる方がいます。

地域の若者離れがよく問題にされますが、海部町では帰りたがっている若者が少なくない。でも、残念なことに仕事がないんですね。

R　仕事のあるなしは大事なことですけど、そこに住んで気持ちがいいかどうか、というのが先にあるべきですね。いくら仕事だけつくっても、また離反してしまう。

O　いつも海部町のようなコミュニティをつくるにはどうしたらいいかと聞かれるのですが、100年かける覚悟で取り組みましょう、と答えます。

R　文化を変えるわけですから、3代はかかりますね。

O　即効薬というのはたぶんないでしょうね。本にも書きましたが、海部町ではウツの人にずけずけと、「あんたウツになったんと違うん?」と言います。「病は市に出せ（トラブルは抱え込まず早めに開示せよ）」という諺もあります。これを自殺多発地域の町で言うと、びっくりされる。ウツなんて噂が立ったら、それこそ孫子の代まで何を言われるか分からないと言います。

明日からすぐ変わるなんて、無理ですよね。それでも、海部町の話を聞いて、「そんなことを言っていいんだ」と、わずかでも楽な気持ちになるおばあさんがいるかぎり、私も伝え続けていきたいと思っています。

◉リカバリーの難しい国

R　これからの研究課題は？

O　ほかの自殺希少地域との共通点は何だろうと。それで、より自殺の予防因子を明らかにしていくのがひとつで、もうひとつは経済が悪化した時に、耐性のある地域とない地域でどういう違いがあるのか調べたいと思っています。特に98年あたりに記録的に自殺率が跳ね上がったのですが、地域によってかなり違いがありました。その背景にある要因を探っているところです。

スペインなんてものすごく経済が悪化しても、ウツが増えたりしない。

R　貧乏なのは国であって、自分たちは関係ない、と。

O　負の面もあるはずなので、単純にマネしちゃいけないなと思いますが、興味がありますね。

R　日本人は真面目すぎなの。

O　確かに、勤勉を美徳としてきたお年寄り世代は、働けなくなった時の落胆が大きい。毎日お膳の前に座るたび、全然稼いでもおらんのになあと言ってお箸を取る方がおられました。切ない話です。

R　日本はお年寄り、失業者、事業に失敗した人などに厳しい。なかなかリカバリーショットが打てない国なのよね。

O　リカバリーショット、いいですね。（笑い）ほんとですよね。失業したり、大学中退したりして田舎に返ってきた時に、ウツの危険が高くなっている、と地元の人は言います。

R　若い人が何かあった時に田舎に帰りにくいと言いますね。人間っていろんなのがいるんだと思えれば、ほっとして帰れるかもしれない。

O　それを腫れ物でも触るようにするから帰るのが億劫になるのかもしれません。

R　しかし、この分野は、研究なさるそばから、地域が壊れていくという問題がありますね。

O　海部町といえど、なにか標準化に進んでいる感じがあります。市町村合併を経ると、良くも悪くも突出した部分が抑えられる。海部町の合併前の町の広報誌には、市井の人たちのすべった転んだが書いてありました。面白くて夢中で読みましたが、三町が合併したあとの広報誌には、検診は何月何日といったお知らせばかり。

R　合併しないと経済的にも立ちゆかないし、難しい問題ですね。

O　平成の大合併までは、結構古い歴史を引き継いでいる町があったんですが、あれで訳が分からなくなってしまいました。

R　地方創生と言っても、そこにはいろいろな内実があるということですね。

O　私は都会のベッドタウンみたいなところでばかり育ってきたので、いわゆる地方というのをわりと最近知るようになって、日本は均質だなんて誰が言ったんだろうと。生活習慣も価値感も実に多様ですね。

ある地方の町では要介護の人がお風呂に入れてもらうのに、周りの人に気づかれたくないので、ちょっと離れたところに車を停めてくれと言われるそうです。

海部町のお年寄りはそのようなことはおっしゃいませんね。精神科病院にも元気にやって来ると先生が笑っておられました。

R　海部町のような大らかさが全部に行き渡るようだといいんですが。

O　集団というものはよほど注意していないと、すぐに均質化する。イノベーションに必要なことは何かと聞かれることがあるのですが、組織に一人、あえて〝変な人〟を混ぜ入れる発想があってもよいのではないでしょうか、と答えることにしています。（笑い）

198 1972年の沖縄返還に際して、土地原状回復費を日本側が肩代わりするという日米間の密約。取材を通じてこの情報を得た毎日新聞記者と情報を漏洩したとされる外務省女性事務官が国家公務員法違反で有罪となった。
199 宗教法人、モンゴル企業、不動産投資会社と売却先が変わった。投資会社は総連の立ち退きを求めている。
200 LCC（ローコストキャリア）ともいわれ、効率化を図り低価格で簡素化されたサービスを提供する航空会社。日本ではスカイマーク、ピーチアビエーションなどがある。
201 京都の祇園祭り、東京の神田祭りと並び称される日本三大祭りのひとつ。951（天暦5）年6月に始まったと伝えられている。祭神の菅原道真の命日である7月25日前後に毎年行われる。
202 徐々に明るくなるLED、天井から降り注ぐ音楽、快適な眠りを演出するナイトスチーマー、などなど。
203 「赤毛のアン」の翻訳者村岡花子の半生を描いた、2014年上半期のNHK連続テレビ小説。関東地区の平均視聴率22.6パーセントは過去10年で最高記録となった。
204 130万円を超えると社会保険でいう「扶養」の範囲を超え、健康保険料、国民年金保険料の支払いが必要になる。
205 結婚相談所に登録し、婚約・結婚したあと、彼女の周りに不審死が数件続いている。
206 もう一人は湯川遙菜氏。
207 閣議決定をせずに出す方向である（2015年7月末現在）。
208 2015年1月7日、「シャルリー・エブド」の編集部が二人のテロリストに襲われ、12人が殺された。犯人は逃亡後、射殺。
209 100年以上の歴史を持つ青森の老舗「松葉堂まつむら」が製造販売する銘菓。白餡を求肥（ぎゅうひ）でくるみ、赤紫蘇で包んだ和菓子。梅は入っていない。
210 京都市右京区で創業150年を超える豆腐造りの老舗。「嵯峨豆腐」で有名。
211 川崎市川崎区の多摩川河川敷で上村遼太君が殺された。
212 連続ピストル射殺事件の死刑囚永山則夫が獄中で書いた手記をもとに、同名タイトルで1971年合同出版社から出版。後に河出書房、角川書店で文庫化。
213 首相官邸など重要施設と周辺の上空を飛行禁止区域とし、違反者には1年以下の懲役または50万円以下の罰金を科す法案が2015年国会に提出された。日本民間放送連盟は一律の規制に反対する旨を関連議員に送付。
214 官邸にドローンを落としたのは山本泰雄容疑者。こちらは、発炎筒の着火方式を無許可で改造した、という容疑。
215 『宙（そらから）』10枚組。
216 「安保関連法案に反対する憲法研究者」6月29日の時点で235名。

週1、2時間教科として教えることも予定されている。

181 1947（昭和22）年、太平洋戦争の戦没者遺族の全国組織として発足し、自民党の集票組織として機能。1953年財団法人化。東京都千代田区の九段会館に本部を構え、現会長は自民党参議院議員の水落敏栄氏。

182 ニュートリノ観測のため岐阜県神岡鉱山地下1000mにつくられた観測装置。

183 当初予算1700億円が3千億円に膨らむことが分かり、著名建築家などから改めて計画変更すべしの声が上がり、白紙に戻った。

184 サミュエル・テイラーの戯曲「サブリナ・フェア」を映画化したアメリカのロマンティック・コメディー。ビリー・ワイルダー監督で1954年公開。

185 これもビリー・ワイルダー監督作。

186 前者はTBSのドラマ「半沢直樹」、後者はNHKの連続テレビ小説「あまちゃん」のなかで、主人公が劇中で使った決め台詞。共に2013年度の流行語大賞。

187 大正、昭和初期の高知を舞台に、侠客父娘の生涯を描いた宮尾登美子の小説。1982年五社英雄監督、夏目雅子主演で映画化。物語の山場で夏目雅子が発した土佐の方言「なめたら、いかんぜよ!」の台詞は一世を風靡した。

188 堺屋太一氏の自社ビル1、2階を新宿区立の美術展示室として提供し、その管理財団の理事長に同氏が就き、年1500万円の管理費用を受ける、というもの。展示絵画の3分の2は夫人のものという。のちに本人が申し出を撤回。

189 小保方晴子氏で結局、万能細胞は夢と終わった。2014年12月21日、依願退職。論文の主要著者の一人笹井芳樹氏（理化学研究所発生・再生科学総合研究センター副センター長）は自殺。

190 1942年公開のアメリカ映画。第2次世界大戦時の仏領モロッコ・カサブランカを舞台にしたラブ・ロマンス。マイケル・カーティス監督。ハンフリー・ボガート、イングリット・バーグマンらが出演。43年のアカデミー賞受賞。

191 化粧品大手DHCの吉田嘉明会長がみんなの党代表渡辺喜美氏に8億円を貸与。のちに渡辺氏の政治姿勢に疑問を持ち、雑誌に内幕暴露の手記を発表。

192 22歳の女性が2歳と8カ月の二人の子どもを自称保育士に預け、2歳の子は窒息死、下の子は低体温症に。のちに男は死体遺棄罪で不起訴処分に。

193 サッカーワールドカップブラジル大会で1勝もできず敗退。「史上最強」といわれたチームだった。

194 筑摩書房の雑誌「ちくま」で連載された、赤瀬川源平のエッセイ「老人のあけぼの」を単行本として1998年同社から出版。40万部を超えるヒットとなった。

195 片山祐輔は一度、公判で無罪を主張し、保釈後、「真犯人」を名乗り自作自演。懲役8年の判決。

196 旧ソ連の生理学者イワン・パブロフが犬を使った実験から、動物に繰り返し訓練を施すことで後天的に得られる行動（条件反応、条件反射）を発見した。

197 中国の米系食品会社「上海福喜食品」に地元テレビ局が複数記者を潜入させ、その杜撰な食品管理の様を暴いた。マクドナルドのチキンナゲットが一時販売停止に。

162 沖縄の普天間飛行場にMV22が24機が配備され、本土・横田基地にもCV22が10機配備される予定。
163 2012年の日本政府による尖閣諸島国有化を機に、中国各地でデモが発生。日系企業の工場や、コンビニ、スーパーなどが襲撃され、破壊や略奪の被害に遭った。
164 2006年フロリダ州のシーサイド・ミュージック・シアターでの公演を皮切りに10年ブロードウエー、11年ウエスト・エンドで公演。2011年から全米ツアーを開始し、12年に来日公演。
165 「人工多能性肝細胞」。数種類の遺伝子を体細胞へ導入することで分化万能性と自己複製能を持たせた細胞。2006年に京都大学の山中伸弥教授のグループがマウスの皮膚細胞から初めて作り出した。
166 田中真紀子氏で、秋田公立美術大、札幌保健医療大、岡崎女子大（岡山）の新設を不認可とし、批判を浴びると認可に転じた。
167 2012年12月16日、投開票。維新の党は大阪で19小選挙区のうち12を制したが、大阪以外では苦戦を強いられた。
168 1978年、大洋（現・横浜DeNA）から移籍したジョン・シピン、2006年北海道日本ハムから移籍した小笠原道大らがいる。今年シーズン途中に日本ハムからトレード移籍した矢貫俊之投手も長年生やしたヒゲを剃って入団会見に臨んだ。
169 嘉田由紀子前滋賀県知事が提唱。
170 青森県の下北半島の西北端に位置する本州最北の町。1983年公開の映画「魚影の群れ」や2003年テレビ朝日「マグロに賭けた男たち」の舞台として知名度が上がった。大間のマグロの築地の初競りは2013年に1億5540万円ですしざんまいチェーンが落とした。
171 朝鮮中央通信発表によると3回目の核実験。
172 教師、警察官などが駆け込みで9府県で450人が辞めた。
173 麻生太郎副総裁・財務大臣で、アフガニスタンのカリーム・ハリーリー副大統領と会見。その際に黒いロングコート（ファーの襟付き）、黒の帽子ボルサリーノ、淡いブルーのマフラーといういでたちだった。
174 株や投資信託、FXなどの取引トラブルを公正・中立な立場で解決する——とホームページに書かれている。
175 農業、水産業などの1次産業が加工（2次産業）、流通、販売（3次産業）を取り込んで行う経営形態を指す。1次、2次、3次を合計して6次とする造語。農業経済学者の今村奈良臣氏が提唱。
176 小池百合子議員。
177 アサリ、ハマグリなどの貝類と野菜を煮込んだ汁をかけたものと、炊き込んだものの2タイプある。東京の深川地区で古くから食べられていたもの。
178 2020年の夏季五輪招致をめぐって、ライバルのイスタンブール（トルコ）を念頭に「イスラム教国は互いにいがみ合っている」と発言。後に訂正、謝罪した。
179 戦闘で高ぶっている猛者集団には慰安婦が必要、と発言。女性蔑視発言として国内外から批判が集中した。
180 今、小学5、6年の英語は年間35時間の「外国語活動」。それを2020年までに教科に格上げし、週3時間以上教えるようにする。併せて、3、4年から

かった主婦の未納金の追納を認めた。厚生大臣は細川律夫。

145 金子みすずの詩を日本広告機構がCMに使って話題に。野田佳彦首相が消費税法案を野党を抱き込み成立させ、参議院の首相問責決議案の可決後もその座に居座った。

146 理化学研究所計算科学機構（神戸市）に設置されたスーパーコンピューター。文科省の次世代コンピューターの一環として理科学研究所と富士通が共同開発した。

147 ドイツでPK戦の末、アメリカチームに勝って優勝。

148 2011年8月3日、竹島近くの鬱陵（ウルン）島視察予定の自民党議員3名が入国を拒否された。

149 竹島問題を国際司法裁判所へ韓国との共同提訴を提案するが、同国に断られ、とん挫。

150 1997年3月東京都渋谷区円山町のアパートで東京電力の女性社員が殺害された事件。ネパール人のゴビンダ容疑者が逮捕され、2003年の上告審で無期懲役。再審請求を繰り返しDNA検査の結果、2012年無罪判決が確定し、釈放された。

151 2011年8月第10回代表戦に野田佳彦、海江田万里、前原誠司、馬淵澄夫、鹿野道彦の5人が立候補。2回目の決選投票で野田が215票を獲得し、177票の海江田に勝利。

152 公共職業安定所が扱った月刊有効求人数を月刊有効求職者数で割ったもの。この値が1以上であれば求職者より求人数が多いことを示す。2014年1月以降は同年5月の0.98を除き1以上を維持。

153 オキュパイ・ウォルストリートなどのデモ。上位1％に富が集中していることに抗議。

154 代表戦で党内「融和」を訴えた野田佳彦首相。

155 大王製紙は井川意高（もとたか）会長が約110億円を私的に流用。オリンパスは粉飾決算をマイケル・ウッドフォード社長に指摘されるも同氏の解任で対抗した。

156 1966年の「戦艦武蔵」で記録小説に新境地を拓く。「海の史劇」「ポーツマスの旗」などの戦史小説、「桜田門外の変」「長英逃亡」などの歴史長編に多数の作品を残した。2006年没。

157 田代政弘元検事で小沢一郎氏の陸山会事件ででっち上げの調書を作成。不起訴処分に。

158 人工衛星「光明星3号1号機」を搭載、平和目的の宇宙開発として実験発射したと主張。2012年4月に打ち上げられたが、衛星の軌道投入に失敗した。防衛大臣は田中直紀氏。

159 京都・錦小路の青物問屋の4代目主人。異能の画家だが、錦小路閉鎖の危機を救った人物とされる。

160 BSE（狂牛病）対策として行われた国産牛買い取り事業を悪用し、輸入牛肉を国産牛肉と偽って、複数の食肉業者が補助金を詐取した事件。あるいは、ミートホープ（北海道）は牛肉ミンチに豚、ニワトリ、パンなどを混ぜていたことが発覚。

161 ミシュランガイド東京2008に始まって福岡・佐賀などへエリアを拡大。親元はミシュランタイヤで、地図・ガイドブックを年に1千万冊以上販売。

ついた。
127 元々の意味は中国・唐の時代、梨の植えられた庭園に芸人を集めて、「音楽教習府」で修行させたことに始まる。転じて日本では一般社会とはかけ離れたしきたりや風習を持つ歌舞伎界に対して言われるようになった。
128 2019年7月30日、ザ・プリンスパークタワー東京で招待客1000人を招いて行われた。
129 2009年3月スタートで2011年6月で終了。土日、祝日の高速道路利用料の上限が1千円だった。
130 アメリカの映画監督、脚本家。50年以上にわたり生涯60本の作品に携わる。2002年没。アカデミー賞受賞は1945年「失われた週末」で監督賞、脚色賞。50年「サンセット大通り」で脚本賞。60年「アパートの鍵 貸します」で作品賞、監督賞、脚本賞。
131 1922（正11）年、監督デビュー。「大菩薩峠」「宮本武蔵」「飢餓海峡」などの大作、問題作に取り組んだ。
132 チリのコピアポ鉱山の落盤で3カ月以上閉じ込められた33人が救出された。大統領はロバスティアン・ピニエラ氏。20世紀フォックスが映画化し、2015年8月にチリで先行上映。
133 朝日新聞編集局長を経て衆議院議員。政治評論家に転じ、57年から始まったTBS「時事放談」での率直な論評が人気を博した。
134 日本経済新聞の経済部長、編集局長、社長を歴任。評論家に転じ出演したTBS「時事放談」では細川隆元との毒舌対談で評判となった。
135 「兼高かおる世界の旅」は1959年12月～ 90年9月までTBS系列で放送された長寿番組。同氏はジャーナリストで、番組のプロデューサー兼ディレクターでもあった。
136 小沢一郎氏の政治資金管理団体「陸山会」をめぐる一連の刑事訴訟で無罪が確定。
137 障害者団体とされる「凛の会」「健康フォーラム」が2006 ～ 2008年、大手家電販売会社などのダイレクトメールを同団体の定期刊行物として発送。定期郵便との差額を着服。
138 日本のアマチュアゴルフアーで、計6回日本アマで優勝。著書に『もっと深くもっと楽しく』などがある。
139 尖閣諸島で中国漁船と海上保安庁の巡視船が衝突。それを記録した映像を海上保安官がYouTubeに流出させた。
140 根岸英一氏は帝人からペンシルバニア大へ留学。日本で職を得られず、パデュー大で教授などを務める。鈴木章氏は北海道大学勤務中にパデュー大、イギリスのウェールズ大で研究を進めた。
141 チュニジアで始まった民主化を求める「ジャスミン革命」がエジプトなどに伝播。「アラブの春」として広がったが、どこの国も初期の熱を失い、混乱を深めている。
142 ボーダーズ（Borders）の負債総額は12億9千万ドル。全米で650店舗展開していた。ちなみに1位はバーンズ&ノーブル（Barnes&Noble）。
143 奥山清行氏、イタリアのデザイン会社ピニンファリーナでエンツォフェラーリのデザインなどで勇名を馳せる。
144 夫が脱サラしたあと、被3号保険から国民年金第1号保険者への変更をしな

108 デビュー45周年の記念公演。2010年、2012～2015年と明治座公演は続いている。
109 のちに金融機関に対して、中小企業の借金を繰り延べる「金融モラトリアム法案」として施行された。
110 2009年の衆議院選挙で民主党が「農業者個別所得補償制度」としてマニュフェストに盛り込んだ。「生産数量目標」に即して米、麦などの主要農産物を生産、販売した農家に対して、生産価格と販売に要する費用の差額を基本に交付金を交付するという農業政策。
111 広域航空路線網の拠点空港。航空路線網が自転車のスポークのように中心に集まっている状態から名づけられた。日本では成田空国がそれに該当する。
112 元検察官で弁護士。企業法務やコンプライアンスに詳しい。2009年に起きた小沢一郎民主党幹事長の資金管理団体「陸山会」による政治資金収支報告書への虚偽記載に対する東京地検特捜部の捜査方法を厳しく批判した。『思考停止社会』（講談社現代新書）。
113 鳥取連続不審死事件の上田美由紀、婚活殺人事件の木嶋佳苗の二人。
114 「金がないなら結婚するな」と発言。のちに「延命治療を政府の金でやっているとしたら寝覚めが悪い」とも。
115 朝日町蛭谷地区で作られる手漉き和紙。八尾和紙、五箇山和紙と並ぶ越中和紙のひとつで国の伝統工芸品。現在後継者は川原隆邦さん一人。
116 1937年、イングランド出身の映画監督。1977年のデビュー作「デュリエスト/決闘者」で カンヌ国際映画祭新人監督賞。79年の「エイリアン」は世界的な大ヒット。
117 東京メトロの広告で、Please do it again.という推奨マナー編もある。
118 2010年4月に施行された民主党政権の政策。同年6月から15歳以下の子どもを扶養する保護者に月額1万3000円が支給された。11年4月から2万6000円にする予定であったが財源不足のため断念。東日本大震災の復興財源を優先させるため、自公政権時代の「児童手当」を修正して12年3月まで継続し、2013年4月1日から「児童手当」に名称変更された。
119 成澤廣修（ひろのぶ）区長、当時44歳で長男の出産を機に2週間の育児休暇をとった。
120 1976年、衆院選（旧三重1区）で民社党から立候補し初当選。新進党、自由党、民主党と移り、民主党政権で国家公安委員長、拉致問題担当相、法務大臣を歴任。スキャンダル発覚当時68歳。
121 1897（明治30年）生まれ。1955年NHKの人気番組「わたしの秘密」のレギュラーとなり人気を得、62年の参院選旧全国区に自民党公認で出馬。タレント候補の第1号となった。資生堂美容学校（資生堂美容技術専門学校の前身）の初代校長を務めた。67年に死去。
122 元女房とは片山さつき参議院議員で、「週刊新潮」で舛添要一氏の暴力性を暴露。
123 宮崎県を発端とした口蹄疫、当時の農水大臣は赤松広隆氏。
124 琴光喜が行っていた野球賭博。暴力団関係者からそのことをバラすぞと脅され、300万円を取られている。
125 2015年6月1日から14項目の取り締まり強化。
126 2012年度以降、個人・法人とも5%の恒久減税で市長と議会の折り合いが

「CSI：マイアミ」は10シーズンで終了。

87 船場吉兆の湯木和子社長。

88 2008年6月6日、東京都千代田区秋葉原で、日曜日の歩行者天国で起きた通り魔殺人事件。7人が死亡し10人が負傷した。2015年2月の最高裁判決で加藤智大被告の死刑が確定。

89 福田康夫首相は「安心実現内閣」と言ったが、ふた月ともたなかった。

90 開会式の花火の一部にCG映像が使われていたと発覚。

91 アメリカ民主党の政治家。2000年の大統領選に立候補し得票数では共和党のブッシュ候補を上回ったが、フロリダ州の開票手続きで問題が生じ惜敗。環境問題をライフワークとし、地球温暖化問題で啓発活動を継続させ、講演をドキュメンタリーとしてまとめた「不都合な真実」が有名。

92 ふるさと納税は進化し、長崎県平戸市は「とらふぐ」や「ひらめの昆布〆」などで127億円強を集めた。

93 新潮社発行。サブタイが「崩壊するお正月、暴走するクリスマス」。

94 文部官僚は間違いで、厚生事務次官を務めた岡光序治のこと。

95 2008年麻生内閣の中山成彬国交相が、成田空港拡張の反対派に対し「戦後教育が悪かった。日教組がガン」と発言。これが問題となって就任からわずか4日で辞任。妻は拉致問題担当相も務めた中山恭子。

96 麻生太郎首相のこと。「未曾有」を「みぞゆう」などと読んだ。

97 給付対象者一人につき12000円、65歳以上18歳以下には2万円。

98 アパグループ主催の懸賞論文に「日本は侵略国家であったのか」を応募し、最優秀賞に。その論文が問題化。航空幕僚長の職を解かれ、定年をもって退職。

99 2008年に公開された日本、オランダ、香港の合作映画。監督、黒澤清。香川照之、小泉今日子らが出演。井の頭線沿線の一戸建てに暮らし、それぞれが秘密を抱えて生きる家族を描く。

100 2008年公開の映画。納棺師の仕事を本木雅弘が演じ第81回アカデミー賞外国映画賞を受賞した。

101 金熊賞はベルリン国際映画祭のコンペティション部門最優秀作品賞。1951年から授与。パルムドールはカンヌ映画祭の最高賞。1939年に「グランプリ」として創設され、55年から「パルムドール」が正式名称に。

102 有利子負債1兆1千億円を抱える関空会社の財務構造の改善策が提示されていない――が拒否の理由。

103 カルデロン一家で、自分の意志で残った子は日本生まれの14歳。叔母のもとで暮らしている。

104 家業の花屋を営む傍ら、40歳頃から音楽活動を再開。57歳で「マディソン郡の恋」をインディーズ発売。「有線お問い合わせランキング」1位。

105 2009年4月、メキシコで流行し 翌年にかけて世界的に広まった。A型H1N1亜型という新型ウィルスによるインフルエンザ。09年6月WHO（世界保健機関 ）は「世界的流行病」を宣言し、警戒レベルをフェーズ6に引き上げた。

106 古賀誠選対委員長に衆院選出馬を乞われ言った言葉。麻生首相は、去就の問題だから冗談ではないのだろう、と述べている。

107 アメリカが同時多発テロの報復のためアフガニスタンに侵攻。その支援活動で、2001年12月から2006年12月まで続いた。

て日韓両国で報道され、遺族に森首相から書状、警察庁から警察協力章が贈られた。

69 仁坂吉伸知事がグッドウィルグループによる子会社「コムスン」の事業移転を認めずの判断を下した。

70 江戸時代中期の歌舞伎役者。屋号は堺屋。4代目市川團十郎に認められ「仮名手本忠臣蔵」の定九郎の役で人気を博し、「中村仲蔵」の名を一代で大名跡とした。

71 赤城徳彦農相で、多額の事務所費問題が取りざたされ、その釈明会見で顔に大きな絆創膏を貼って登場した。

72 吉田茂首相の側近としてGHQの幹部たちと渡り合った官僚。終戦連絡中央事務局次長、経済安定本部次長、貿易局次長を歴任。吉田政権後は東北電力会長に就任。

73 石屋製菓の製造・販売している洋菓子。賞味期限改ざんで販売中止に。2カ月後に再開。

74 同シリーズは2015年6月現在、49巻目。

75 1998年に葦書房より刊行。2005年9月、平凡社ライブラリーに。幕末から明治にかけて来日した外国人の手記などをもとに近代以前の日本の原像を追った。

76 2007年9月12日、退陣表現。2日前に国会で「職責を全うする」と言ったばかりであった。

77 参院選で大敗した安倍首相の後を受けた福田康夫首相と大連立を画策。党内で孤立し、辞意表明。

78「サブプライム住宅ローン問題」ともいう。2007年から09年にかけてアメリカで起きた住宅購入者向けローンの不良債権化による金融・経済危機。リーマンショックの引き金になった。

79 滝口康彦著「拝領妻始末」を原作とした三船プロ製作、東宝配給の映画。封建社会の矛盾を描いた時代劇。三船敏郎主演、司葉子、加藤剛らが共演し1967年公開。

80 15代時津風部屋の力士暴行死事件。相撲協会理事長は55代横綱北の湖。時津風親方は懲役3年の実刑判決を受けるが、末期がんのため刑の執行停止中に死去。

81 太田房江大阪府知事、潮谷義子熊本県知事、嘉田由紀子滋賀県知事、高橋はるみ北海道知事。高橋知事は現役。

82 2006年12月に起きた渋谷エリートバラバラ殺人事件。夫を殺した妻は懲役15年の刑が確定。

83 株式会社新銀行東京が正式名称。2005年、石原都知事の主導で都が1000億円を出資して開業。資金繰りに苦しむ中小企業などに無担保融資を行い支援した。だが、わずか3年で1000億円を超える累積赤字を抱えて事実上の破綻。400億円の公的資金注入と事業再建を図り一時は黒字化したが、公的資金注入が独禁法違反と批判された。2016年4月、東京TYフィナンシャルグループの傘下に入る予定。

84 ホームページは2009年の活動報告でストップしている。

85 続編と併せて654万人を動員。

86 「CSI：科学捜査班」は15シーズン、「CSI：ニューヨーク」は9シーズン、演以来1000回を超え、なお更新中の当たり役。

51 ワールド・ベースボール・クラシックの略。国際野球連盟（IBAF）公認の野球の世界一決定戦。

52 2005年11月に新潮新書から発行され、翌06年には265万部を超えるミリオンセラーとなり、同年の新書部門の売り上げ1位。書名の「品格」は流行語大賞も獲得し、「品格」を書名に据える書籍が続出した。

53 有価証券報告書の虚偽記載、偽計取引・風説の流布で、懲役2年6カ月。

54 小笠原諸島の南端に位置し、東京都の区部から約1200キロ南方。活火山の火山島で全島二酸化硫黄の臭気が立ち込めている。太平洋戦争の激戦地で、現在は海上自衛隊と航空自衛隊の基地があり、入島は制限されている。

55 芸術選奨文部科学大臣賞を受けた洋画家和田義彦氏の作品が、イタリア人画家アルベルト・スギ氏の作と酷似しているとされた事件。芸術選奨は取り消された。

56 2006年12月、「愛国心」を育てる旨の明記され、教育基本法が改正された。

57 鈴木俊一都政時代の1993年に開催が決定したが、95年の都知事選で中止と臨海副都心の開発見直しを公約に青島幸男が立候補し、170万票を得て当選。準備が進んでいるうえに、都議会本会議で開催決議がされたが、公約を盾に押し切り中止を決定した。

58 防衛省が2008年11月28日、派遣輸送航空隊の撤収を決定。

59 1996年にテレビドラマ「スパイ大作戦」を映画化した作品。主演のトム・クルーズは制作に名を連ねた。

60 戦国時代、日本で活躍したイエズス会の司祭。1563（永禄6）年来日し、織田信長の信任を得て畿内での布教活動を許された。フランシスコ・ザビエル以降の布教史を記した「日本史」は重要な研究史料となっている。

61 携帯電話会社を変えても、旧の電話番号を引き続き使えるシステム。2006年から導入。

62 2005年の衆院選で、自民党の党議拘束に従わず郵政民営化法案に反対した12議員を公認せず、離党勧告や除名処分とした。06年の第1次安倍内閣の時、野田聖子、堀内光雄、古屋圭司ら、平沼赳夫を除く11人が復党した。

63 2005年12月、アスコムより出版された。日米安保、憲法改正、対北朝鮮問題、テロ対策などをQ&A形式で解説。

64 逃亡中に疾走宣告され戸籍を喪失。北九州市の強盗殺人の犯人。

65 1990年代、地方分権を掲げ政府に対し様々の改革を要求した知事の総称。三重県の北川正恭、宮城県の浅野史郎、鳥取県の片山善博、岐阜県の梶原拓、岩手県の増田寛也らが代表的存在。

66 2007年1月、新潮社発行。2003年、福岡市で問題となった小学校教師による、児童へのいじめ事件の真相を掘り下げた福田ますみ氏のノンフィクション。第6回新潮ドキュメント賞。

67 様々な事情で育てることができない新生児を養子に出すために預かる、日本で唯一の施設。

68 2001年1月、山手線新大久保駅で発生。泥酔した男性を救助しようと線路に降りた韓国留学生とカメラマンが、後続の電車にひかれて死亡。美談としで日本所有南満州鉄道の線路が爆発された事件。中国東北軍の張学良らの犯行とされたが、実際はこの地域を支配していた関東軍の実行した謀略事件。

38 1965年の秋篠宮文仁親王誕生以降、皇室に男子の誕生がなく将来皇位継承資格者が不在になると危惧され、女系天皇、女性天皇を認めるか否か、皇室典範を改正するか否かという議論が沸き起こった。2004年小泉内閣は「皇室典範に関する有識者会議」を設置。06年に秋篠宮悠仁親王が誕生し、ひとまず沈静化したが、継承資格者不足という状況は依然として残ったままである。

39 1961年3月28日、三重県名張市葛尾地区で毒物混入により5人が死亡した事件。奥西勝容疑者が同年4月3日に自白し逮捕。取り調べ中から否認に転じたが、64年の一審で津地裁は無罪、68年の第二審では名古屋高裁が死刑の逆転判決。最高裁に上告するも72年6月15日に棄却。2005年4月、再審開始決定、同年12月同決定取消。2015年5月15日名古屋高裁に第9次再審請求を申し立てた。

40 イタリアのリグーリア州ジェノア県にある高級リゾート地。絵画のような美しい風景で知られ、東京ディズニーシーのテーマポート「メディテレーニアンハーバー」のモデルともなった。

41 戊辰戦争で官軍として長州軍が会津に攻め込み、敗れた会津藩は遠く下北半島斗南に減封の上全藩移転させられた。

42 民主党が19議席から35議席に、公明党は14議席から23議席へ。

43 作家林芙美子が自らの放浪生活を綴った日記をもとにした自伝小説。菊田一夫の脚本で舞台化され、森光子の主演で通算2017回公演という記録を打ち立てた。

44 2005年3月～9月、愛知県の長久手町などで開かれた21世紀最初の国際博覧会。日本では70年の大阪万博に続く2度目の開催。正式名称は「2005年日本国際博覧会」。開催地に因み「愛知万博」、「愛・地球博」の愛称がつけられた。

45 2005年7月7日、実行犯4名、地下鉄車両・2階建てバスなどを爆破。56名が死亡。

46 郵政民営化を争点とした選挙。小泉首相は自党の反対派にも「抵抗勢力」のレッテルを貼り、対抗馬を立てた。

47 2005年11月、千葉県の1級建築士が地震に関する安全データの計算を偽装していたと、国土交通省が発表。当初は建築会社、経営コンサルタントによる組織犯罪と報道されたが、東京地裁は1級建築士の個人犯罪とみなし、罰金180万円、懲役5年の実刑判決を言い渡した。

48 記紀に第26代天皇とある。武烈天皇に継嗣がなかったため、越前（近江の説も）から迎え入れた。

49 経済協力開発機構の略称。1948年、欧米の先進国が国際経済全般を協議する目的で設立。本部はパリ。日本は21番目の加盟国として1964年4月に参加。

50 上方歌舞伎の大名跡。初代（1647～1709）は上方歌舞伎創始者の一人で、江戸の市川團十郎と並び称せられた。屋号は山城屋。当代は4代目で2005年11月に襲名。日本俳優協会会長。「曽根崎心中」のお初は初

18 享保から寛政にかけて活躍した江戸中期の絵師。円山派の始祖で、その系統は近現代の京都画壇まで続く。
19 2003年、明治初頭を舞台に日本の武士道を描いたアメリカ映画。渡辺謙が勝元盛次役で出演。ゴールデングローブ賞とアカデミー賞の助演男優賞にノミネートされた。
20 藤沢周平の同名小説を原作とし山田洋次監督で2002年に公開された。真田広之が井口清兵衛役で主演。
21 2003年の衆議院選挙に民主党公認で当選した古賀潤一郎議員の、米ペパーダイン大学卒業が学歴詐称と判明。公職選挙法の定める虚偽事実の公表にあたるとされ翌年9月に議員辞職に追い込まれた。
22 2004年3月26日、6歳の子が自動回転ドアに挟まれ死亡。森ビルおよび製造会社の過失が認定された。
23 ボランティア、フリーカメラマン、ジャーナリスト志望の未成年の少年の3人。
24 医療界の腐敗を追及した山崎豊子の社会派小説を原作とし1966年に映画化。その後4度にわたりテレビでドラマ化された。
25 ハンセン病を主題に据えた松本清張の推理小説。1974年野村芳太郎監督で映画公開され大きな話題を呼んだ。
26 初代は、エリザベス・モンゴメリー、ディック・ヨークが主演。魔法を使うのに鼻をぴくぴくと動かすのが特徴。
27 太平洋戦争前後マレー半島で活躍した「マレーのトラ」谷豊をモデルにした山田克郎「魔の城」を原作とする冒険ドラマ。勝木敏之主演で1960年4月から61年5月まで日本テレビで放送された。
28 2004年3月16日、田中真紀子議員の長女をめぐる記事についての東京地裁による仮処分判決。
29 反権力、反権威を標榜し1979年3月岡留安則が創刊した雑誌。戦後の暴露雑誌「真相」と梶山季之の個人雑誌「噂」が書名の由来。タブーを排除し皇室や政治権力、差別問題、芸能スキャンダルなどを取り上げ、多くの訴訟を抱えた。2004年4月号で休刊。
30 2007年1月に開館した国立新美術館。日本で5番目の国立美術館。
31 2004年5月、歌舞伎座で「助六由縁江戸桜」「暫」などで出演。
32 1965年1月、軍曹の時に北朝鮮に自ら投降、2006年11月に米軍人としての職が解かれた。
33 終戦後の広島で展開された暴力団抗争を扱った飯干晃一の小説。1973年東映の正月映画として深作欣二監督、菅原文太主演で公開され大ヒット。それまでの抑制された形式美を追求した任侠ものから、リアリズムを重視した実録路線への転換点となった。「広島死闘篇」「代理戦争」「頂上作戦」「完結編」とシリーズ化された。
34 南北朝鮮を分断する朝鮮戦争停戦ライン上にある地域。「軍事停戦委員会」と「中立国監視委員会」の本部が南北双方に置かれ、停戦協定の遵守を目的に監視している。
35 城繁幸『内側から見た富士通』。著者は同社人事部に勤めていた。
36 近鉄買収に名乗りを上げていたライブドアと競う形となり、新球団・東北楽天イーグルス設立へと結実した。
37 1931（昭和6）年、中国東北部の奉天（現・瀋陽市）近郊の柳条湖付近

本文注釈

1 日本道路公団、首都高速道路公団、阪神高速道路公団、本州四国連絡橋公団の4特殊法人が併せて40兆円もの巨額負債を抱え込んでいた。2005年10月1日民営化され、日本道路公団は東日本、中日本、西日本に3分割され、他の3公団も株式会社化された。
2 1990年代末にアメリカで起こった経済現象。
3 2001年10月15日開催のアジア太平洋経済協力会議（APEC）でCEOサミットが開かれた。花火の演出は蔡国強。
4 旧来の保守と新しい保守を区別するために使われるが、時代や国によってその概念は違う。特に80年代、米国のD・レーガン、英国のM・サッチャーの施策が新保守主義と言われた。
5 歓送会、送別会、壮行会などの総称。
6 銀行などの金融機関に預けず家庭内に保管している現金。手元にあるのですぐに使える利点があるが、利子もつかず紛失、盗難などの危険もある。日本銀行の試算では約30兆円あると見込まれる。
7 広島銀行から尾道市の小学校に転身。教職員とのあつれきが自死（2003年3月9日）の理由とされる。
8 ナチス・ドイツが第2次世界大戦中にユダヤ人らに加えた大虐殺。1933年ナチ党が権力を掌握すると反ユダヤ主義を掲げ、ユダヤ人や共産主義者を弾圧。強制収容所や絶滅収容所による犠牲者は600万人、最大で1100万とも言われる。
9 中央教育審議会の略称。文部科学大臣の諮問に応じ、生涯教育の推進をはじめ、我が国の教育行政の進路を提言する機関。
10 厚生労働省の外局で、労使間の調整を図る機関。
11 経済社会の構造改革を進めていくという目的で、2001年の政令により内閣府に設置。同年4月1日から2004年3月31日まで開催され、同年末をもって閉会となった。
12 大日本帝国の朝鮮総督府が、本籍を朝鮮とする朝鮮人に対し、新たに氏を創設し日本式に名を改めるように強制した1939（昭和14）年の政策。
13 首相退任後も良識を欠く発言が多い。米オバマ大統領が訪日した際、TPP（環太平洋経済連携協定）の日米交渉難航について「オバマにまとめる力がない」とか、憲法改正について「ナチスの手法に学ぶ」など。
14 藤井治芳総裁は道路公団民営化に抵抗し、民営化の道筋が決まったあとも、債務超過と思われていた財務内容を5兆円超の資産超過とする財務諸表を発表し、その操作手法を疑われた。解任したのは石原伸晃国土交通大臣。
15 2013年度にマイナスに転じた。
16 小泉純一郎首相の「自衛隊の活動している地域は非戦闘地域」という迷言がある。
17 2003年の大晦日「ダイナマイト!」のメインでK−1のトップファイター、ボブ・サップと元横綱曙太郎が対戦し視聴率43・0パーセントを記録した。試合は2分58秒でサップのKO勝ち。

第130回（2014・3）　**スコット・キャロン**（いちごアセットマネジメント代表取締役社長・いちごグループホールディングス代表執行役会長）
Theme ●日本のいいところ、期待するところ

第131回（2014・5）　**伊藤洋いち**（染匠イトウ工房）
Theme ●生活が変わり、手描き友禅の世界も変わってきた

第132回（2014・7）　**デービッド・アトキンソン**（株式会社小西美術工藝社代表取締役会長兼社長）
Theme ●日本の文化財保護に足りないものはなにか?

第133回（2014・9）　**LiLy**（コラムニスト・作家）
Theme ●女最高マインド

第134回（2014・11）　**松尾昌出子**（松尾塾子供歌舞伎塾長）
Theme ●鏡を見て、自分の姿に見とれる子がいるんです

第135回（2015・1）　**村田孝高**（バリトン歌手）
Theme ●日本にはオーソドックスなオペラを望む観客が多い

第136回（2015・3）　**吉原毅**（城南信用金庫理事長、現在同相談役）
Theme ●信用金庫の力

*第137回（2015・5）　**岡檀**（和歌山県立医科大学保健看護学部講師）
Theme ●自殺率が日本で“いちばん”低い町の秘密

第138回（2015・7）　**浅草ゆう子**（浅草芸者）
Theme ●92歳の現役芸者、奮戦中!　身体の丈夫なのも含めて、すべて母親のおかげです

第115回(2011・5)　**中島隆信**(慶應義塾大学商学部教授・商学博士)
Theme●相撲はスポーツか伝統文化か

第116回(2011・7)　**金谷憲**(東京学芸大学教授)
Theme●そろそろサヨナラしたい、英語幻想論

第117回(2011・9)　**神田陽子**(講談師)
Theme●了見のない人はやっていけない

第118回(2011・11)　**渡邉英彦**(富士見やきそば学会会長)
Theme●町おこしは遊びと見つけたり

第119回(2012・3)　**諸田玲子**(作家)
Theme●時代小説の醍醐味

*第120回(2012・5)　**古市憲寿**(東大大学院博士課程)
Theme●絶望の国の希望とは?

第121回(2012・7)　**原田康**(早稲田大学教授、現在日本銀行政策委員会審議委員)
Theme●ここがおかしい震災復興予算

*第122回(2012・9)　**小林照子**(美容研究家・メイクアップアーティスト)
Theme●死に逝くひとへの化粧

第123回(2012・11)　**三遊亭歌る多**(落語家)
Theme●結婚は芸の障りか?

第124回(2013・3)　**宮坂直史**(防衛大学校教授)
Theme●テロの脅威にどう対処するか

*第125回(2013・5)　**日下部五朗**(元東映プロデューサー)
Theme●生まれ変わっても、また映画プロデューサーに

第126回(2013・7)　**村上範義**(F1メディア取締役、現在同代表取締役社長)
Theme●東京ガールズコレクション、次はアジアへ

第127回(2013・9)　**樽屋壽助**(歌舞伎大向弥生会会員)
Theme●大向こうから見る歌舞伎

*第128回(2013・11)　**湯本博文**(学研科学創造研究所所長)
Theme●百聞は「実験」に如かず

第129回(2014・1)　**濱口桂一郎**(独立行政法人労働政策研究・研修機構労使関係統括研究員)
Theme●新しい雇用のあり方とは?

第102回（2009・3）　**大嶋光昭**（パナソニック株式会社理事、本社R&D部門技監、現在、同部門顧問）
Theme●夢を形にする仕事

第103回（2009・5）　**原口泉**（鹿児島大学教授、現在志學館大学教授）
Theme●地方に変革の人あり

＊第104回（2009・7）　**安藤忠雄**（建築家）
Theme●安藤流、不況の打開策

第105回（2009・9）　**横山宏章**（北九州市立大学大学院教授、現在同大学名誉教授）
Theme●どうなる、中国の異民族支配

＊第106回（2009・11）　**工藤美代子**（ノンフィション作家）
Theme●中高年のクライシス

第107回（2010・1）　**浅井宗純**（遠州流茶道家元主鑑）
Theme●歴史のなかの振る舞い

＊第108回（2010・3）　**藤原帰一**（東京大学法学政治学研究科教授）
Theme●これからの日米の動向

第109回（2010・5）　**西野元樹**（アドバンスト・マテリアル・ジャパン・ユーラシアチームリーダー、現在シンガポールチームリーダー）
Theme●中国を中心に動くレアメタルの動向

第110回（2010・7）　**上野泰也**（みずほ証券株式会社チーフマーケットエコノミスト）
Theme●クライマックスのない危機を乗り越えるために

第111回（2010・9）　**浅川芳裕**（月刊「農業経営者」副編集長、現在農業ジャーナリスト、「農業ビジネス」編集長）
Theme●じつは、日本は農業先進国

第112回（2010・11）　**矢田立郎**（神戸市長、現在公益財団法人神戸国際協力交流センター理事長）
Theme●人材の集まるまちづくり

＊第113回（2011・1）　**五木ひろし**（歌手）
Theme●次の世代に歌をつないでいきたい

第114回（2011・3）　**出口治郎**（ライフネット生命保険株式会社代表取締役社長、現在代表取締役会長兼CEO）
Theme●世界のビジネスリーダーはドクター、マスターが当たり前

第90回（2006・11）　**泉谷渉**（半導体産業新聞編集長、現在同社社長）
Theme ●日本の100年企業が電子材料で世界をリードする

第91回（2007・1）　**坂東三津五郎**（歌舞伎役者、逝去）
Theme ●今年はさらに充実した年になりそうだ

第92回（2007・3）　**小川和久**（軍事アナリスト、現在非営利活動法人・国際変動研究所理事長）
Theme ●「日本の安全保障」を具体的に論じる

第93回（2007・5）　**雨宮処凛**（作家）
Theme ●貧困という戦場を生きる若者たち

第94回（2007・7）　**藤原和博**（杉並区立和田中学校校長、現在教育改革実践家）
Theme ●オセロのように一斉に教育システムが変わる

第95回（2007・9）　**11世鶴賀若狭掾**（新内協会理事長）
Theme ●新内は一度聴くととりこになってしまう

第96回（2007・11）　**浜田和幸**（国際未来科学研究所代表、現在参議院議員）
Theme ●水の戦争が始まる

第97回（2008・1）　**新浪剛史**（ローソン代表取締役社長、現在サントリーホールディングス株式会社代表取締役社長）
三木谷浩史（楽天株式会社代表取締役会長兼社長）
Theme ●日本をシュリンクさせない特効薬とは?

第98回（2008・3）　**前田匡史**（国際協力銀行資源金融部長、現在同代表取締役専務）
Theme ●急成長するイスラム金融

第99回（2008・5）　**桜井よしこ**（ジャーナリスト）
Theme ●日本で真のジャーナリストが育たない理由

第100回（2008・9）　**酒井善貴**（ワーナーミュージック・ジャパン シニア・チーフ・プロデューサー、現在株式会社アイビーレコード代表取締役社長）
Theme ●「R35」が120万枚突破! 凄腕クリエイターの発想法

第101回（2008・11）　**加瀬文恵**（宇津井文恵、株式会社なつめ、加瀬代表取締役社長）
Theme ●「なつめ」の流儀

第77回（2004・8）　**矢田立郎**（神戸市長、現在公益財団法人神戸国際協力交流センター理事長）
Theme●震災後10年、新しい出発

＊第78回（2004・11）　**田中明彦**（東京大学教授、東洋文化研究所所長、現在JICA理事長）
Theme●「新しい中世」の課題

第79回（2005・1）　**大江匡**（プランテック総合計画事務所社長、現在プランテックアソシエイツ代表取締役会長兼社長）
荒川亨（アクセス社長、逝去）
Theme●踊り場の年、分水嶺の年

第80回（2005・3）　**若宮啓文**（朝日新聞論説主幹、現在日本国際交流センターシニア・フェロー）
Theme●日韓が東アジアの基軸

第81回（2005・5）　**品田雄吉**（映画評論家、逝去）
Theme●意欲ある映画プロデューサーよ、出でよ

第82回（2005・7）　**葉千栄**（東海大学教授）
Theme●これが本当の中国との付き合い方

第83回（2005・9）　**林恵子**（日本ランズエンド社長、現在DoCLASSE代表取締役）
Theme●女性だからって経営にマイナスなことなんて1つもない

第84回（2005・11）　**松田哲夫**（筑摩書房専務、現在同社顧問）
Theme●後ろを向くと、そこに面白い企画があった

第85回（2006・1）　**松井道夫**（松井証券社長）
Theme●小泉劇場の“その後”を占う

第86回（2006・3）　**福岡伸一**（青山学院大学教授）
Theme●エンゲル係数高めは環境にやさしい生き方

第87回（2006・5）　**ブレンダン・スキャネル**（駐日アイルランド大使、現在Toyoko Inn International Limited取締役会長）
Theme●文化の厚みが経済成長を支えている

第88回（2006・7）　**片山善博**（鳥取県知事、現在慶應義塾大学教授）
Theme●自治の理念を忘れて道州制なし

＊第89回（2006・9）　**蓑豊**（金沢21世紀美術館館長、現在兵庫県立美術館館長）
Theme●美術館が街をイキイキさせる

対論の履歴

対談者の肩書きが掲載当時と違うものは2015年6月現在のものを併記した。
*の付いているものは本書に収載した。

第67回（2003・1）　**工藤泰志**（言論NPO代表）
Theme ●この危機的状況に言論が凍てついているのはなぜか？

第68回（2003・3）　**厳浩**（イービーエス社長、現在代表取締役会長）
Theme ●日本は一度作ったルールをなかなか壊さない

第69回（2003・5）　**黒田洋一郎**（東京都神経科学総合研究所客員研究員、現在環境脳神経科学情報センター代表、首都大学東京客員教授）
Theme ●日本は「並はずれ」を評価するシステムがない

第70回（2003・7）　**宋文洲**（ソフトブレーン会長、現在は経営コンサルタント、経済評論家）
Theme ●営業から日本が見える

第71（2003・9）　**甲野善紀**（武術家）
Theme ●自然な身体を取り戻す

第72回（2003・11）　**岡野雅行**（岡野工業代表社員）
Theme ●物づくりが一番儲かるんだ

第73回（2004・1）　**松井道夫**（松井証券株式会社代表取締役社長）
三木谷浩史（楽天株式会社代表取締役会長兼社長）
Theme ●すべて個人が主役の時代に

第74回（2004・3）　**柏木孝夫**（東京農工大学大学院教授、現在東京工業大学環境エネルギー機構特命教授）
Theme ●最新エネルギー 自由化事情

第75回（2004・5）　**南淵明宏**（大和成和病院心臓病センター長、現在東京ハートセンターセンター長）
Theme ●医療不信、医者不信を無くす方法

第76回（2004・7）　**米澤明憲**（東京大学大学院理工学系研究科教授、現在千葉工業大学人工知能・ソフトウェア技術研究センター長）
Theme ●コンピュータ初歩入門

著者紹介

奥谷禮子（おくたに・れいこ）

兵庫県神戸市生まれ。甲南大学法学部を卒業し、日本航空に入社。国際・国内線で３年、VIP送迎ルームで４年勤める。82年に女性ばかり７人（うち６人が元日航スチュワーデス）で人材プロデュースの会社「ザ・アール」を設立。86年、経済同友会初の女性会員となる。同年、西武セゾングループの「ウイル」社長を兼任。政府の各種審議会委員を務める。2014年9月よりザ・アール会長に。著書に『うまくいく人は筋がいい』『ポジティブになれる人ほど幸福に近づける』などがある。

如是我聞《にょぜがもん》 2

2015年11月25日　第1版第1刷発行

著者	奥谷禮子
発行所	株式会社亜紀書房 郵便番号 101-0051 東京都千代田区神田神保町 1-32 電話……(03)5280-0261 http://www.akishobo.com 振替　00100-9-144037
印刷	株式会社トライ http://www.try-sky.com
装丁	間村俊一

ISBN978-4-7505-1455-0 C0095